Beate Walther

Blumen binden und stecken

Ein floristischer Grundkurs

183 Farbfotos
32 Zeichnungen

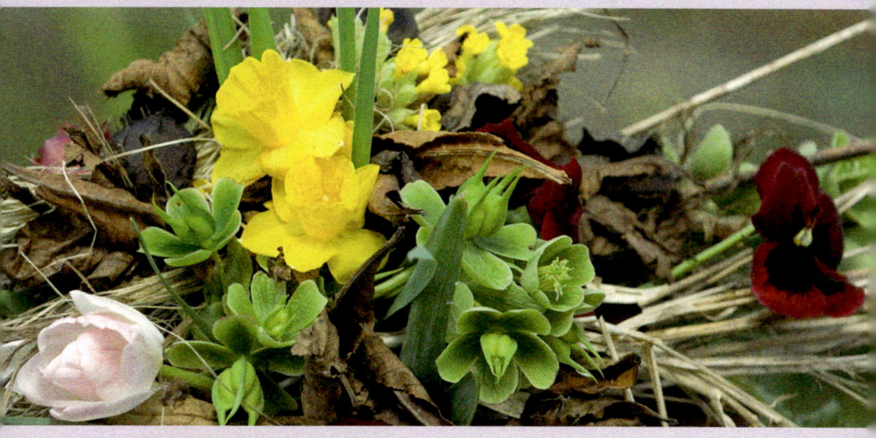

Ulmer

Vorwort

Als junges Mädchen liebte ich es, über den Marktplatz zu schlendern und das Angebot an Blumen und Pflanzen zu betrachten. Besonders faszinierten mich die Zwiebelzöpfe. Einen Gärtner besuchte ich regelmäßig an seinem Stand. Er verkaufte Trockenblumen und zeigte mir wie ich sie verarbeiten konnte. Zu Hause probierte ich gleich alles aus, um mir beim nächsten Besuch noch mehr Techniken zeigen zu lassen. Dass es auch floristische Gestaltungsregeln gibt, lernte ich erst viel später. Bis dahin gestaltete ich aus dem Bauch heraus, nach meinem eigenen Gefühl für Formen und Farben. Durch meine Lehre zur Gärtnerin wusste ich, dass die Natur eine unerschöpfliche Vielfalt an Werkstoffen bereithält. Aber erst durch meine Weiterbildung zur Floristmeisterin lernte ich die Natur als Lehrmeisterin und Inspirationsquelle für florales Gestalten kennen. Gehen Sie deshalb nach draußen und schauen Sie sich bewusst die Wachstumsbewegungen der Pflanzen oder das Farbspiel der Blüten an. Wenn Sie sich zusätzlich Pflanzenkenntnisse und handwerkliche Fähigkeiten aneignen, werden Sie noch mehr Möglichkeiten für Ihr kreatives Schaffen entdecken.

Beate Walther
Rohr, im Sommer 2010

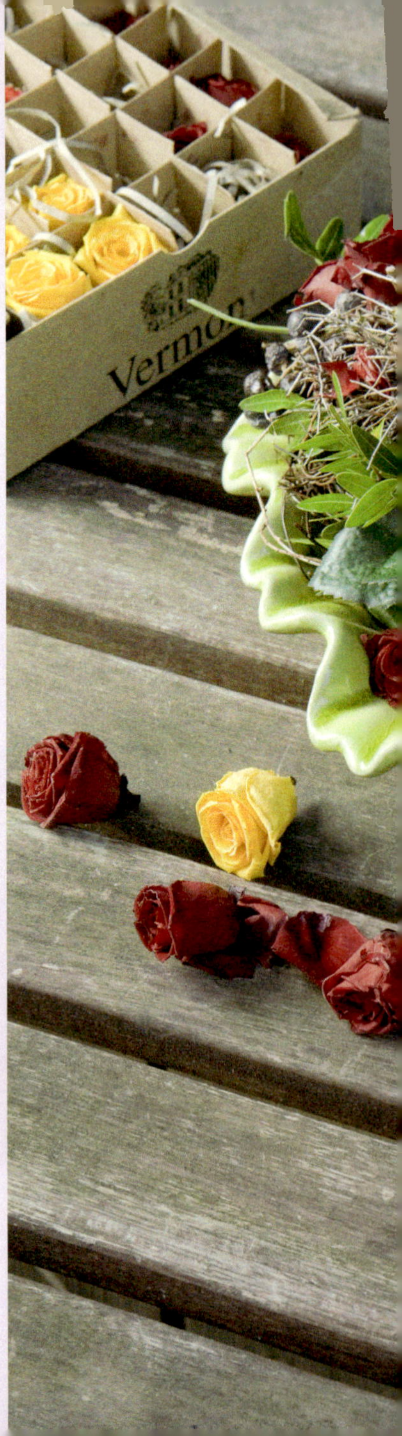

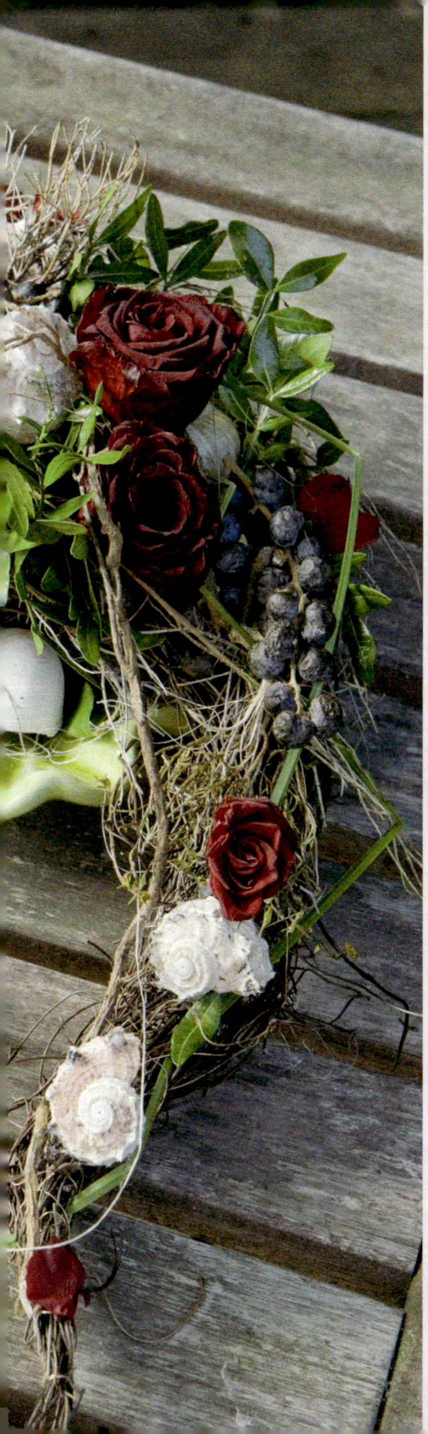

Inhalt

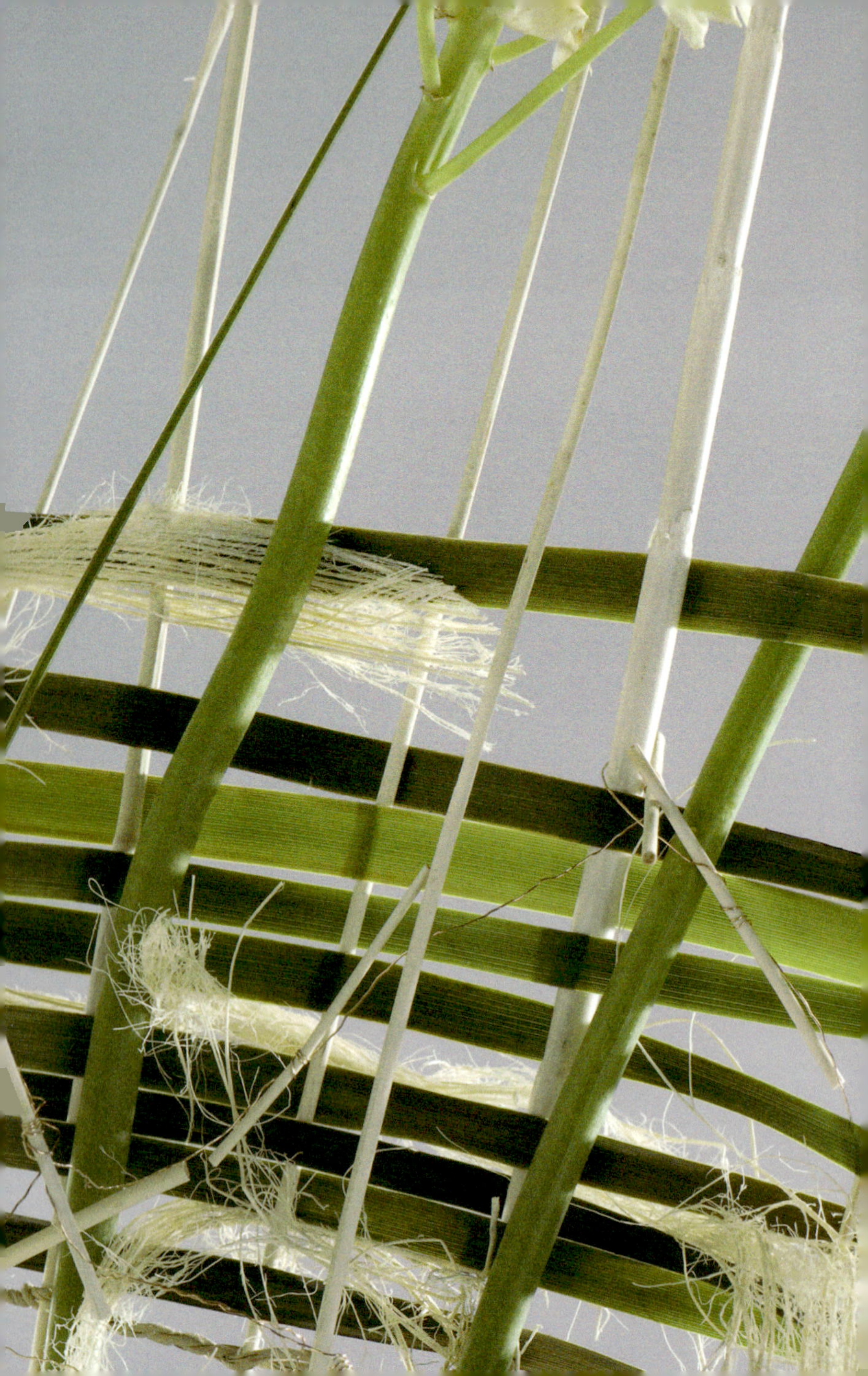

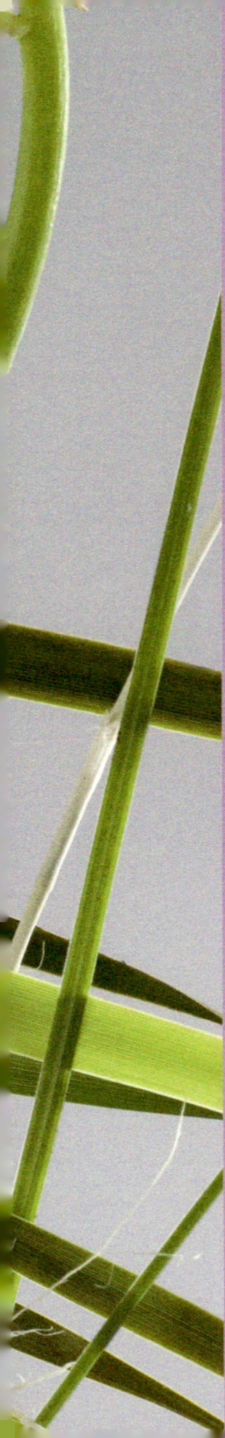

Werkzeuge, Werkstoffe und Arbeitstechniken

Neben Blumen und Pflanzen, die in der Floristik als **Werkstoffe** bezeichnet werden, benötigen Sie für die Herstellung floraler Arrangements auch **Werkzeuge** und **Hilfsmittel**. Und natürlich brauchen Sie auch die richtigen **Arbeitstechniken** als Basis für Ihr kreatives Schaffen.

Werkzeuge und Hilfsmittel

Mit gutem Werkzeug geht die Arbeit viel leichter von der Hand. Und damit Ihre floralen Werkstücke richtig perfekt werden, gibt es allerlei praktische, aber auch schmückende Hilfsmittel.

Werkzeuge

Zur Grundausstattung eines Floristen gehören ein **Blumenmesser**, eine **Gartenschere** und eine **Drahtschere**. Schneidwerkzeuge müssen vor allem scharf sein. Hochwertige, ergonomisch geformte Werkzeuge sind der Hand und deren Bewegungen angepasst. Gartenscheren und Messer gibt es für Damen und Herren und extra auch für Linkshänder.

Blumenmesser
Das Messer sollte aus gutem Stahl gefertigt sein. Einseitig angeschliffene Messer erleichtern das Anschneiden der Blumen.

Pflege der Werkzeuge
Durch Gebrauch und Einwirkung von Pflanzensäften werden Werkzeuge mit der Zeit strapaziert. Klingen sollten regelmäßig gereinigt, nachgeschärft und bewegliche Teile wie Federn geölt werden. Verschleiß- und Ersatzteile werden von guten Herstellern gleich mitgeliefert. Messer und Scheren bitte immer an einem kindersicheren Ort aufbewahren.

Gartenschere
Eine gute Garten- oder Rosenschere ist sehr leicht und handlich. Sie besitzt eine rostfreie, spezialgehärtete, nachschleifbare Stahlklinge mit Antihaftbeschichtung und zeichnet sich durch einen praktischen Verschluss und eine Feder aus. Zum Schneiden von Draht sind Gartenscheren ungeeignet, es sei denn, sie sind mit einer Einkerbung am unteren Ende der Klinge versehen.

Ratschenschere
Eine Ratschen- bzw. Baumschere dient dem Schneiden von festen und bis zu 3 cm starken Ästen.

Drahtschere
Verwenden Sie zum Schneiden von Draht keine normale Gartenschere. Drähte schneidet man mit einem Seiten- oder Drahtschneider.

Kombi- oder Spezialscheren
Diese besonders schlanken Scheren wurden speziell zum Schneiden von Wein und Rebdraht entwickelt und eignen sich auch sehr gut für das Schneiden von Blumen sowie dünnen Drähten.

Dornenentferner
Der Dornenentferner dient dem mühelosen Entfernen von Dornen, Stacheln und Blättern. Er wird hauptsächlich für Rosen verwendet. Wenn Sie Rechtshänder sind, nehmen Sie die Rose in die linke Hand und ziehen den Entdorner vorsichtig am Stiel entlang nach unten. Dabei werden die Metallbacken des Gerätes, welche die Rose umklammern, mit der Hand zusammengedrückt. Wer keinen Entdorner hat, kann auch ein Messer verwenden. Aber Vorsicht: Beschädigungen der Stiele bitte vermeiden.

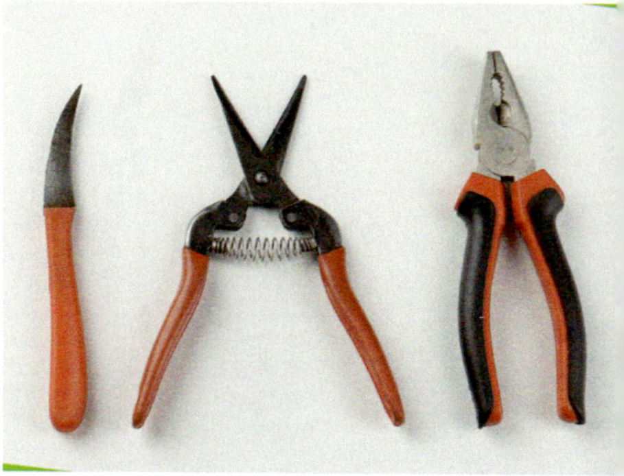

Die Floristen-Grundausstattung besteht aus Blumenmesser, Gartenschere und Drahtschneider.

Messer zum Schneiden von Steckmasse
Ein Blumenmesser ist zu kurz, um einen kompletten Steckschaumziegel der Länge nach sauber zu teilen. Für den privaten Gebrauch reicht ein langes, scharfes Brotmesser völlig aus. Auch mit dünnem Steckdraht lässt sich Steckmasse recht gut zerteilen.

Band- oder Papierscheren
Bänder lassen sich nur mit einer scharfen Schere sauber und fransenfrei schneiden.

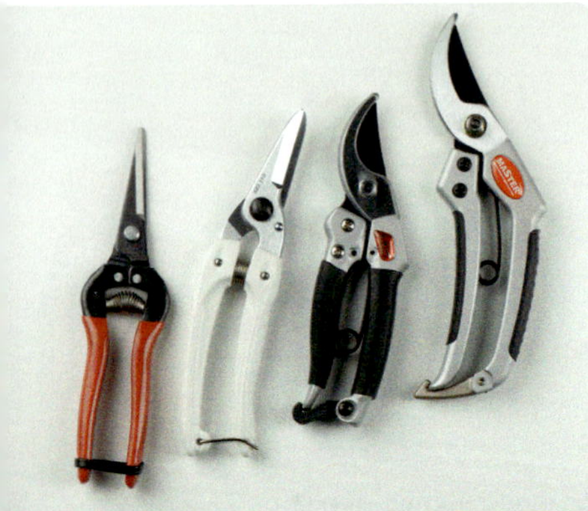

Die Auswahl an Gartenscheren ist groß. Sie gibt es für kleine und große Hände, für Links- und Rechtshänder. Am besten vor dem Kauf „anprobieren".

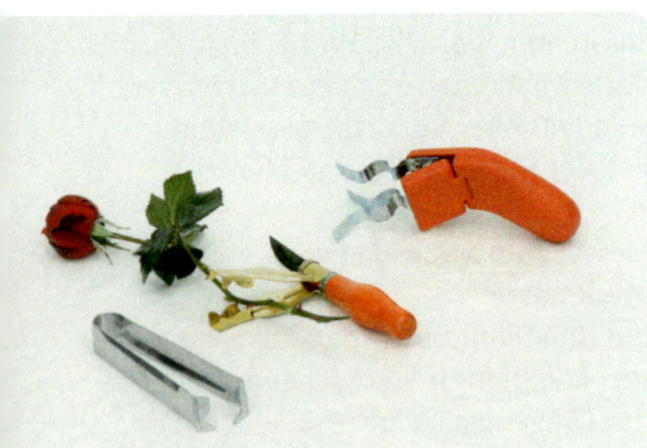

Verschiedene Entdorner, die eigentlich Entstachler heißen müssten, da sie hauptsächlich zum Entfernen von Rosenstacheln genutzt werden.

Klebepistolen
Die elektrische Heißklebepistole ist ein praktisches Werkzeug zum schnellen und sicheren Befestigen von Werkstoffen und Materialien. **Vorsicht**: Der erhitzte Kleber ist sehr heiß und kann bei Berührung Verbrennungen verursachen. Bitte die Klebepistole nie unbeaufsichtigt lassen und nach Gebrauch den Stecker ziehen. Damit der tropfende Kleber nicht Ihre Arbeitsfläche beschädigt, legen Sie ein Stück Pappe oder eine Fliese unter.

Herdplatte
Um Ihren Herd in der Küche zu schonen, empfiehlt sich die Anschaffung einer mobilen Herdplatte, die sogar im Freien aufgestellt werden kann. Sie wird für das Wachsen von Werkstoffen und anderen Materialien benötigt.

Handschuhe
Handschuhe schützen die Haut vor Schmutz und Absonderungen der Pflanzen, die Allergien und Hautreizungen auslösen können. Empfehlenswert sind dünne Latex- oder Haushalts-Gummihandschuhe. Beim Umgang mit spitzen Pflanzenteilen und für Pflanzarbeiten reichen normale Gartenhandschuhe aus. Wer ungern Handschuhe trägt, sollte vor der Arbeit eine schützende Creme auftragen.

Technische Hilfsmittel

Technische Hilfsmittel dienen zum **Stützen** und **Verlängern von Stielen**, als **Stielersatz** für trockene Werkstoffe (Früchte, Zapfen), zum **Bündeln**, **Verzieren** sowie zur **Befestigung** von Blumen und Grün auf Unterlagen.

Drähte

Blau geglühter **Steckdraht** wird zum Andrahten, zum Angabeln und zur Verlängerung von Stielen gebraucht. Zum Stützen von Blumen und Blättern verwenden Sie am besten grün lackierten **Stützdraht**, der unauffällig aussieht und vor Rost geschützt ist. Als Stützdraht dient auch der feine, verzinnte **Silberdraht**, der für filigrane Arbeiten benötigt wird.
Buchs und Koniferengrün werden oft auf Strohrömer gebunden. Dafür benötigen Sie blau geglühten oder grün lackierten **Wickeldraht**.

Steckdraht gibt es in unterschiedlichen Stärken. Meist reicht es aus sich je einen schwachen und einen starken Draht zuzulegen.

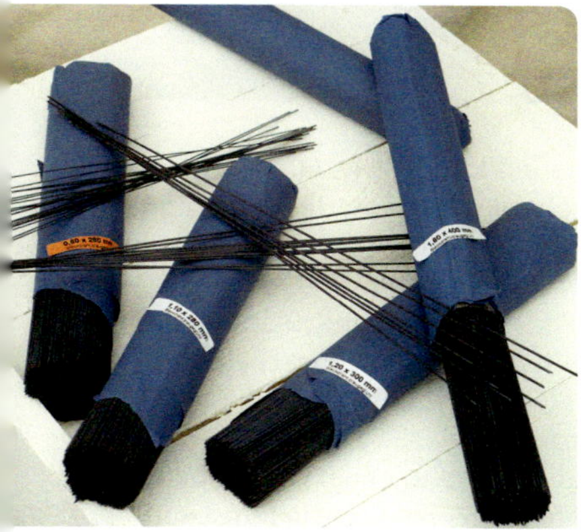

Stützdrähte mit grün lackiertem Überzug und feinster Silberdraht.

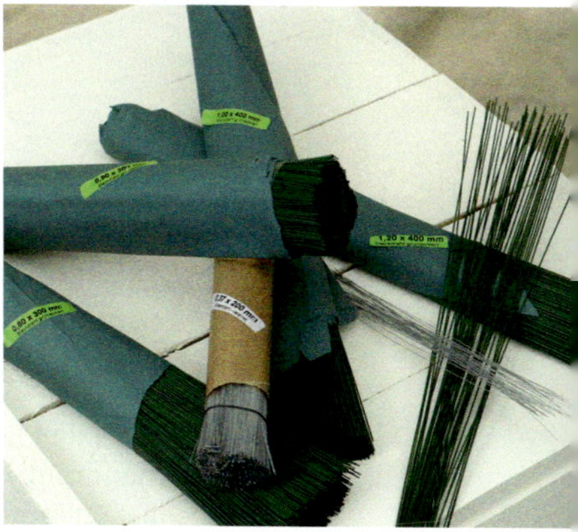

Wickeldrähte gehören zur Grundausstattung. Mit ihnen können Sie Kränze und Girlanden binden.

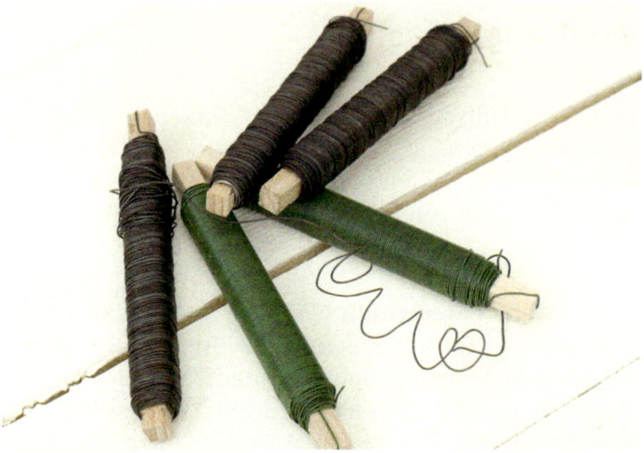

Blätter und Koniferengrün können mit Haften auf Unterlagen aufgebracht werden.

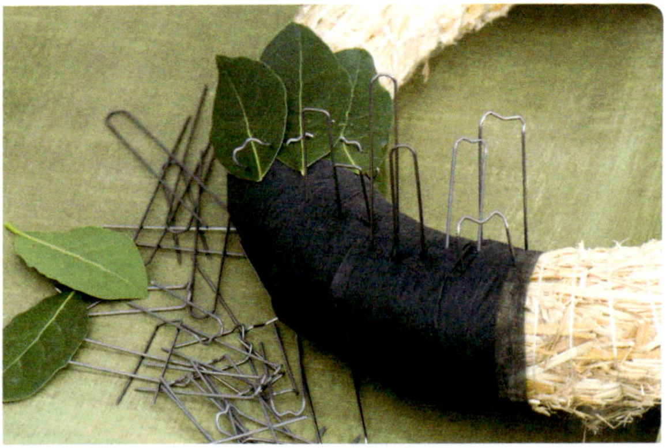

Zur Verarbeitung empfindlicher Werkstoffe verwenden Sie feinen **Myrtendraht**, der in den Farben Grün und Braun, als Messing- und Kupferdraht sowie silbrig verzinkt erhältlich ist.
Haften dienen zum Fixieren von Blüten, Blättern und Koniferengrün auf Unterlagen. Man unterscheidet Patenthaften mit gewelltem Bügel, Römerhaften mit glattem Bügel und Efeunadeln.
Maschendraht, oft als Hasengitter oder Kükendraht bezeichnet, gibt es verzinkt oder mit grünem Kunststoff

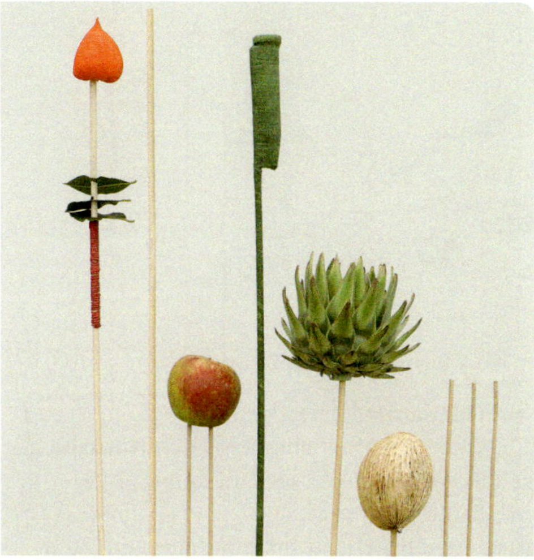

Holzstäbe in unterschiedlichen Längen und Stärken sind sehr hilfreich und zählen zur Grundausstattung.

ummantelt. Mit ihm wird Steckmasse eingepackt, damit sie nicht zerbricht, wenn viele feste Stiele in ein Gesteck eingefügt werden. Bei Bodenvasen und Gefäßen mit weiter Öffnung ist der Draht ein ideales Steckhilfsmittel und eignet sich auch für die Herstellung von Gefäßen und Objekten. Für moderne Konstruktionen arbeitet man auch gern mit einem **Gitterdraht**, der etwas feiner und biegsamer ist als Maschendraht.

Abwickelbänder

Wasserfestes **Kautschukband** (Guttacoll) dient zum Abdecken von Drähten und ist in Dunkel- und Hellgrün erhältlich.

Die gewachste Oberfläche des **Flora-Tape-Bandes** ist wasserabweisend, aber nicht wasserfest. Das grüne, weiße oder braune Tape eignet sich zum Abwickeln von mit Draht gestützten oder verlängerten Stielen.

Grünes **Kranzabwickelband** kann bei der Herstellung von Kränzen nützlich sein, um den Strohrömer abzudecken und eine glatte Oberfläche zu erhalten. Es gibt Kranzabwickelbänder aus Kunststoff oder aus Vlies.

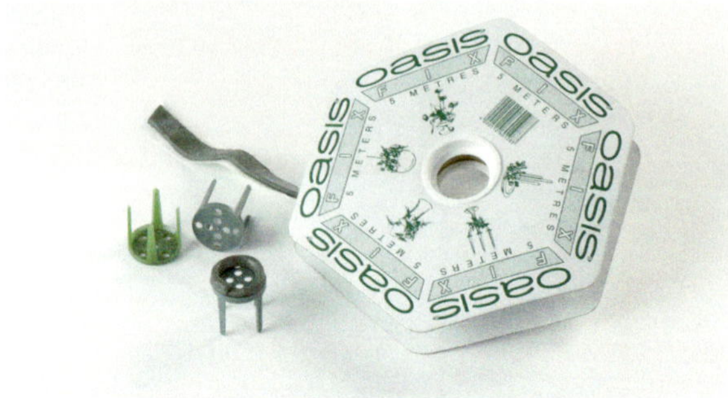

Pinholder dienen vorrangig zum Aufstecken von Steckmasse. Zum Aufkleben der Pinholder benötigen Sie eine spezielle Klebemasse.

Hilfsmittel zum Binden und Befestigen

Zum Abbinden von Sträußen empfiehlt sich **Naturbast**. Weichen Sie ihn vorher in Wasser ein, damit er geschmeidig wird und nicht reißt.

Feste **Schnüre** eignen sich gut für Bündelungen, zum Aufhängen von Kränzen oder als Unterlage für Girlanden.

Rebdraht, ein dünner papierummantelter Draht, dient zur Befestigung von Zweigen und Ästen.

Zum Aufspießen von frischen Früchten und Zwiebeln verwendet man am besten **Zahnstocher**, **Schaschlik- oder Splittstäbe**.

Um Pinholder, Kerzen, Figuren und Teelichtgläser auf Werkstücken anzubringen, eignet sich **spezielle Klebemasse**. Durch leichtes Reiben in der warmen Hand ist die knetbare Masse gut formbar und hält auf trockenen, glatten Untergründen.

Pinholder bestehen aus grünem Kunststoff und dienen zur Befestigung von Steckschaum. Zur festen Positionierung wird die Klebemasse unterhalb des Pinholders ringförmig aufgeklebt. Pinholder gibt es in vielen Ausführungen. Mit ihrer Hilfe lassen sich auch Kerzen, Gläser oder Figuren in Steckschaum verankern.

Nützlich ist außerdem das wasserfeste und selbstklebende grüne **Gewebeband**. Mit ihm können Sie auch Steckmasse auf Unterlagen befestigen.

Gestalterische Hilfsmittel

Gestaltungsmittel können die **Wirkung floristischer Werkstücke unterstreichen** und ihnen einen **besonderen Ausdruck** verleihen.

Mühlenbeckia

Mühlenbeckia-Ranken lassen sich mit Hilfe von Draht in fast jede Form bringen. Ob als Straußgerüst, Dekoration oder Kranz – dieser Werkstoff ist universell einsetzbar und sollte in der Grundausstattung eines Hobbyfloristen nicht fehlen.

Bänder und Kordeln

Bänder greifen die fließenden Bewegungen und Farben der pflanzlichen Werkstoffe auf. Bei einem Tischschmuck können sie als Verbindungselement zwischen den einzelnen Gestecken dienen.
Für den Außenbereich eignen sich Bänder mit wasserabweisenden Oberflächen.
Kordeln sind ebenso vielseitig einsetzbar, fransen aber an den Enden leicht aus. Das lässt sich verhindern, indem man sie verknotet, mit einem Kordelhalter verschließt oder mit Schmuckdraht umwickelt.

Mühlenbeckiaranken sind universell einsetzbar.

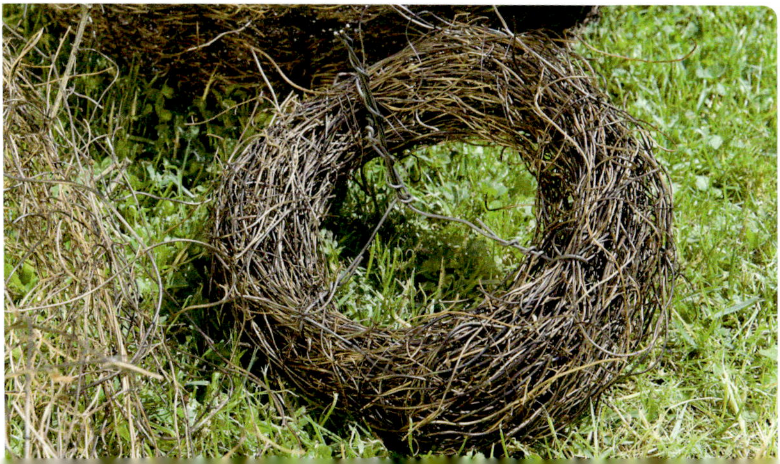

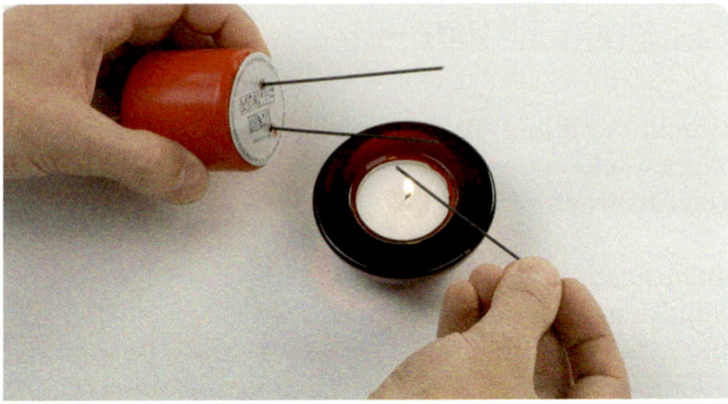

Zum Andrahten von Kerzen wird heißer Stützdraht in den Kerzenboden eingeschoben.

Bouillondraht
Er wird oft als zartes Gespinst verwendet und eignet sich auch zum Auffädeln oder Aufwickeln von Floralien.

Schmucknadeln
Schmucknadeln gibt es in vielen Formen, Farben, Größen und Längen und können sehr effektvoll eingesetzt werden.

Kerzen
Hochwertige Kerzen aus gereinigtem Paraffin und ungiftigen Farbstoffen brennen sauber und gleichmäßig.
Wegen des Brandrisikos ist es wichtig, dass Sie Kerzen sicher befestigen. Eine Methode zur Befestigung ist das Andrahten der Kerzen. Die Drähte, je nach Kerzendurchmesser zwei bis vier Stück, werden an einem Ende über einer Kerzenflamme erhitzt und so weit wie notwendig in die Kerze eingeschoben. Für einen besseren Halt der Kerze können Sie die Drähte mit einem Drahtschneider schräg anschneiden, leicht angewinkelt auseinander biegen und in die Unterlage einstecken.
Beim Herunterbrennen der Kerze können sich die Drähte stark erhitzen. Legen Sie daher vor dem Andrahten Metallplättchen oder ein Stück Alufolie auf den Kerzenboden oder verwenden Sie Kerzen mit integrierten Metallplättchen oder Steckhaltern.

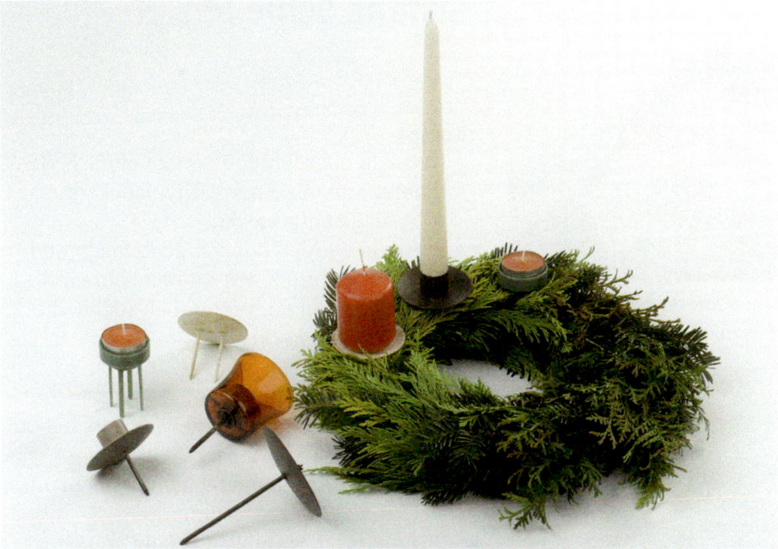

Die Möglichkeiten für sichere Kerzenbefestigungen sind vielfältig.

Regeln für den Umgang mit Kerzen

- Kerzen immer **zimmerwarm** verarbeiten. Kalte Kerzen brechen leicht.
- Kerzen müssen **gerade** und **sicher** befestigt werden.
- Kerzen dürfen **nicht zu eng** aneinander stehen, der Abstand muss mindestens zwei Finger breit sein. Sie schmelzen sich sonst gegenseitig.
- **Entflammbare Werkstoffe oder Materialien** keinesfalls nah an der Kerze einarbeiten.
- Kerzen und Werkstücke mit Kerzen immer auf eine **feuerfeste Unterlage** stellen.
- Kerzen dürfen **nie unbeaufsichtigt** brennen.
- Angezündete Kerzen **nicht an die Zugluft stellen**. Dies kann Brände verursachen und die Kerzen rußen, tropfen oder brennen schief ab.
- Zum **Löschen** der Kerzenflamme den Docht in das flüssige Wachs tauchen und danach wieder aufrichten.

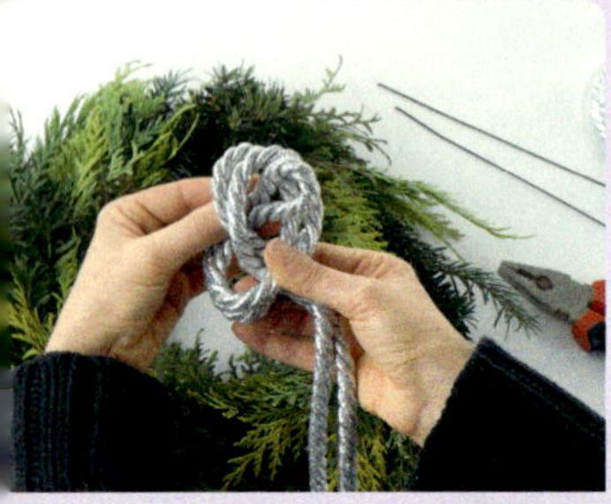

Einen **Knoten** in die Kordel schlingen,

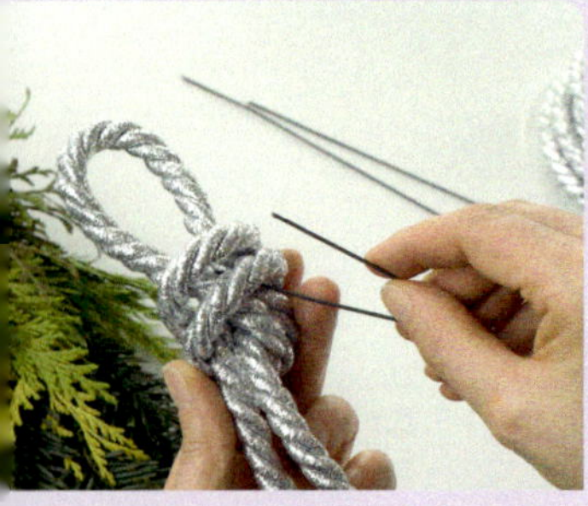

die Kordel mit einem Steckdraht angabeln ...

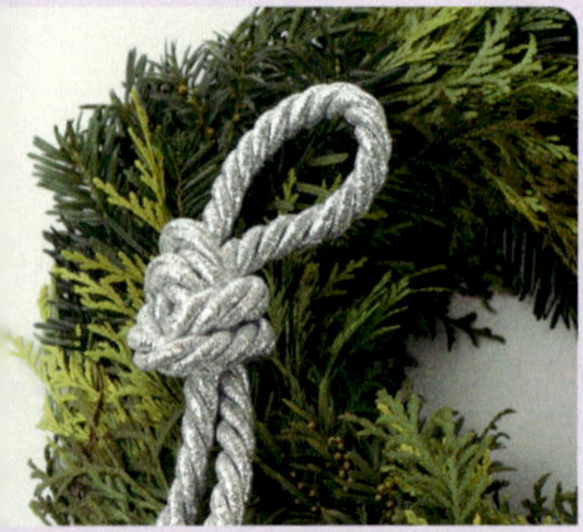

und die Drahtgabel in den Kranz stecken.

Schöne Schleifen

Knoten

- Kordeln oder Bänder werden einfach verknotet und mit einer Perlennadel auf eine Unterlage aufgesteckt.
- Kordeln werden doppelt genommen und verknotet. Durch den Knoten wird ein Draht geschoben, verzwirbelt und in die Unterlage gesteckt.

Einfacher Schleifentuff

- Ein Band in mehreren Zieharmonikaschlaufen übereinander legen.
- Die unteren Schlaufenenden zusammenfassen und zusammendrahten.
- Damit das Schlaufenende kein Wasser zieht, die Drahtstelle mit Kautschukband abwickeln.

Bonbonschleife

- Ein Band so übereinander legen, dass auf beiden Seiten Schlaufen entstehen und jeweils ein Bandende hängen bleibt.
- Die Schlaufenmitte mit einem kurzen Stück Band oder Bast abbinden.
- Durch den Knoten einen Draht schieben und zusammenzwirbeln.

In einem **Strauß** benötigen Schleifen einen langen Draht, in **Gestecken** sollten sie mit zwei Drahtenden verankert werden. **Bandenden** werden immer sauber und gleichartig gerade, schräg oder wie ein „Schwalbenschwanz" abgeschnitten.

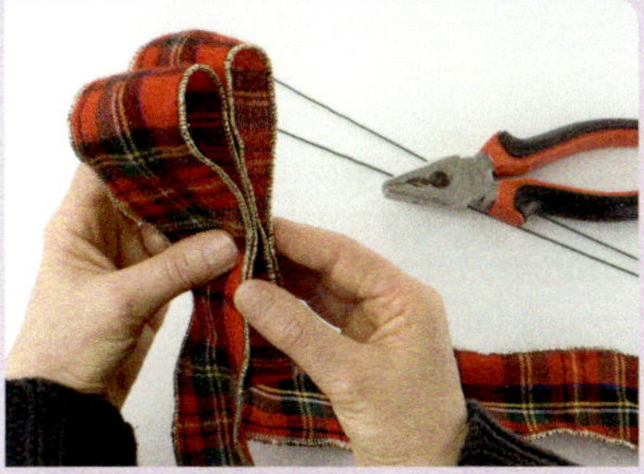

Für einen **Schleifentuff** eignet sich ein Band mit Drahtkante.

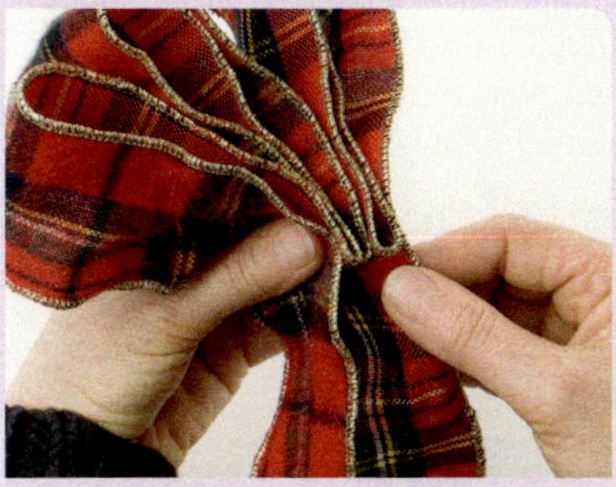

Das Band in gleichmäßige Ziehharmonikaschlaufen legen.

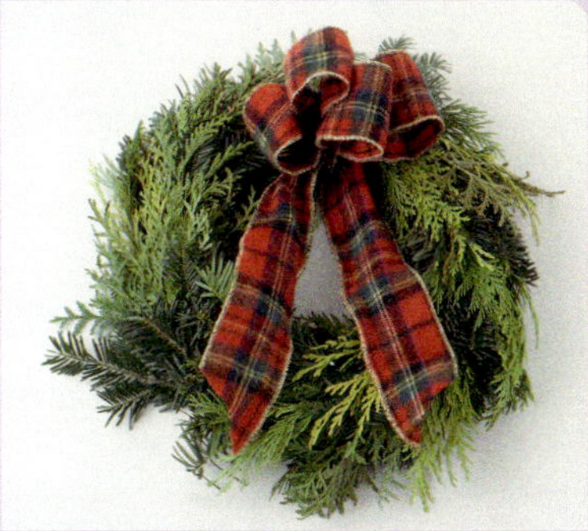

Die unteren Schlaufenenden mit einem Draht zusammenfassen und auf den Kranz stecken.

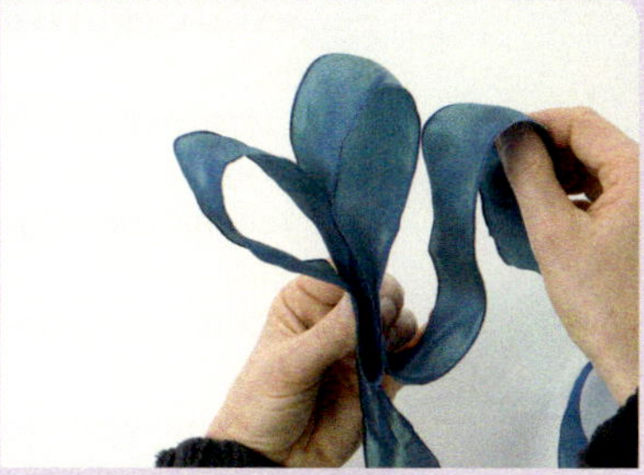

Für eine **Bonbonschleife** beidseitig Schlaufen legen und je ein Bandende hängen lassen.

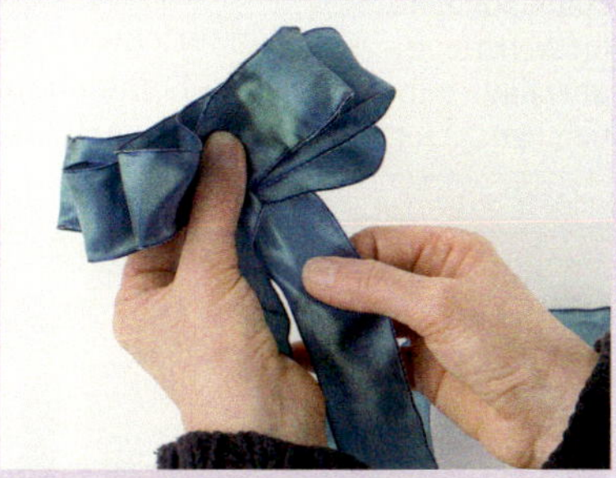

Die Schlaufenmitte mit einem kurzen Stück Band oder Bast abbinden.

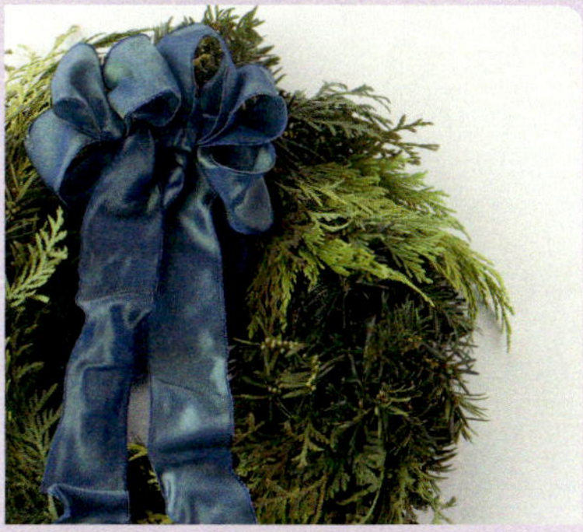

Durch den Knoten einen Draht schieben, zusammenzwirbeln und in den Kranz stecken.

Arbeitsplatz

In einem Werkzeugkoffer verstaut, können Sie Ihr Werkszeug überallhin mitnehmen.

Wenn Sie regelmäßig floristische Werkstücke gestalteten, möchten Sie sich vielleicht einen Arbeitsplatz mit guter Beleuchtung, Stromanschluss und Stauraum einrichten, wo alle Werkzeuge und Hilfsmittel schnell zur Hand sind. Die Arbeitsfläche sollte so ausgerichtet sein, dass Sie bequem stehen und arbeiten können. Eine gute Anschaffung ist ein höhenverstellbarer Hocker. Er dient als Stehhilfe und kann auch für andere Tätigkeiten auf entsprechende Arbeitshöhe eingestellt werden.
Besteht keine Möglichkeit einen separaten Arbeitsplatz einzurichten, verstauen Sie Ihre Werkzeuge und Hilfsmittel einfach in einem Werkzeugkoffer, den Sie bequem an jeden Arbeitsort mitnehmen können.

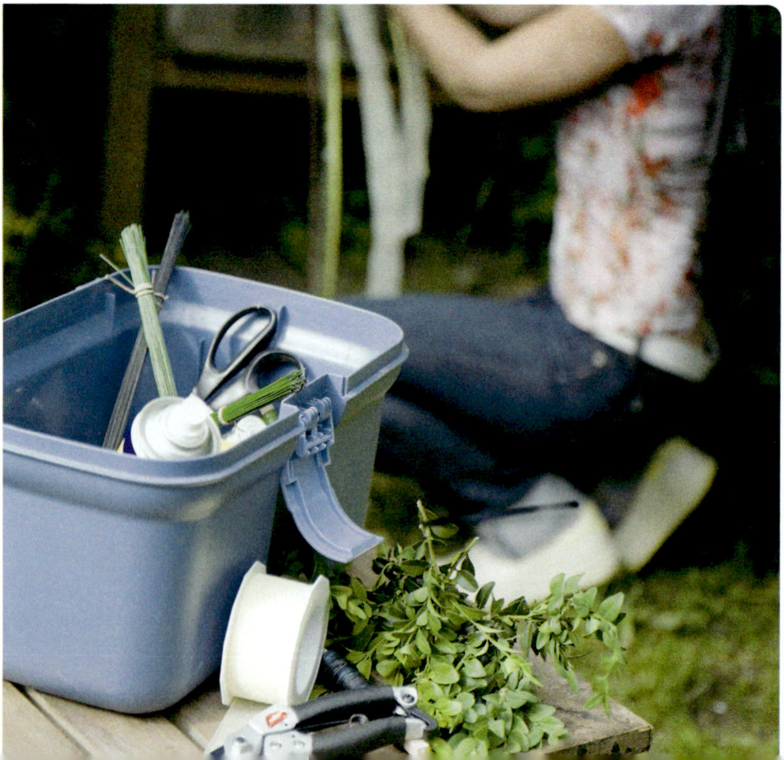

Pflanzliche Werkstoffe

Je mehr Sie von einer Pflanze oder einem Pflanzenteil wissen, umso besser können Sie mit diesem Werkstoff umgehen und ihn in Szene setzen.

Kleine Pflanzenkunde

Pflanzen bestehen aus Wurzeln, Sprossachse, Blättern, Blüten und Früchten. Wegen ihrer unterschiedlichen Genetik, Herkunft, Standort- und Lebensbedingungen sind alle Pflanzenteile verschieden ausgeprägt und stellen eine **vielfältige Werkstoffpalette** dar.
So können die **Sprossachsen** zum Beispiel aufrecht, kletternd, windend, kriechend oder hängend wachsen. Diese **Wachstumsbewegungen** spielen in der Gestaltung eine sehr wesentliche Rolle, mehr dazu erfahren Sie im Kapitel „Bewegungslinien“ auf Seite 52.

Bewegungen von Sprossachsen

Bewegungsrichtung	**Eigenschaften**	**Pflanzenbeispiele**
Aufrecht	Wachsen senkrecht empor	Königskerze Rittersporn
Kletternd	Klettern mit Hilfe von Haftwurzeln/ Ranken	Efeu Passionsblume
Windend	Winden sich an Stützen empor	Ackerwinde Clematis
Kriechend	Sprossachsen liegen auf dem Boden	Zierkürbis Polsterstauden
Hängend	Sprosse wachsen nach unten	Efeu-Topfsorten Leuchterpflanze

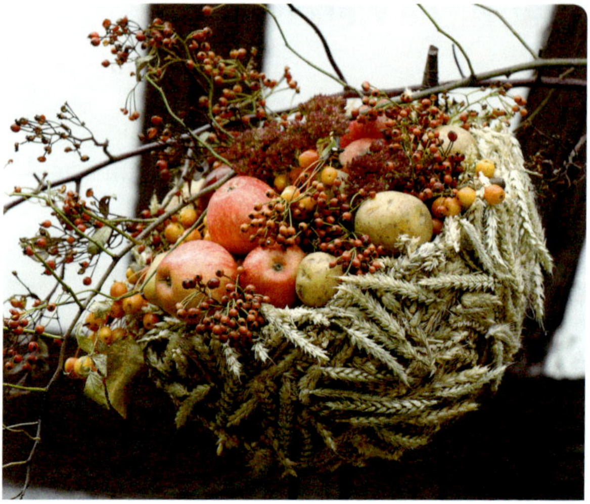

Einheimische Früchte in einer mit Getreideähren beklebten Styropor-Halbkugel.

Woher nehmen?

Sammeln in der Natur

Wer mit offenen Augen durch die Natur geht, wird viele reizvolle Werkstoffe entdecken. Aber sammeln Sie bei aller Begeisterung nur das, was Sie später auch verarbeiten. Gewöhnen Sie sich an, zum Spaziergang eine Gartenschere in die Tasche zu stecken. **Geschützte Arten sollten Sie keinesfalls pflücken, abschneiden oder ausgraben.**

Blumen aus dem Garten

Ein eigener Garten ist ein unerschöpfliches Reservoir an Blumen, Blättern, Astwerk und Früchten. Damit diese lange halten, spielt der **richtige Schnitt-Zeitpunkt** eine wichtige Rolle. Ideal sind die **Morgenstunden**, wenn die Pflanzen mit Wasser gesättigt sind und ein festes Gewebe besitzen. Alternativ können Sie Blumen in den **kühleren Abendstunden** schneiden. Die pralle Mittagssonne an einem heißen Sommertag ist jedoch definitiv

der falsche Zeitpunkt. Die **Haltbarkeit von Blüten** ist im hohem Maße von ihrer Schnittreife abhängig und von Art zu Art sehr unterschiedlich.
Auch bei Blättern und Blattranken ist darauf zu achten, dass sie ein gut gefestigtes Gewebe besitzen. Junge Blätter und frisch ausgetriebene Sprossteile welken schnell und können nicht verwendet werden.
Nach der Ernte werden die Blumen und Blätter frisch angeschnitten und in Wasser gestellt. Wenn die Blumen nicht gleich arrangiert werden, bewahren Sie sie an einem kühlen, zugfreien Platz auf.

Natur in der Stadt

Selbst in einer Großstadt können Ihnen pflanzliche Werkstoffe direkt vor die Füße fallen – etwa Laub und Früchte beim Herbstspaziergang durch den Park. Sicherlich werden auch in Ihrem Wohnumfeld die Grünanlagen gepflegt. Fragen Sie ruhig einmal nach, ob Sie geschnittene Zweige erhalten können.

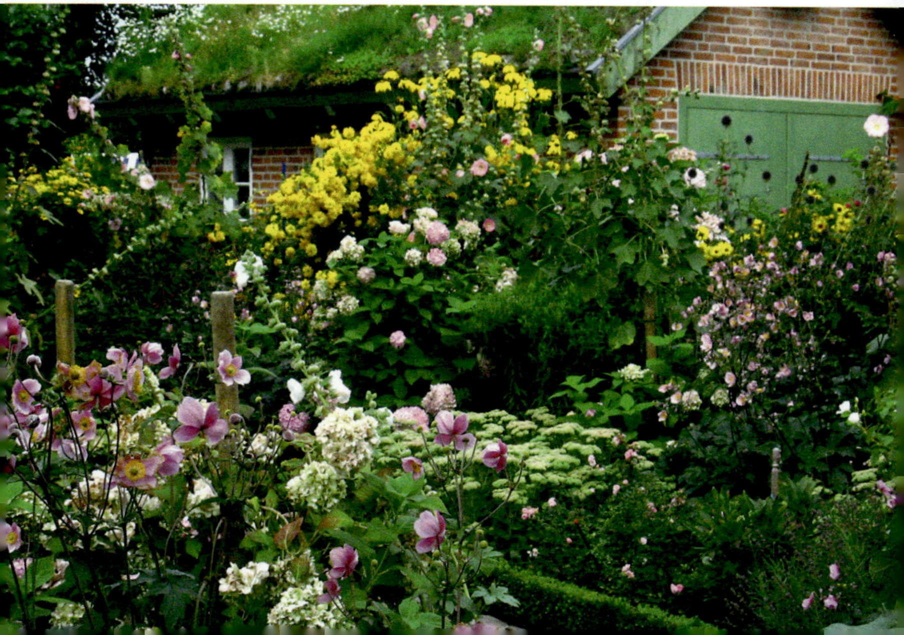

Blumenvielfalt im eigenen Garten.

Schnittreife von Gartenblumen	
Schnittblume	**Optimaler Erntezeitpunkt**
Astilbe	Fast alle Blüten im Blütenstand sind geöffnet
Bartnelken	Erste Blüten sind geöffnet
Chrysantheme	Erste Blüten sind geöffnet
Dahlie	Blüten sind gut geöffnet und Stiele fest
Flammenblume, Phlox	Trugdoldenform zeichnet sich durch geöffnete Blüten ab
Garten-Zinnie	Staubgefäße im Blütenzentrum sind gut ausgebildet
Gladiole	Blüten zeigen Farbe
Herbstaster	Größere Anzahl von Blüten ist geöffnet
Hortensie	Blütenstände sind gut ausgereift und ausgefärbt
Lilie	Untere Knospen öffnen sich und zeigen Farbe
Löwenmäulchen	Hälfte bis zwei Drittel des Blütenstands ist aufgeblüht
Margerite	Mindestens 2 bis 3 Kreise der Staubblüten sind geöffnet
Narzisse	Blüten beginnen sich zu neigen, Knospe zeigt Farbe
Pfingstrose	Größte Blütenknospe ist gut ausgefärbt und bricht auf
Ringelblume	Erste Kreis der Zungenblüten öffnet sich
Rittersporn	Mindestens 1 bis 3 Blüten an der Rispe sind geöffnet
Rose	Knospen sind halb geöffnet, nach Sorte unterschiedlich
Gold-Garbe	70 % der Einzelblüten sind geöffnet oder voll erblüht
Schöne Fetthenne	Erste Einzelblüten sind geöffnet
Schwertlilie	Am weitesten entwickelte Blüte ist kurz vor Aufblühen
Sommeraster	Sobald die Blütenköpfe aufgeblüht sind
Sonnenblume	Scheibenblüten sind etwa zu 50 bis 70 % aufgeblüht
Tulpe	Knospen zeigen Farbe und Stiele sind fest
Zierlauch	Pro Dolde sind etwa 30 % der Blüten geöffnet

Empfehlenswerte Pflanzen für den Anbau im eigenen Garten

	Deutscher Name	**Botanische Bezeichnung**
Blumen	Bartnelke Garten-Fuchsschwanz Schmuckkörbchen Zierlauch	*Dianthus barbartus* *Amaranthus caudatus* *Cosmos bipinnatus* *Allium* in Arten
Blütenstauden	Frauenmantel Herbst-Anemone Hortensie Lampionblume Schöne Fetthenne	*Alchemilla mollis* *Anemone hupehensis* *Hydrangea macrophylla* *Physalis alkekengi* *Sedum spectabile*
Blattschmuck- stauden	Bergenien-Sorten Elfenblume Funkien-Sorten Purpurglöckchen-Sorten	*Bergenia Cultivars* *Epimedium* in Arten *Hosta Cultivars* *Heuchera Cultivars*
Texturpflanzen	Hauswurz Lavendel Schöne Fetthenne Wollziest	*Sempervivum* in Arten *Lavandula angustifolia* *Sedum spectabile* *Stachys byzantina*
Gräser	Chinaschilf	*Miscanthus sinensis*
Ziergehölze	Buchsbaum Hagebuttenrosen Hartriegel Kirschlorbeer Korkenzieherweide Perückenstrauch Zierapfel-Sorten	*Buxus sempervirens* *Rosa canina* *Cornus alba* *Prunus laurocerasus* *Salix matsudana* *Cotinus coggygria* *Malus Cultivars*
Kletterpflanzen	Efeu	*Hedera helix*

Blumen kaufen

Für pflanzliche Werkstoffe gibt es verschiedene Einkaufsquellen, die alle Ihre jeweiligen Vorzüge haben.
In **Floristikfachgeschäften** und **Gärtnereien** erhalten Sie fachkundige Beratung und können ausgefallene Schnittblumen und Beiwerk einkaufen.
Gartencenter führen vor allem ein umfangreiches Sortiment an Pflanzware.
Besonders frisch ist oft die Ware an **Marktständen.** In ländlichen Gebieten haben sich in den letzten Jahren **Felder** mit Blumen zum Selbstpflücken etabliert, hier sind die Blumen garantiert frisch und zudem preiswert.
Den Last-Minute-Einkauf kann man sogar im **Supermarkt** erledigen. Die Auswahl ist nicht riesig, aber für einen schnellen Tischschmuck ausreichend.
Das **Internet** ist vor allem als Einkaufsquelle für Ausgefallenes zu empfehlen.

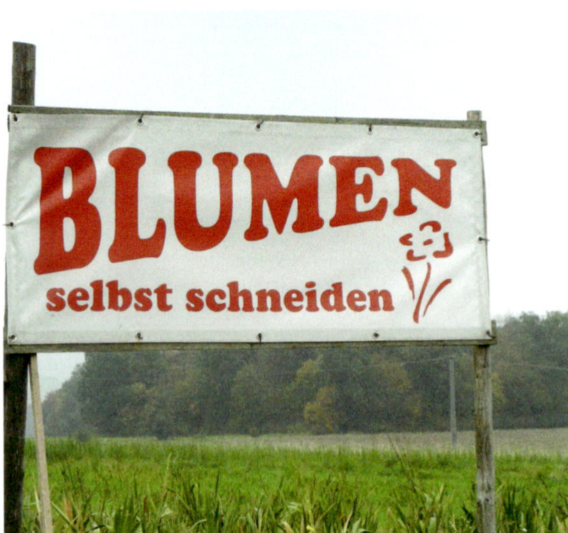

Halten Sie bei Autofahrten die Augen nach Feldern offen, auf denen Sie Blumen selber schneiden können.

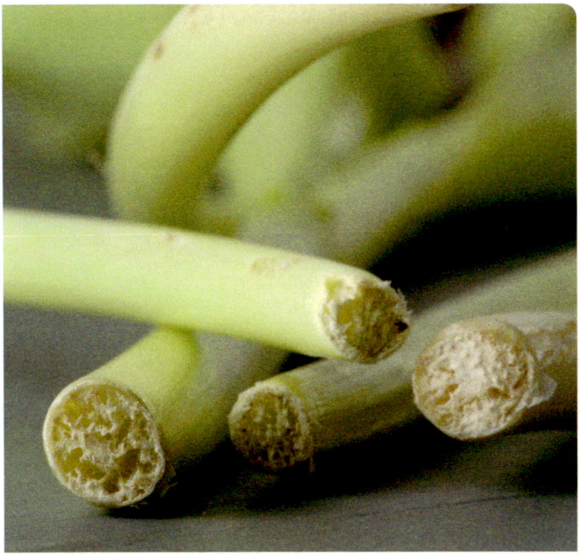

Diese Blumenstiele standen bereits längere Zeit nicht im Wasser; ihre Leitungsbahnen sind verstopft.

Blick für Qualität

An den **Stielenden von Blumen** können Sie – wie bei Spargel – die Frische ablesen. Auch die **Blüten** geben Hinweise auf die zu erwartende Haltbarkeit. Überlegen Sie vor dem Kauf, wann Ihre Blumen ihre volle Wirkung entfalten sollen. Für einen Tischschmuck dürfen die Blüten voll geöffnet sein. Soll ein Strauß als Raumschmuck lange Freude machen, verarbeiten Sie am besten Knospen und halb geöffnete Blüten.

Blumen richtig versorgen

Nach dem Einkauf oder der Ernte sollten Sie die Blumen so schnell wie möglich richtig versorgen, damit Sie lange Freude an Ihnen haben.

Schnittblumen putzen

Schneiden Sie alle kranken und beschädigten Blätter ab. Dann entfernen Sie die Blätter im unteren Drittel der Stiele, damit sie in der Vase nicht mit Wasser in Berührung kommen. Sonst gelangen Substanzen in das Wasser, die Fäulnis begünstigen und die **Haltbarkeit** der Blumen verringern.
Je nach Blattbesatz werden auch am oberen Stängelteil ein oder mehrere Blätter abgeschnitten, um den Wasserverlust durch Verdunstung zu verringern.

Richtig anschneiden

Der **Anschnitt** der Blumenstiele sollte **unmittelbar vor dem Einstellen in das Wasser** erfolgen.
Da der Transport der Blumen in der Regel ohne Wasser erfolgt, trocknet die Schnittfläche am Stielende ein. Deshalb müssen die meisten Stiele lang und schräg mit ei-

Warum putzen?
Neben dem Anschneiden spielt das Entfernen von Blättern, Blattresten, Stacheln und Nebentrieben eine große Rolle, um
- die Haltbareit der Blumen zu erhöhen,
- den Wasserbedarf der Blumen zu reduzieren und
- die Linienführung in der Gestaltung zu unterstreichen.

nem scharfen Blumenmesser angeschnitten werden, um eine große Oberfläche für die Wasseraufnahme zu schaffen. Die Stängel dürfen dabei nicht gequetscht werden.

Spezielle Pflegemaßnahmen

Einige Blumen und Zweige benötigen wegen der besonderen Beschaffenheit ihrer Stiele spezielle Pflegemaßnahmen. Sie dienen dazu, die Wasseraufnahme der Stiele zu verbessern und die Haltbarkeit der Blumen zu verlängern.

Anbrennen

Stiele von **Mohn, Glockenblumen, Wolfsmilch-** und **Seidenpflanzengewächsen** enthalten Milchsaft und sollten angebrannt werden. Dazu halten Sie die Stielenden etwa eine halbe Minute in die offene Flamme einer Kerze oder eines Feuerzeugs. Durch die Hitze werden die Lufteinschlüsse aus den Stielen getrieben. Stellt man die Blumen ins Wasser, saugen sich die Stiele sofort voll, um die Luft zu ersetzen.

Lang, schräg und sauber sollte der Anschnitt bei Rosen und auch den meisten anderen Blumen sein.

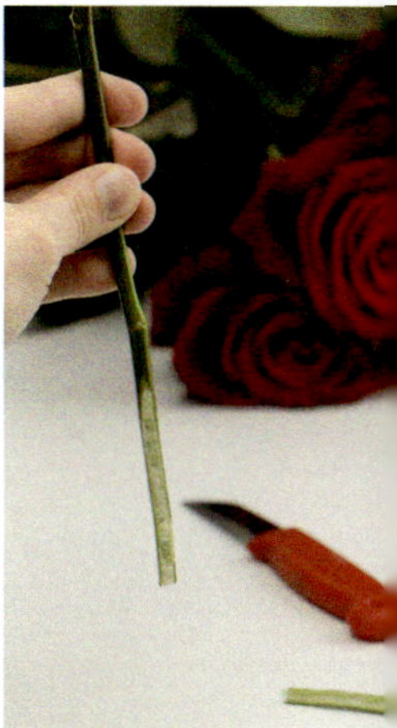

Ausschleimen

Hyazinthen und **Narzissen** sondern nach dem Schnitt einen Schleim ab, der die eigenen Schnittflächen und die anderer Blumen verklebt. Sie sollten daher einige Stunden oder über Nacht allein in warmem Wasser stehen und ausschleimen.

Heißwasserbehandlung

Chrysanthemen, Sonnenblumen und **Rosen** sowie Milchsaft führende Blütenstiele halten länger, wenn sie mit heißem Wasser behandelt werden. Dafür wickeln Sie die Stiele in feuchtes Zeitungspapier oder in ein Tuch, um sie zu schützen. Lassen Sie die Stielenden 5 cm aus der Umhüllung schauen und tauchen Sie diese für eine halbe Minute in kochendes Wasser und sofort danach in kaltes Wasser. Das kochende Wasser treibt die Lufteinschlüsse aus den Stielen. Durch das kalte Wasser ziehen sich die Stiele zusammen und saugen Wasser auf.

Wasser ist nicht gleich Wasser

Je früher die Blumen in ein sauberes Gefäß mit Wasser eingestellt werden, umso länger halten sie. Besonders gut eignet sich **sauberes, abgestandenes, handwarmes Regenwasser**. Wer keine Regentonne hat, nimmt abgestandenes Wasser aus dem Wasserkocher.

Kaltes Wasser frisch aus dem Hahn enthält Luft, die an den Stielen und deren Schnittstellen viele Luftbläschen bildet. Die Bläschen können in die Leitgefäße eindringen und den Wassertransport unterbinden.

Warmes Wasser enthält weniger gelöste Luft. Außerdem kann Wärme die Lebensvorgänge – auch den Wassertransport – in den Blumen fördern.

Sogar die **Höhe des Wassers** in der Vase ist wichtig, weil der seitliche Druck die Wasseraufnahme der Stiele fördert. Gerbera, Calla und Tulpen benötigen wegen ihrer weichen Stiele nur einen niedrigen Wasserstand. Rosen dagegen lieben hohes Wasser.

Links: Zum Ausschleimen sollten Sie Hyazinthen und Narzissen eine Weile separat in Wasser einstellen.

Rechts: Weiche Blumenstiele wie bei der Gerbera mögen keinen hohen Wasserstand, feste Rosenstiele dagegen sehr.

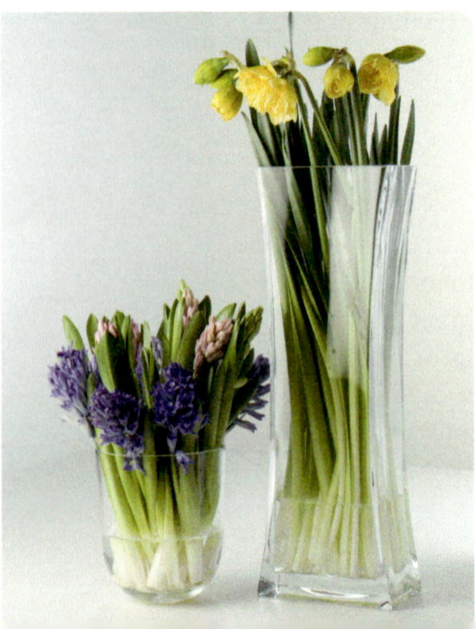

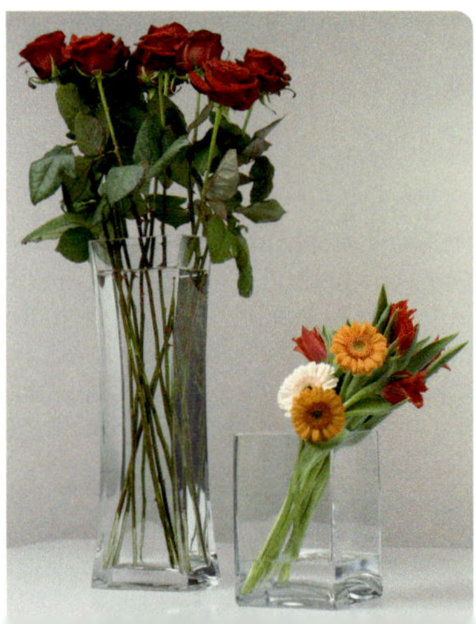

Schnittblumennahrung

Spezielle Schnittblumennahrung bewirkt bei fast allen Blumen eine deutliche Verlängerung ihrer **Haltbarkeit** und ein **sicheres Aufblühen** der Knospen.
Im Fachhandel werden Frischhalteprodukte als Granulat oder in flüssiger Form angeboten. Beim Floristen erhält man beim Blumenkauf oft kleine Portionstütchen oder Phylokarten. Für Hortensien, Schneeball, Flieder und Rosen gibt es spezielle Blumennahrung.
Das Vasenwasser braucht bei Verwendung von Blumennahrung nicht gewechselt werden, verlangt jedoch **regelmäßiges Nachfüllen** mit Frischhaltelösung. Auch das nochmalige Anschneiden der Blumenstiele ist überflüssig, weil sich keine zersetzenden Bakterien mehr bilden können.
Der Inhalt eines handelsüblichen Beutels mit Frischhaltemittel reicht nur für einen halben oder einen Liter Wasser. Bei größeren Sträußen müssen mehrere Beutel verwendet werden.
Auf **Hausmittel** wie Zucker, Aspirin, Kaliumpermanganat, Salmiakgeist oder eine Kupfermünze im Vasenwasser sollten Sie keine großen Hoffnungen setzen. Sie sind hochwertiger Schnittblumennahrung in der Wirkung deutlich unterlegen. Für welches Produkt Sie sich auch

Tipps für schlaffe Blütenköpfe
Legen Sie **Hortensien** oder **Rosen** für einige Zeit an einem kühlen Ort in eine Wanne mit Wasser. Die Stängel sollten Sie vor und nach dem Tauchbad schräg anschneiden. Gartenblumen können auch in die Regentonne gelegt werden, wenn sie sauberes Wasser enthält. Selbst in der Badewanne können sich Ihre Blumen wieder erholen.
Tulpen und **Rosen** können Sie in feuchtes Zeitungspapier einschlagen und für einige Zeit in warmes Wasser stellen. Alternativ schneiden Sie die Blütenstängel etwas kürzer und stellen sie tief in Wasser ein. Grundsätzlich sollten Sie vorher möglichst viele Blätter und Nebentriebe entfernen.

entscheiden: Bitte befolgen Sie die Dosierungsanleitungen und bewahren Sie Frischhaltemittel an einem kindersicheren Ort auf. Auch Haustiere sollten nicht von dem Wasser trinken, da dies zu Schädigungen des Blutes führen kann.

Der richtige Standort

Stellen Sie Sträuße und Gestecke nicht an Plätze, an denen die Wasserverdunstung stark gefördert wird. Sonneneinstrahlung, Zugluft oder direkte Heizungsnähe sind zu vermeiden.
Wer lange Freude an seinen Blumen haben möchte, sollte sie über Nacht an einen **kühleren und luftfeuchten Ort** stellen, vielleicht in den Flur oder auf den Balkon. Auch das **Besprühen mit Wasser** ist sinnvoll, denn das Wasser dringt in die Blätter ein und festigt das Gewebe, erzeugt durch die Verdunstung Kühle und reduziert so die Verdunstung der pflanzeneigenen Feuchtigkeit. Legen Sie in die Nähe von Blumen **keine Früchte**. Reife Früchte

Frischhaltemittel – was ist drin?
Der in den handelsüblichen Päckchen enthaltene **Zucker** dient als Pflanzennahrung. **Phytohormone** beeinflussen den Stoffwechsel der Blumen, sodass diese weniger Stoffe produzieren, die das Verblühen fördern. Außerdem regulieren **Stoffe zur Verbesserung der Wasserqualität** den pH-Wert und töten Bakterien ab.

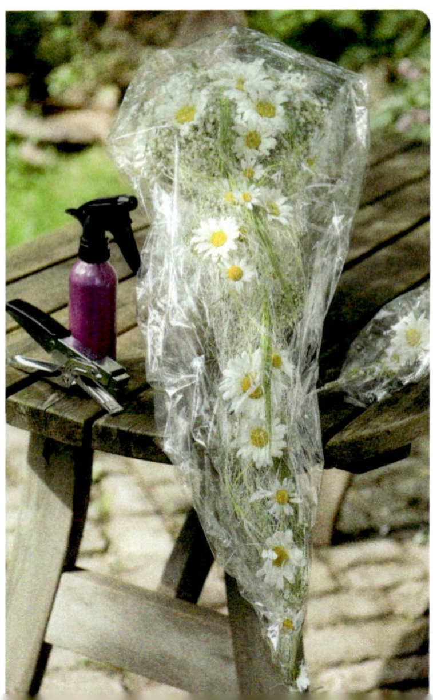

Mit Wasser besprüht und in Folie verpackt bleiben Sträuße länger frisch.

geben das Reifegas Ethylen ab, ein Phytohormon, das als gasförmiges Stoffwechselprodukt den Reifevorgang beschleunigt.
Auch alternde Pflanzenteile produzieren dieses Gas. Kontrollieren Sie deshalb Ihre Blumen regelmäßig und entfernen Sie **Verblühtes und Verwelktes**.
Orchideen und **Anthurien** gehören zu den Blumen, die nicht zu kalt stehen möchten. Sie fühlen sich **bei Zimmertemperatur** am wohlsten.

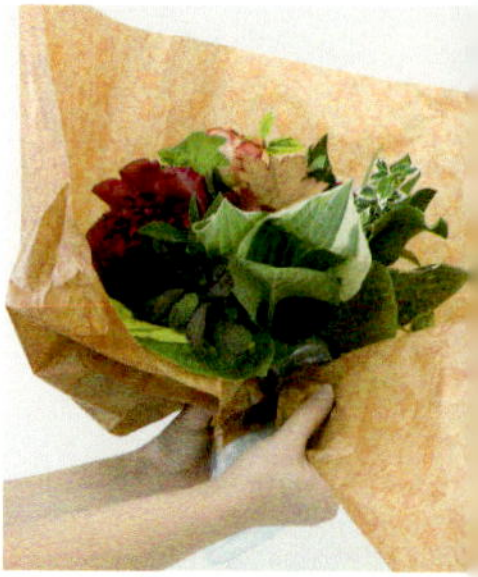

Papier schützt Ihren Strauß vor Verdunstung und Witterungseinflüssen.

Vorübergehende Aufbewahrung

Bis zum Verschenken oder Dekorieren sollten Gestecke oder Sträuße möglichst **frisch und unbeschädigt** bleiben und **kühl aufbewahrt** werden. Sie können die Werkstücke locker in Folie einwickeln oder mit Zeitungspapier, das mit einem Zerstäuber feucht gehalten wird, überdecken. Achten Sie bei **Gestecken** darauf, dass die Steckmasse feucht ist. **Sträuße mit Naturstielen** stellen Sie in eine Vase. **Sträuße mit angedrahteten Stielen** und andere Arrangements halten länger, wenn sie vorsichtig mit Wasser besprüht werden. **Anstecker** und **kleine Kränze** können Sie in aufgeblasenen, luftdichten Folienbeuteln im Kühlschrank aufbewahren.

Verpackung für unterwegs

Soll ein **Strauß** auf eine mehrstündige Fahrt mitgenommen werden, wird er mit etwas Wasser besprüht und in Papier verpackt. Die Stiele können mit Küchentüchern umwickelt, angefeuchtet und in einen Folienbeutel gesteckt werden. In Höhe der Bindestelle wird der Beutel an den Strauß gebunden.
Gestecke und **Pflanzgefäße** werden vorsichtig mit Papier oder Frischhaltefolie umwickelt, damit Blüten und Blätter nicht abbrechen.

Werkstoffe vorbereiten

Frische Schnittblumen werden meist natürlich, „wie gewachsen", verarbeitet. Manche Werkstoffe verlangen jedoch etwas mehr Vorbereitung.

Stiele einkürzen

Ein **schräger, ziehender Schnitt** mit einem scharfen Messer ermöglicht eine bessere Wasseraufnahme, erleichtert das Stecken in Steckmasse und bietet guten Halt. Bei einem fertig gearbeiteten Strauß ist das Ab- und Anschneiden der Stielenden ein sehr wichtiger Arbeitsvorgang vor dem Einstellen in eine Vase.

Stützen

Frische Blumen, Blätter und Ranken werden meist natürlich, wie gewachsen, verarbeitet. **Weiche, hohle oder empfindliche Stängel** sollten Sie aber stützen.
Dazu wird ein grün lackierter **Stützdraht** in der Stärke ausgewählt, die dem Stiel und der Schwere des Werkstoffs entspricht. Die Länge des Drahtes richtet sich nach der späteren Verwendung.

- Stützdraht von Blumen für einen Strauß muss bis unterhalb der Bindestelle reichen, aber nicht unbedingt bis zum Stielende.
- Stiele für Gestecke werden in voller Länge gestützt und einschleißlich Draht in der Steckhilfe verankert.
- Sichtbare gestützte Stiele können Sie zusätzlich mit Tape umwickeln und im Werkstück mit grünen Werkstoffen überspielen.

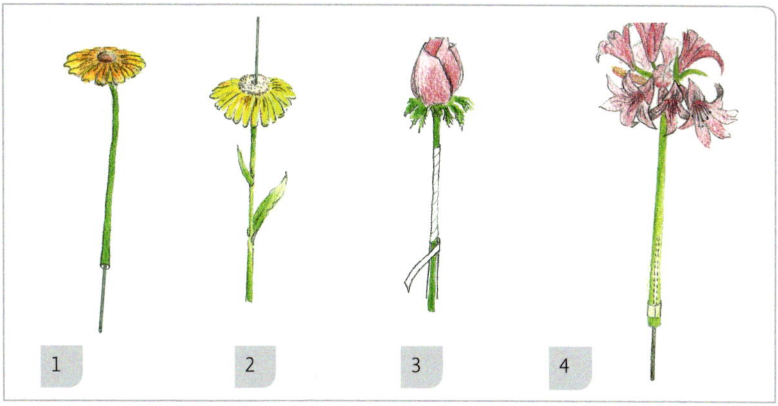

Stützen von Blütenstängeln

Das Stützen wird bei Blumen mit weichen oder krautigen, oft hohlen, Stielen durchgeführt. Grün lackierter Stützdraht gibt den Blumen zusätzlichen Halt und ermöglicht das Biegen der Stängel. Für sehr feine Blumen wird Silberdraht verwendet.

Stützen von innen

1 **Hohle Stiele** (Gerbera, Ranunkeln) können von innen gestützt werden. Dazu wird ein Stützdraht von unten in den Stiel eingeführt und bis zum Blütenboden durchgeschoben. Bei Gerberablüten, die in der Vase weiter wachsen, muss der Draht entsprechend hoch in den Blütenboden geschoben werden.

2 Bei einigen Blumen ist es besser, den Draht von oben durch den Blütenkopf hindurch in den hohlen Stängel zu stecken.

3 Blumen mit **glatten Stielen** können auch geschient werden. Dafür werden zwei Stücke Stützdraht parallel am Stiel angelegt und mit einem Tapeband festgewickelt.

4 Ein langer Holzstab wird von unten in den **hohlen Schaft** einer Amaryllis geschoben. Halt erhält er durch die sich verjüngende Sprossachse.

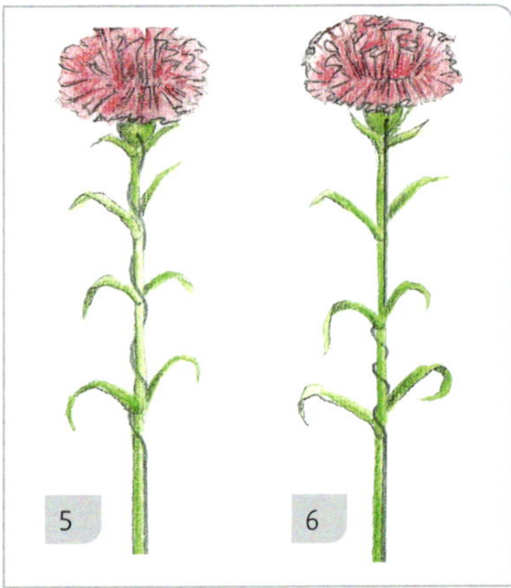

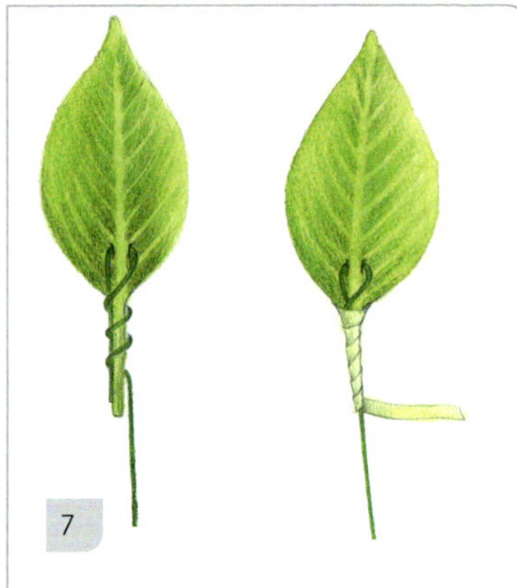

Stützen von außen

5 **Empfindliche Blumen** wie Nelken, die keine hohlen Stiele besitzen, müssen von außen gestützt werden. Dabei wird der Draht von unten in den Blütenboden eingestochen und in zwei bis vier gleichmäßigen Windungen eng um den Stiel nach unten gelegt.

6 Möglich ist auch, den Draht von unten in den Blütenboden zu schieben und parallel und dicht am Stiel entlang nach unten zu führen. Das Drahtende wird durch mehrere Wicklungen erst am unteren Bereich des Stängels gesichert und angedrückt.

Stützen von Blättern

7 Sie können die Blätter auf der Blattunterseite mit einem Stützdraht stützen und den Draht zusätzlich mit einem Blumenband abwickeln.
Das Stützen von **hohlen und fleischigen Blattstielen** (Funkien, Bergenien) erfolgt durch das Einführen von Stützdraht. Schieben Sie den Draht vorsichtig in den Blattstiel bis hinauf in die Blattrippe und bringen Sie die Blätter durch sachtes Biegen in die gewünschte Stellung.

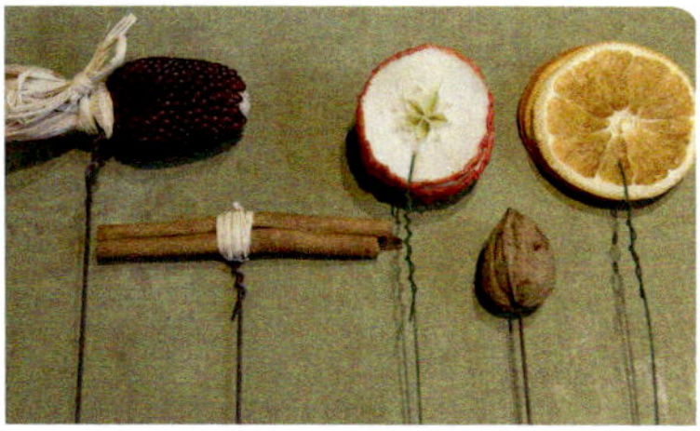

Vor allem stiellose Werkstoffe müssen zur Weiterverarbeitung angedrahtet werden.

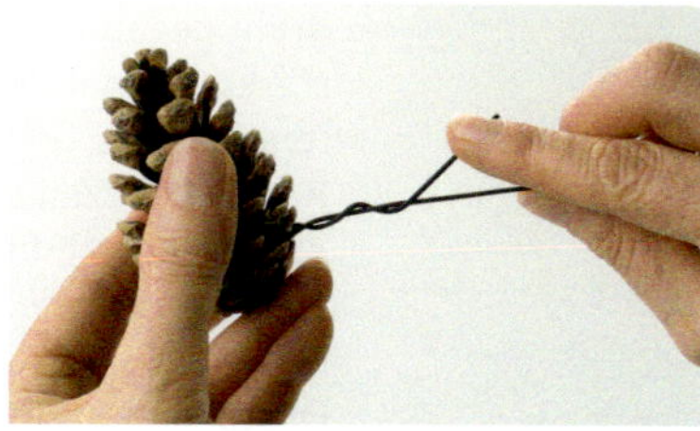

Ein Steckdraht wird in die unterste Schuppenreihe so eingelegt und verdreht, sodass ein langer Drahtstiel entsteht.

Andrahten

Das Andrahten dient der **Verlängerung** oder dem **Ersatz von Stielen**. Der Draht kann den gesamten Stiel ersetzen oder an Stellen ansetzen, die eine extreme Biegung erfordern. Die Drahtstärke richtet sich nach Länge und Gewicht des Werkstoffs.

Andrahten von Stielen

Für die Verlängerung von Stielen wird ein entsprechender Stütz- oder Steckdraht mit einigen Windungen um das Stielende gewickelt. Das kürzere Drahtende endet mit dem Stiel der Blüte und das andere Drahtende bildet die Verlängerung.

Andrahten von Blüten

Blüten und Samenstände können mit einem kleinen Haken angedrahtet werden. Schneiden Sie den Werkstoff kurz ab, schieben Sie einen dünnen Draht durch Stängel und Blüte oder Samenstand und biegen Sie oben einen kleinen Haken. Dann wird der Draht wieder zurückgezogen, bis er feststeckt.
Lilienblüten werden etwa 4 cm unterhalb des Blütenkopfes abgeschnitten. Zuerst wird ein Stützdraht durch den Stiel bis in den Blütenboden geschoben. Danach werden Stängel und Draht mit einem weiteren Stütz-

draht gegabelt und umwickelt. Der innere Draht verstärkt den natürlichen Blütenstiel, und das Gabeln unterstützt das Gewicht der Blüte.
Rosen besitzen meist dicke und holzige Stiele, die bei Ansteckern und Brautsträußen durch dünnere, biegsame Drahtstiele ersetzt werden. Der Stiel wird 2 bis 3 cm unterhalb des Blütenkopfes abgeschnitten, dann wird ein Drittel eines Stützdrahts seitlich durch den Blütenboden geschoben. Dabei halten Sie die Blüte in einer Hand und wickeln mit der anderen Hand das kurze Drahtende mehrmals um den Stiel. Der restliche Draht, der nach unten gebogen wird, dient als verlängerter Stiel. Die Stärke des Stützdrahts sollte auf Größe und Gewicht der Blüte abgestimmt sein.
Stängelende und Draht werden zum Schluss mit Tape umwickelt.
Für **sehr kleine Blüten** biegt man dünnen Silberdraht wie eine Haarnadel und dreht die Enden mehrmals umeinander, sodass eine kleine Öse entsteht. Die zwei Drahtenden werden von oben durch den Blütenkopf gesteckt und von unten soweit durchzogen, bis sich die Öse im Blütenkopf befindet. Der neue Drahtstiel kann mit Tape umwickelt werden.

Angedrahteter Rosenblütenkopf.

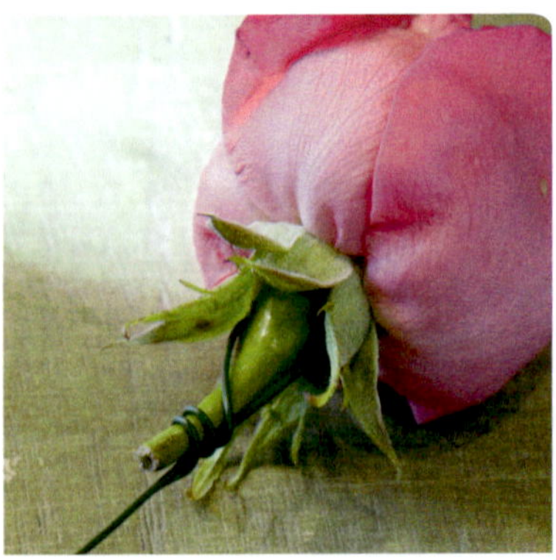

Gras- und Heubüschel lassen sich gut andrahten.

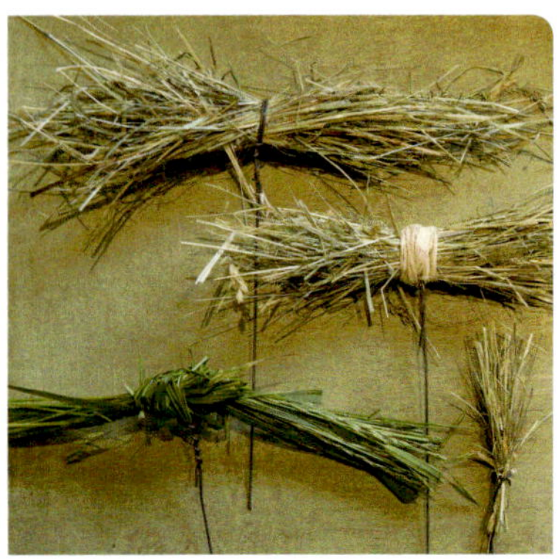

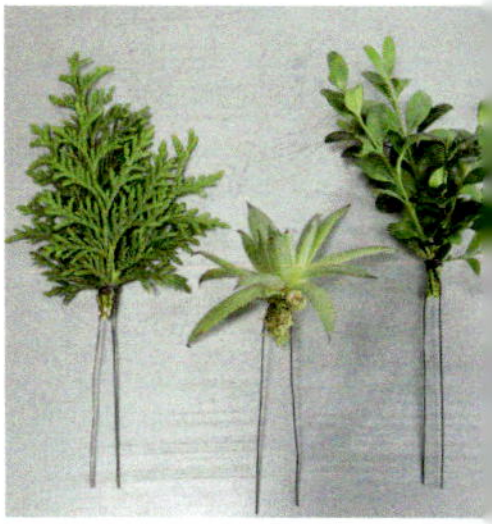

Angegabelte Werkstoffe: Konifere, Hauswurz, Buchs.

Andrahten von Blättern

Zum Stabilisieren von Blättern wird die Mittelrippe auf der Blattunterseite im unteren Drittel zum Stielansatz mit einem Stützdraht quer durchstochen und der Draht durchgeschoben. In der Mitte wird er wie eine Haarnadel umgebogen, sodass er parallel zur Blattrippe in Richtung Stiel geführt werden kann. Am Stielansatz werden Draht und Stiel mit dem längeren Drahtende befestigt und mit Tape abgewickelt (siehe Zeichnung 7, Seite 34).
Beim **„Schichten“** von Blättern werden diese flächig übereinander gelegt und zusammen angedrahtet.
Beim **„Flachtüllen“** werden Blätter leicht eingerollt und einzeln oder als Dreiergruppe mit Draht umwickelt.
Einzelne oder mehrere Blätter können vor der Drahtung auch in eine Tütenform (**„Rundtüllen“**) gerollt werden.

Andrahten von trockenen Werkstoffen

Das Andrahten ist vor allem bei stiellosen Werkstoffen notwendig.
Sollen Zapfen **aufrecht verarbeitet** werden, ziehen Sie den Draht zwischen einer unteren Schuppenreihe durch.
Zur **längsseitigen Verarbeitung** werden die Zapfen mittig angedrahtet.
In beiden Fällen biegen Sie beide Drahtenden nach unten und verdrehen sie miteinander.
Grasbüschel werden in die Hand genommen und mittig oder am Ende mit einem Steckdraht mehrmals umwickelt. Der in der Mitte sichtbare Draht kann mit einem Knoten aus Naturbast kaschiert werden.
Langes Gras können Sie zuerst verknoten oder mit Naturbast abbinden, ehe Sie den Draht durch die Unterseite des Knotens ziehen und festdrehen.

Angabeln

Das Angabeln ähnelt dem Andrahten, allerdings stehen unten zwei gleich lange Drähte heraus. Angegabelte Werkstoffe eignen sich gut **zum Stecken eines Kranzes.**

Fruchtig frisch
Um die Haltbarkeit von Früchten zu verlängern, die Stabspitzen etwas anfeuchten und in Anis- oder Zimtpulver, die eine desinfizierende Wirkung besitzen, eintauchen.

Aufspießen weicher Früchte, Zwiebeln und Knollen

Wer weiche Früchte verarbeiten möchte, sollte sie vorher auf Holzspieße aufspießen. Die Stärke der Stäbe ist von der Größe und Stabilität der Früchte abhängig. **Zahnstocher** eignen sich für kleine Früchte, **Schaschlikspieße** oder **Splittstäbe** für größere Früchte. Für ihren Einsatz in Sträußen oder Gestecken verwenden Sie am besten zwei Stäbe, das garantiert einen besseren Halt.

Auffädeln

Das Auffädeln ist eine sehr alte Technik, die sich für Blüten, Blütenblätter, Blätter, Früchte, Sämereien, Holz- und Stängelabschnitte sehr gut eignet.
Auffädeln können Sie fast alle Werkstoffe, vorausgesetzt sie sind weich oder besitzen ein Loch oder einen Hohlraum, der sich zum Durchfädeln von Draht, Wolle oder anderem Material anbietet.
Weiche Werkstoffe kann man mit dem Fädeldraht oder einer Nadel durchstechen, härtere Werkstoffe werden vorgebohrt.
Für eine andere Methode des Auffädelns werden viele einzelne Blütenblätter oder kurze Astabschnitte mit Draht umwickelt, sodass eine Kette entsteht.

Zum Auffädeln auf Drähte oder Schnüre eignen sich viele verschiedene Werkstoffe.

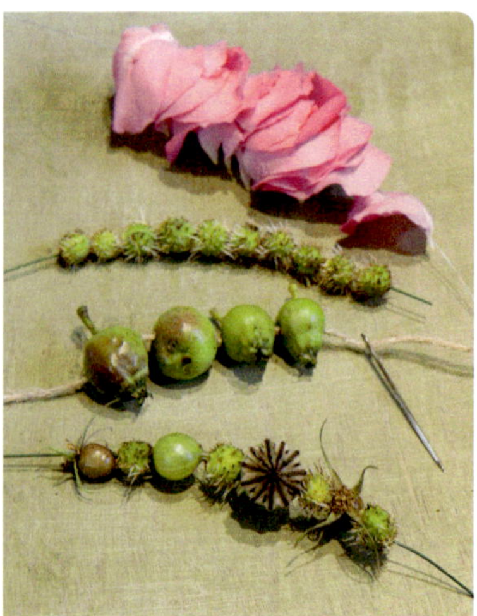

Tapen und Abwickeln

Der angedrahtete Stiel wird zusammen mit dem Ende des Blumenbandes kurz unterhalb der Blüte mit Daumen und Zeigefinger der linken Hand festgehalten. Mit der anderen Hand wird das Band straff gegen den Draht gespannt. Nun drehen Sie die Blume vorsichtig, sodass sich das Band langsam und dünn auf der ganzen Länge um Draht und Stiel legen kann. Die Ränder des Bandes sollen einander gleichmäßig etwa 2 mm breit überlappen. An Nebentrieben muss vorsichtig vorbeigewickelt werden.
Kreppartiges Band ist leicht klebrig und kann durch Dehnen und gleichzeitiges Anpressen am Blumenstiel gut haltbar verklebt werden.
Kautschukband wird am Stiel leicht angedrückt und kurz über eine Flamme gehalten. Der Kautschuk schmilzt und verklebt am Stiel.

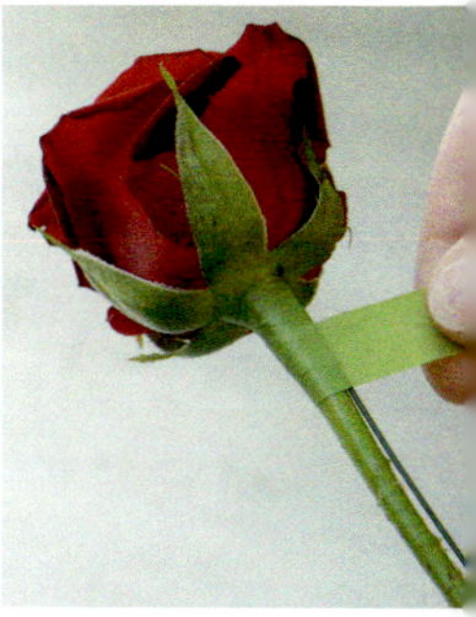

Ein angedrahteter Rosenstiel wird mit Tapeband umwickelt.

Wachsen von Stielen

Das Wachsen von Blütenstielen (Calla, Orchideen) dient als kurzzeitiger **Verdunstungsschutz**. Stellen Sie zwei Teelichter mit etwas Abstand nebeneinander und ein drittes obendrauf. Die äußeren Lichter werden angezündet. Wenn das Wachs im oberen Licht flüssig ist, die Kerzen löschen. Die Stiele der Werkstoffe etwa 0,5 bis 1 cm tief in das Wachs tauchen und trocknen lasssen.

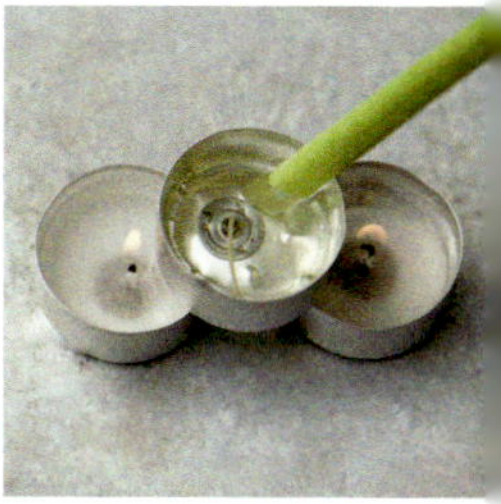

So werden Stielenden gewachst.

Tapen ist sinnvoll...
- als Verdunnstungsschutz bei Blumen, die kein Wasser mehr aufnehmen können.
- weil das Band den Draht versteckt.
- weil es verhindert, dass der Werkstoff aus der Drahtverstärkung rutscht.

Techniken von A–Z

Die Floristik bietet Ihnen eine große Auswahl bewährter Techniken an, dabei sind Ästhetik, Achtung des pflanzlichen Werkstoffs und statische Stabilität zu beachten.

Abstützen

Zweige, Äste, Ranken oder Wurzeln werden so verarbeitet, dass sie sich gegenseitig abstützen und eingesteckten Blumen Halt geben.

Anbinden

Werkstoffe sollten an zwei Punkten an einer Konstruktion angebunden werden, damit sie eine feste Position erhalten. Empfindliche Stiele sollten Sie mit einer achtförmigen Zwischendrehung an die Konstruktion binden.

Links: Zweimaliges Anbinden gibt den Floralien mehr Halt. Rechts: Achterknoten.

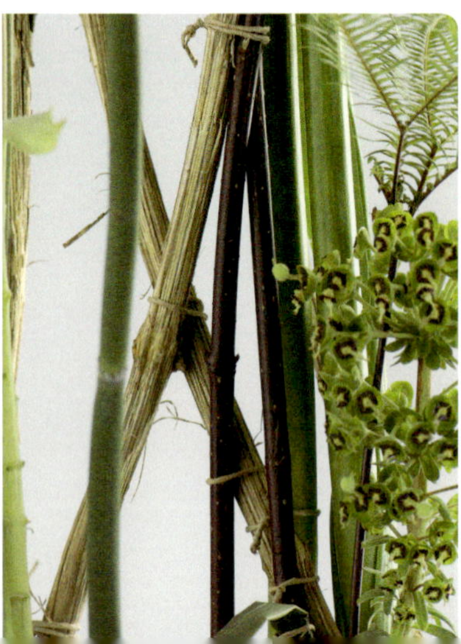

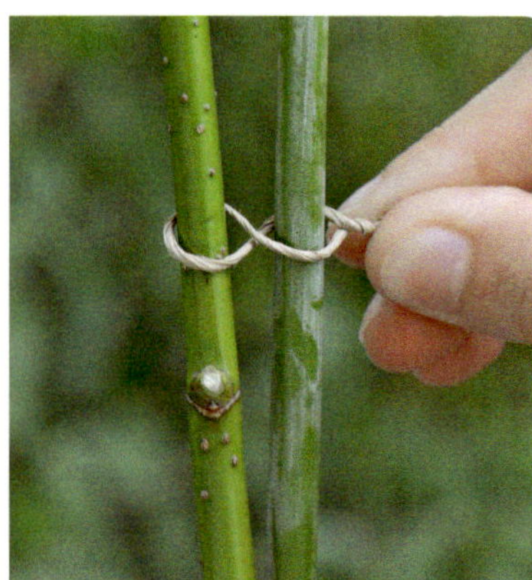

Aushöhlen

Vielleicht haben Sie zu Halloween schon einmal eine Laterne aus einem ausgehöhlten Kürbis gefertigt? Besonders im Herbst gibt es viele **Früchte und Wurzelknollen**, die – ausgehöhlt und mit Folie ausgeschlagen – als natürliche Steckunterlage genutzt, mit Kerzen geschmückt oder mit Reagenzgläsern gefüllt werden können.

Braunfärbung vermeiden

Ausgehöhlte Früchte und Gemüse können Sie mit Antioxidationsmitteln wie Knödelweiß, Zitronen- oder Ascorbinsäure behandeln.

Binden

Bereits in der Antike wurden **Kränze** und **Girlanden** gebunden. Bis heute ist das Binden eines Straußes die wichtigste Technik in der Floristik. Beim **Straußbinden** werden Stiele von Blüten, Blättern und Ästen entweder **spiralförmig** oder **parallel** zusammengefasst. Diese Techniken werden im Kapitel über Sträuße (ab Seite 88) Schritt für Schritt erklärt.

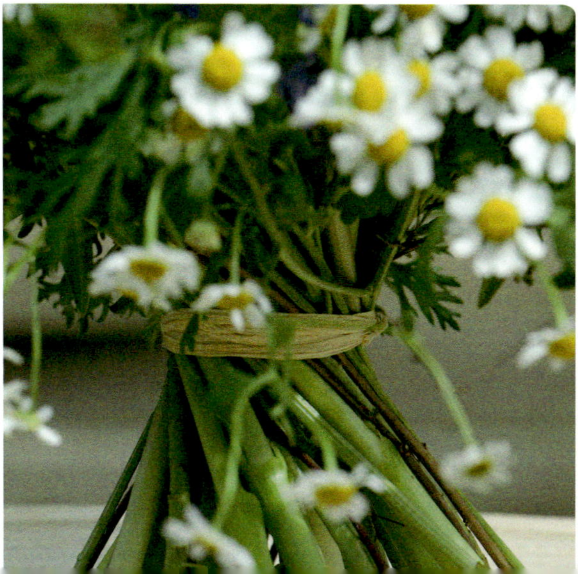

Ein spiralförmig gebundener Strauß.

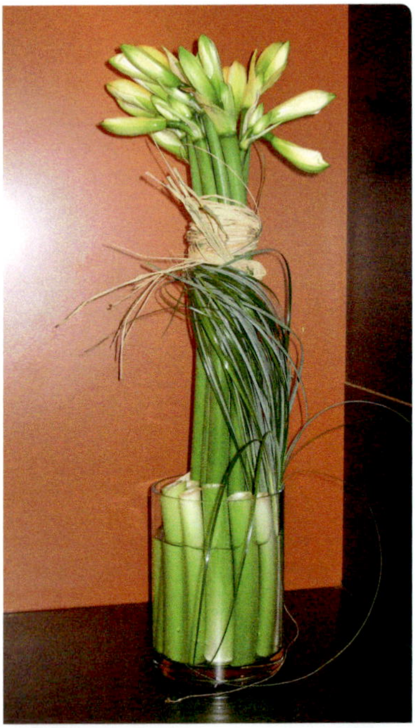

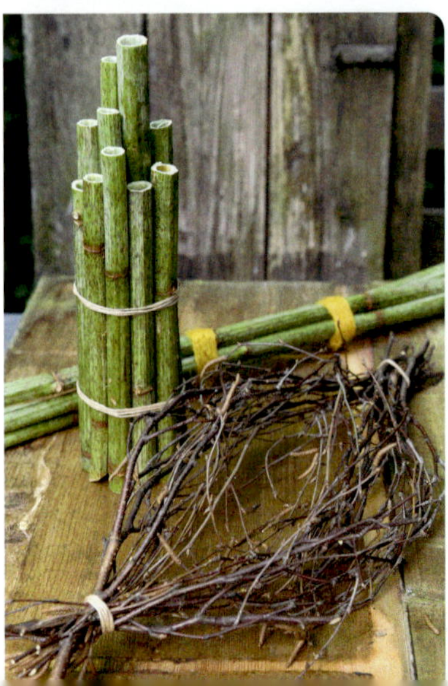

Bündeln

Gerade Zweige und **Äste** werden parallel zusammengebunden. Die Bündel können waagerecht, senkrecht oder diagonal weiterverarbeitet werden. Meist besitzen die Werkstoffe einer Bündelung die gleiche Länge. Die Bündel selbst können jedoch unterschiedlich sein: dick, dünn, schmal, breit, aus einem oder mehreren Werkstoffen. Bündelungen werden gern als Gerüstkonstruktionen für Sträuße und Gestecke verwendet. Dazu binden Sie die Bündel mittig oder jeweils an beiden Enden zusammen.

Drahten

Hier geht es um die Verarbeitung von Werkstoffen mit Hilfe von Draht. Dabei muss der Draht immer auf den Werkstoff abgestimmt sein: Er muss stark genug sein, ohne aber den Werkstoff zu zerquetschen. Für sehr wichtige Stellen wird schwarzer Stützdraht verwendet, sonst reicht Rebdraht oder doppelt verarbeiteter Wickeldraht aus.
Mit der **T-Drahtung** werden **linear wirkende Werkstoffe** parallel oder mit Überschneidungen über oder in

Oben: Parallel gebundene Amaryllis.

Unten: Verschiedene Bündelungen.

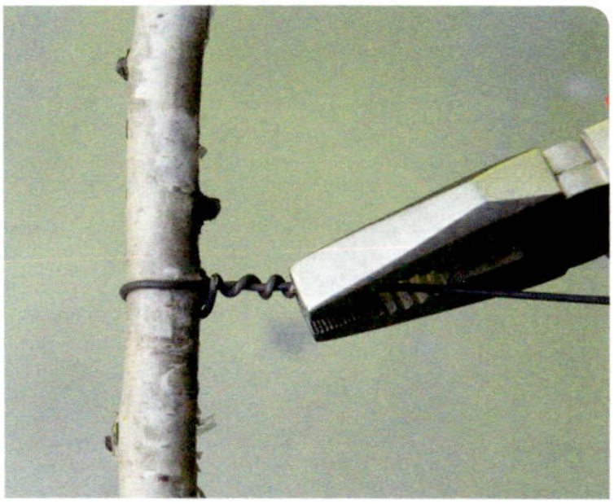

T-Drahtung.

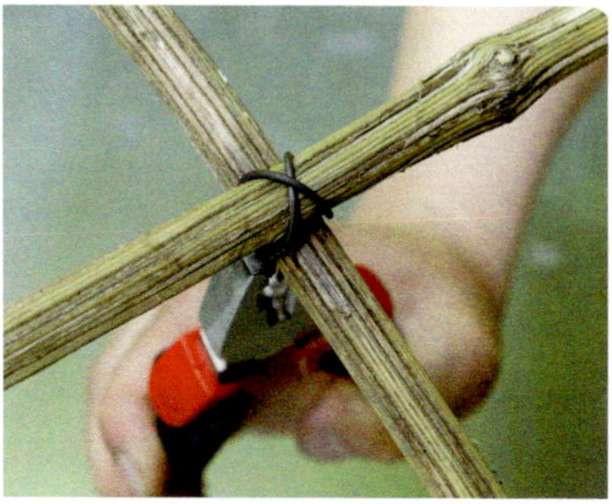

Kreuzknoten.

eine Grundgestaltung gearbeitet. Zum Fixieren von **Ästen**, **Zweigen** oder **Ranken** untereinander sowie für Konstruktionen und Gerüste wird Draht umlegt und festgedreht. Bei dieser **einfachen Drahtung** können die Werkstoffe auch schräg angelegt werden. Für einen **Kreuzknoten** werden zwei Äste über Kreuz angelegt und mit Draht kreuzweise fixiert. Der Draht wird mit einer Flachzange vom Körper weg gedreht, zum Schluss werden die Drahtenden abgeschnitten.

Flechten

Für das Flechten von pflanzlichen Werkstoffen bieten sich Ihnen viele Möglichkeiten:
Zöpfe aus langem Heu, Stroh, Gras, Blättern und biegsamen Zweigen.
Körbe, Matten und andere Formen aus einem oder mehreren Werkstoffen, ähnlich den Flechttechniken der Korbmacher.
Einflechten von pflanzlichen Werkstoffen in fertige Geflechte, Drahtgitter oder Konstruktionen. Das Einflechten kann auf traditionelle Weise in gleichmäßigen Abständen erfolgen oder in unregelmäßigen, spontanen Mustern.

Steelgras, gerade und gleichmäßig in ein Gitterdraht eingeflochten.

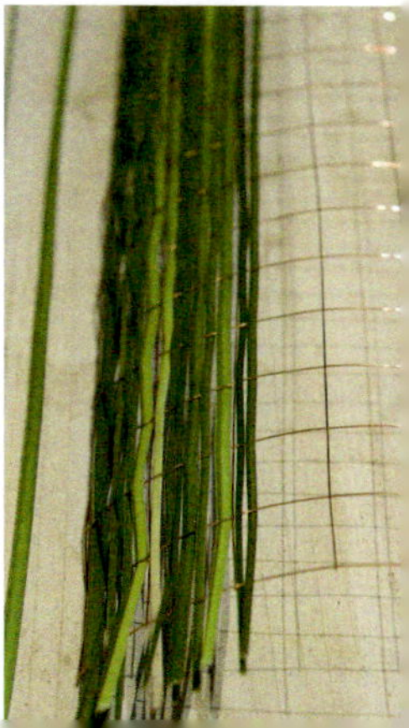

Formen

Pflanzliche Werkstoffe wie Moos, Heu, Stroh und Mühlenbeckia können, ebenso wie geschmeidiger Wickel- oder Myrtendraht, zusammengeballt, zusammengedrückt und mit der Hand zu plastischen Formen modelliert werden.

Formen pflanzlicher Werkstoffe

Zur Fixierung werden die Werkstoffe mit einem Draht umwickelt. Legt man in die Mitte einen stärkeren Draht ein, lassen sich Formen besser biegen. Einige Formen werden als dekorative Gestaltungsmittel (Heusicheln, Heuherzen) verwendet, andere dienen als Unterlage und werden durch Umwickeln, Bekleben oder Haften weiterverarbeitet. Formen aus sehr zarten und leichten Fasern (Gräserfruchtstände) können mit Sprühkleber fixiert werden.

Formen aus Draht

Drahtformen halten von selbst. Wird Draht allein geformt, spricht man im floristischen Sprachgebrauch auch vom **Crashen**. Die erforderliche Drahtstärke und Menge hängt von der Gestaltungsabsicht ab; so verwendet man Wickeldraht für Gerüste und Myrtendraht für Anstecker. Beim Crashen wird Draht von der Rolle abgespult und

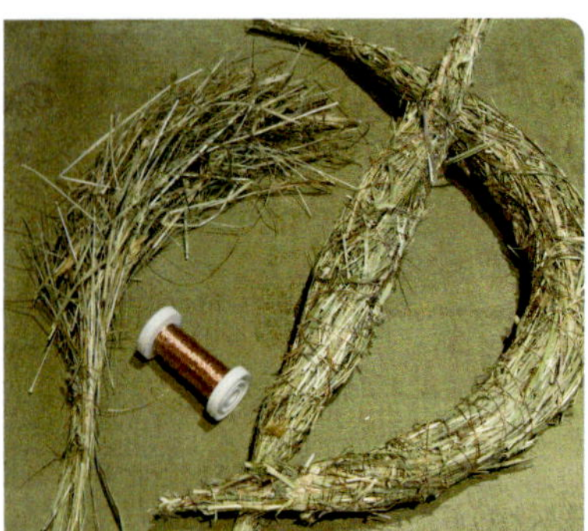

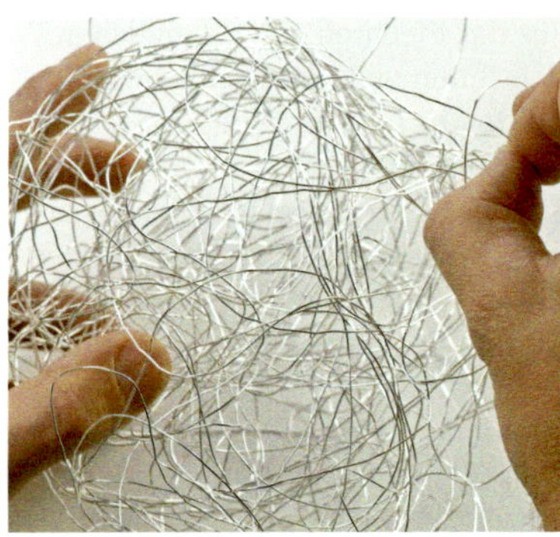

Links: Heu lässt sich mit Hilfe von Myrtendraht in verschiedene Formen bringen.

Rechts: Wickeldraht wird von der Rolle abgespult und gecrasht.

dann mit den Händen in die gewünschte Form gebracht. Dazu nehmen Sie jeweils eine Drahtschlaufe auf und stecken sie in eine andere. Es werden so lange Schlaufen von innen nach außen und von außen nach innen gesteckt, bis die gewünschte Festigkeit erreicht ist.

Kleben

Die Auswahl des Klebemittels richtet sich nach den Werkstoff- und Materialeigenschaften.
Die bewährte **Heißklebepistole** eignet sich besonders für stabile, feste und trockene Werkstoffe.
Der transparente, wasserfeste **Floralkleber** empfiehlt sich für frische und trockene Blüten, Blätter und Früchte.
Empfindliche Blüten und Blätter lassen sich recht schnell und sicher mit **doppelseitigem Klebeband** auf Unterlagen befestigen.
Sprühkleber wird für sehr leichte, transparente und trockene Werkstoffe und Materialien verwendet.
Holzleim trocknet transparent auf, ist also im fertigen Werkstück sehr unauffällig. Für stärkere Werkstoffe wird der Leim pur verwendet und für stark zerkleinerte oder feine Werkstoffe mit Wasser im Verhältnis 3:1 verdünnt.
Tapetenkleister wird nach Packungsanweisung angerührt und eignet sich zum Aufkleben von Papier und leichten Werkstoffen.

Legen

Auch wenn das Legen eigentlich eine sehr einfache Tätigkeit ist, birgt sie gestalterische Herausforderungen und die Haltbarkeit der verwendeten Floralien muss genau bedacht werden.
Muster und Ornamente werden in flache Schalen oder auf andere feste Unterlage gelegt.
Zur Herstellung von **Wandbildern** befestigen Sie die Werkstoffe mit Hilfe von Haften, Pins oder Kleber.

Wasserpflanzen und Blüten können **auf oder in Wasser** gelegt werden. Aus Früchten, Blüten und anderen Pflanzenteilen lassen sich reizvolle **Teppiche** auslegen und **Stillleben** arrangieren.

Pinnen

Pinnen ist eine moderne Technik, bei der Werkstoffe oder Materialien mit einem spitzen Gegenstand fixiert werden. Dazu eignen sich Nägel, Stecknadeln, Zahnstocher, Draht und Stäbe aber auch spitze Zweige, Dornen und Stacheln. Als Unterlage sind Styroporformen sehr gut geeignet.

Stapeln

Beim Stapeln werden gleiche oder verschiedenartige, meist gerade oder flächige Werkstoffe übereinander gehäuft oder geschichtet. Werkstoffe können streng gestapelt oder lässig durcheinander angeordnet werden, wobei die Statik zu beachten ist. Stapel lassen sich mit

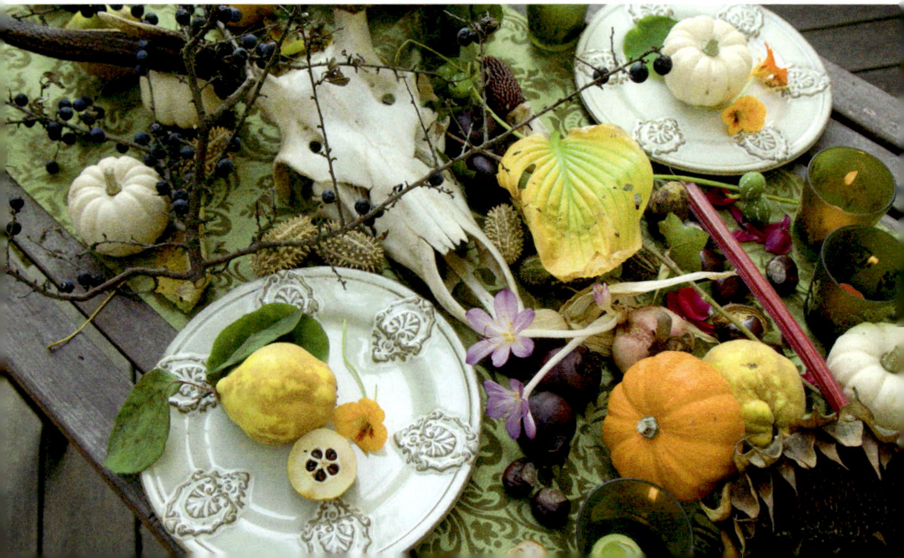

Herbstliches Stillleben als aufgelegter Tischschmuck.

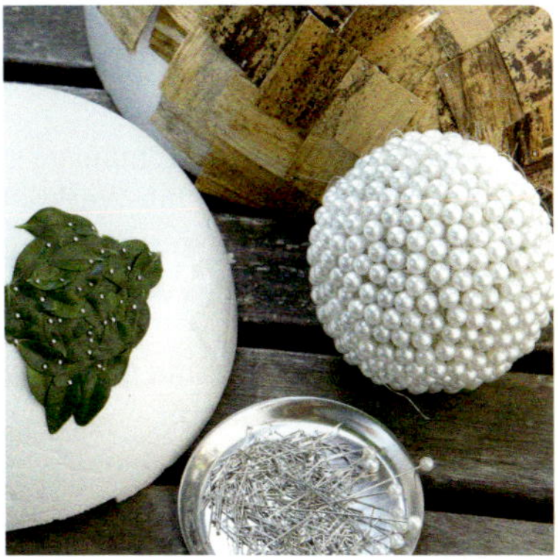

Das Pinnen ist eine moderne Technik, die sich auch für klassische Formen wie Kugeln, Kegel und Quader sehr gut eignet.

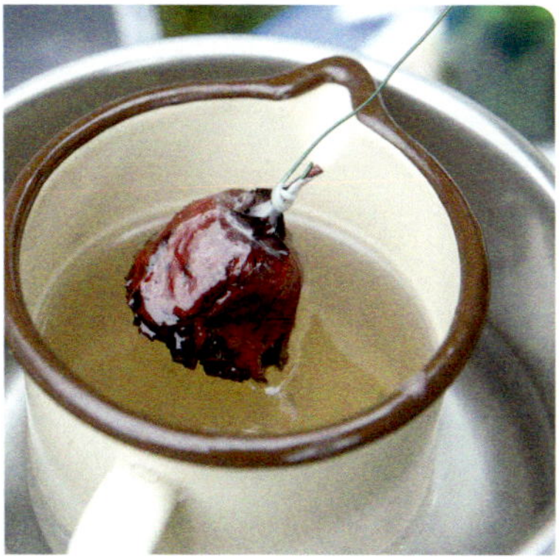

Eine Rosenblüte erhält einen Überzug aus Wachs.

verschiedenen Techniken herstellen. Blätter oder Rindenstücke beispielsweise können auf Drähte gespießt oder mit Stecknadeln übereinander gepinnt werden.

Vorsicht!
Wachs niemals direkt im Topf schmelzen! Paraffin kann sich selbst entzünden.

Stecken

Neben Sträußen sind Gestecke die am häufigsten gestalteten Werkstücke. Diese Technik wird im Kapitel über Gestecke (ab Seite 118) ausführlich erläutert.

Wachsen

Mit Wachs können Stielenden versiegelt und Früchte, Blüten und Zapfen konserviert werden. Wachs oder Kerzenreste werden im Wasserbad geschmolzen. Inzwischen spießen Sie Früchte auf Holzstäbe oder drahten Blüten und Zapfen an. Wenn das Wachs etwas abgekühlt ist, tauchen Sie die Werkstoffe hinein und stecken die Stäbe bzw. Drähte zum Trocknen in Steckmasse.

Wickeln

Um Werkstoffe zusammenzuhalten, umwickelt man sie mehrfach – dicht oder in großen Abständen. Ein Werkstoff kann mit sich selbst oder mit anderen Werkstoffen und Materialien in eine Form gebracht oder auf einer Form gebenden Unterlage fixiert werden.
Geeignete Werkstoffe sind lange, biegsame und besonders geschmeidige Ranken, Gräser und Fasern.
Als Wickeln bezeichnet man umgangssprachlich auch das Binden von Kränzen (siehe Seite 146).

Winden

Beim Winden werden sehr **biegsame und lange Werkstoffe** artgleich oder vermischt ineinander geschlungen und verschlungen. Je nach Werkstoff und Verarbeitung kann auf Hilfsmittel wie Draht verzichtet werden. Diese Technik eignet sich besonders gut zur Herstellung von Kugeln und naturnahen Kränzen.

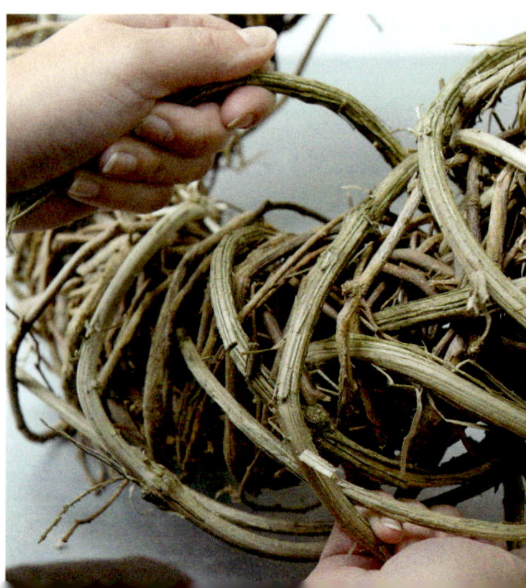

Clematisranken werden zu einen Kranz gewunden.

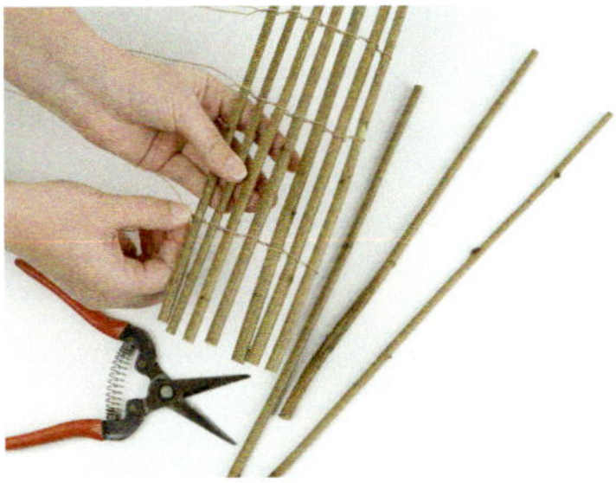

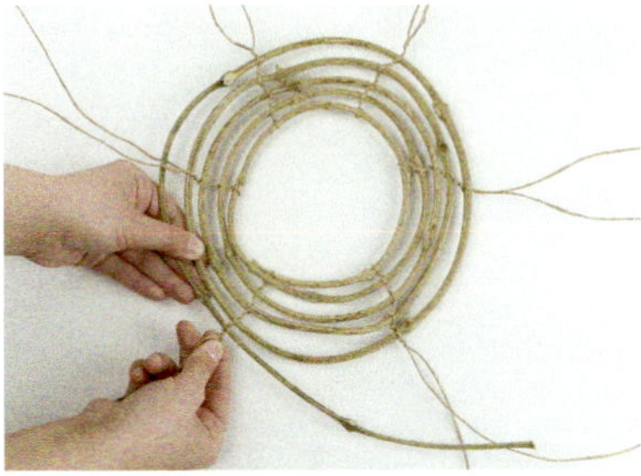

Links: Paralleles Zwirbeln.
Rechts: Kreisförmiges Zwirbeln.

Zwirbeln

Mit Hilfe von zusammengedrehtem Draht lassen sich aus verschiedenen Werkstoffen sehr interessante Flächen und Körper gestalten.
Für eine **parallele Gestaltung** werden gerade Werkstoffe (Äste, Zimtstangen) nebeneinander angelegt. Legen Sie auf die Arbeitsfläche mindestens zwei doppelt gelegte Stücke Rebdraht in der Länge ihres geplanten Werkstücks zuzüglich einer Zugabe zum Zwirbeln. Zwischen die doppelt gelegten Drähte wird ein Stück des Werkstoffs geschoben und mit zwei Umdrehungen jedes Drahtes fixiert. Dann legen Sie weiteren Werkstoff an den ersten an und verzwirbeln die Drähte erneut. Fahren Sie so fort, bis die gewünschte Länge erreicht ist. Überstehende Drahtenden werden abgeschnitten.
Für **runde Gestaltungen** benötigen Sie sehr biegsame Floralien (Ranken, Gräser), die schneckenförmig oder in einzelnen, immer größer werdenden Kreisen angelegt werden. Je nach Stärke der Werkstoffe und Größe der Scheibe werden mehrere doppelt liegende Rebdrähte in ausreichender Länge an den inneren Werkstoffring gebunden. Bei jeder weiteren Umrundung des Werkstoffs wird dieser jeweils an den Drahtpunkten ein bis zweimal umzwirbelt.

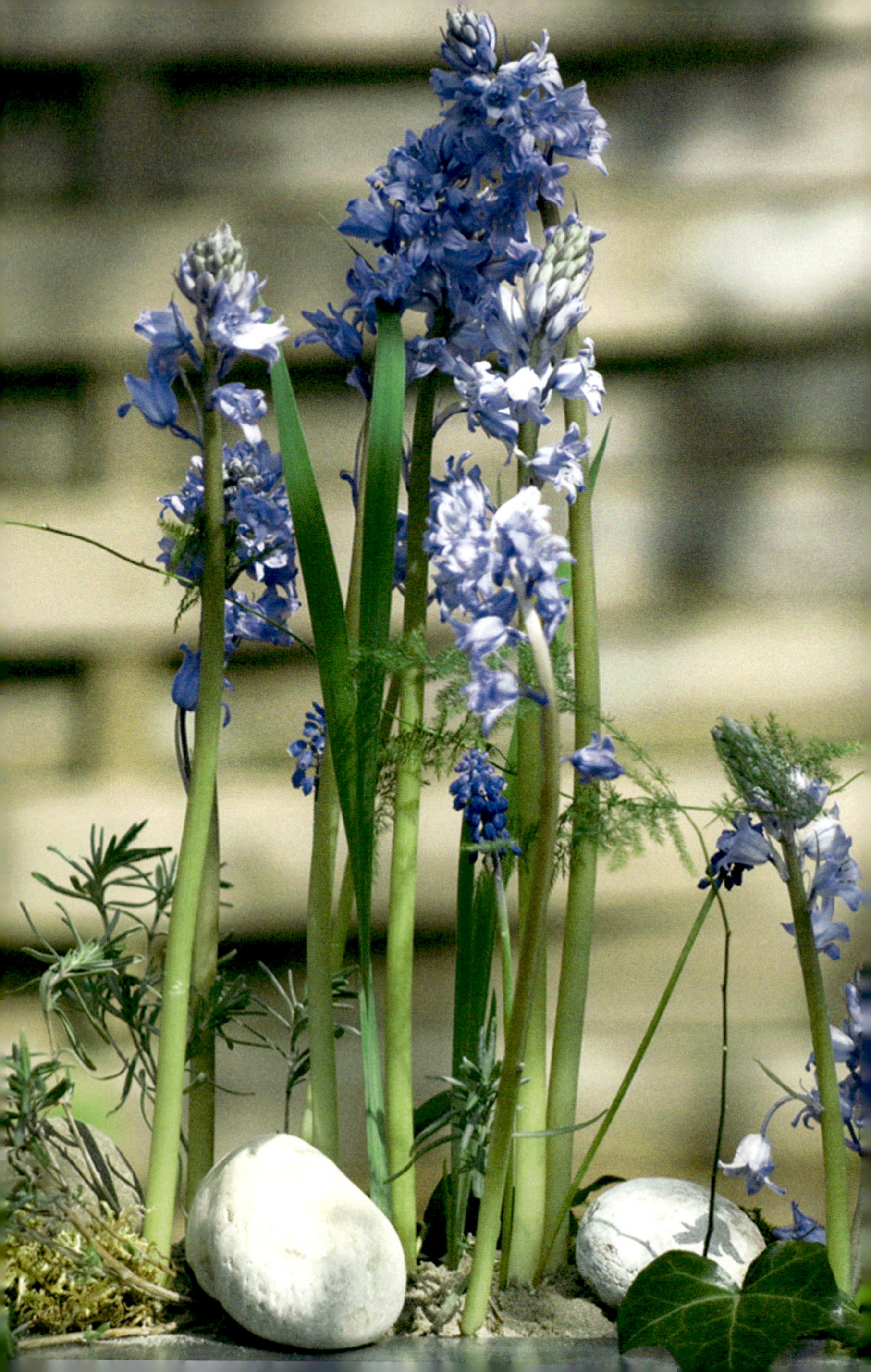

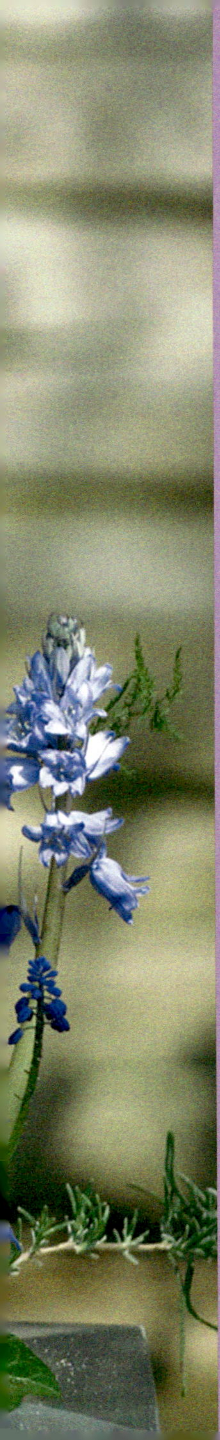

Das 1x1 der floralen Gestaltung

Die Basis für das **Ordnen und Gestalten** pflanzlicher Werkstoffe bilden Gesetzmäßigkeiten, die Sie in der **Natur** beobachten können. Das Wissen um diese Regeln hilft Ihnen dabei, die jeweils passenden Blumen und Pflanzen auszuwählen und **harmonisch wirkende Werkstücke** zu gestalten.

Merkmale pflanzlicher Werkstoffe

Jede Pflanze besitzt eine typische Gestalt, die sich aus ihrem Aufbau und ihren Wachstumsbewegungen ergibt. Zur Beschreibung der Gestalt einer Pflanze und ihrer Teile verwenden Floristen den Vergleich mit geometrischen Formen: Linien, Flächen und Körper. Wichtig ist auch die Oberflächenbeschaffenheit und der Geltungsanspruch eines Werkstoffs. Wenn Sie diese Merkmale bewusst einsetzen, gewinnen Ihre Werkstücke an Ausdruck und Ästhetik.

Bewegungslinien

Aktivität und Passivität

Je weiter sich die Bewegung von der Senkrechten zur Waagerechten entwickelt, umso passiver erscheint sie uns.

Alle Pflanzen zeichnen sich entsprechend ihres Genoms und ihrer Umwelt durch individuelle Entwicklungs- und Wachstumsbewegungen aus. Die meisten Pflanzen wachsen dem Licht und der Sonne entgegen, einige wenige Richtung Erdmittelpunkt, also nach unten.
Durch die genaue Beobachtung der Bewegungsrichtungen von Sprossachse und anderen Pflanzenteilen (siehe Tabelle), kann pflanzlichen Werkstoffen eine **aktive** oder **passive Bewegung** zugeordnet werden.
Je nach **Kraft** und **Bewegung**, die ein Werkstoff besitzt, benötigt er einen bestimmten Abstand zum nächsten.

Flächen- und Körperformen

Stilistisch betrachtet kann man aufgrund der äußeren Begrenzungslinien in allen Blüten, Blättern und Früchten **geometrische Flächenformen** (Rechteck, Dreieck, Kreis) oder auch **Körperformen** (Kegel, Kugeln, Säulen) erkennen.

Bewegungslinien

Symbol	**Bewegungslinien**	**Wirkung**	**Pflanzenbeispiele**
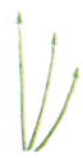	Aufstrebend	Stärkster Ausdruck: edel, stolz	Rittersporn, Gladiole, Königskerze
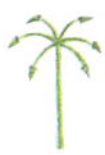	Aufstrebend einseitig/allseitig entfaltend	Vornehm, edel, herrschend	Amaryllis, Lilie, Nerine, Strelitzie, Calla
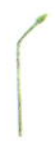	Aufstrebend gering entfaltend	Füllend, lastend	Rose, Nelke, Gerbera, Dahlie, Zinnie
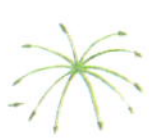	Ausschwingend einseitig/allseitig	Dominierend oder begleitend, elegant, weich	Agave, Yucca, Freesien, Phalaenopsis, viele Gräser
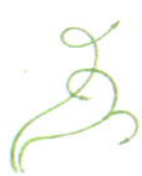	Spielend	Begleitend, ungezwungen, frei	Korkenzieherweide, Clematis, Ackerwinde
	Lagernd/ sammelnd	Passiv, ruhig, sammelnd, in sich gekehrt	Runde Blütenformen ohne Hauswurz
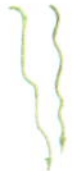	Abfallend/ abfließend	Passiv	Efeu-Sorten, Leuchterpflanze

Alle vier Seiten eines **Rechtecks** stehen im rechten Winkel zueinander. Die gegenüberliegenden Seiten sind immer gleich lang. Stellen Sie ein Rechteck auf eine schmale Seite, so vermittelt die Form einen aufstrebenden Eindruck. Der aufstrebende Charakter geht sofort verloren, wenn das Rechteck auf eine lange Seite gestellt wird und so einen liegenden, ruhenden Eindruck erweckt.
Das **Dreieck** weist mit seinen Spitzen in den Raum. Der Ausdruck eines Dreieckes ändert sich durch verschiedene Winkel und Seitenlängen. Die Ausrichtung der Spitze entscheidet über den Eindruck einer Aufwärts- oder Abwärtsbewegung.
Kegel sind in der Ansicht dreieckig und besitzen einen kreisförmigen Grundriss. Sie werden oftmals mit **Pyra-**

Geometrische Gestaltungselemente			
Gestaltungs-element	**Dimension**	**Wirkung**	**Pflanzenteile**
Linie	Eindimensional	Linear-richtungs-weisend	Halme, Gräser, Asttriebe
Fläche	Zweidimensional	Flächig-eben	Blätter
Körper	Dreidimensional	Körperlich-plastisch	Blüten, Früchte

miden verwechselt, die ebenfalls von der Seite aus betrachtet einen dreieckigen Umriss besitzen. Sie stehen jedoch auf einer drei-, vier- oder vieleckigen Grundfläche und sind weniger in der Natur als in konstruierten Bereichen (Gefäße) zu finden.
Der **Kreis** und seine Körperform, die **Kugel,** sind in sich geschlossen und besitzen eine sammelnde Ausstrahlung. Die Kräfte streben gleichmäßig nach innen zum Mittelpunkt und nach außen zur Umrisslinie. Die Kugel wirkt statischer als der Kreis. Gleichzeitig ist sie instabiler, weil sie nur an einem Punkt Bodenhaftung besitzt und schnell in Bewegung geraten kann.

Oberflächen

Jede Fläche eines Pflanzenteils (Stängel, Blatt, Blüte, Frucht) besitzt eine eigene stoffliche Wirkung, die objektiv oder subjektiv sein kann.
Die **objektive Oberflächenbeschaffenheit** (rau oder glatt, hart oder weich) können wir mit den Augen sehen und mit den Händen fühlen.
Für das **subjektive Empfinden** spielen auch Farbe und Form der Werkstoffe und Materialien, Lichteinwirkung, Standort und Alter der Pflanzen eine Rolle.
Umgekehrt kann auch die Oberfläche die Intensität der Farbe beeinflussen. Glatte Oberflächen lassen Farben leuchtender und heller erscheinen als raue Texturen.

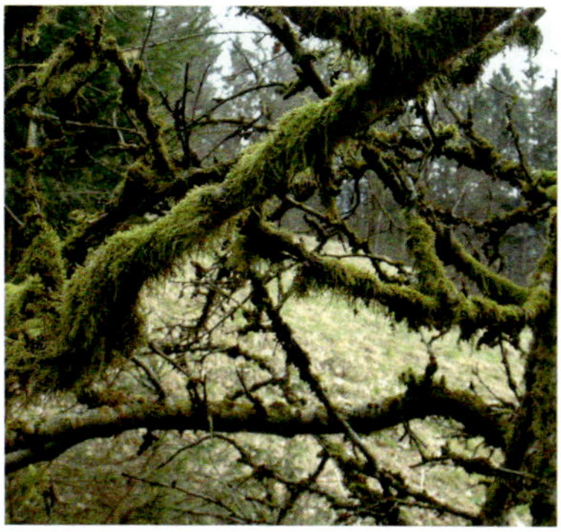

Die einzelnen bemoosten Zweige besitzen Textur, die Zweige miteinander Struktur.

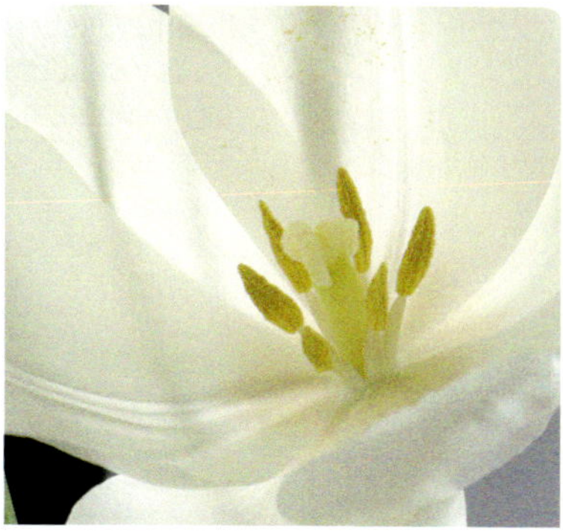

Die weiße Farbe unterstützt die zarte, seidige Textur der Tulpenblüte.

Texturen

Texturen	Wirkung	Pflanzenbeispiele
Metallisch	Kühl, hart, modern, metallisch glänzend	Blüten und Blätter der Anthurie
Gläsern	Zerbrechliche Wirkung durch zarte Farben und leichte Formen	Blüten von Glockenblumen, Freesien, Christrose
Porzellanartig	Weiße Blüten mit glatter, fester Oberfläche	Blüten von Kranzschlinge, Maiglöckchen, Gardenie
Ledern	Glatte und derbe Oberfläche	Blätter der Seerose und vieler Sukkulenten
Samtig	Fühlen sich weich an; dunkle Farben unterstützen edle Wirkung	Blüten von Gloxinien, Usambaraveilchen
Wollig/ flauschig	Erinnern an wollige, weiche Stoffe oder Fasern, meist weißlich/grau	Blätter von Wollziest, Fruchtstände von Clematis
Seidig	Zart, leicht, rein, weich, duftig, dünn	Blüten von Wicken, Mohn
Rustikal	Dunkle, trübe Farben unterstützen die raue, derbe Ausstrahlung	Zapfen, Rinden, Zweige, Blüten von Strohblumen
Brokatartig	Erinnern an warm und edel wirkende Brokatstoffe	Blätter von Begonie, Buntnessel

Alle Oberflächen von Werkstoffen und Materialien, die wir als zweidimensionale Flächen mit Breite und Länge wahrnehmen, bezeichnen wir als **Textur**.
Wird die Höhe als innere Gliederung einer Form mit einbezogen, sprechen wir von **Struktur**. Sie beschreibt die dreidimensionale Wahrnehmung von Breite, Länge und Höhe.

Geltungsansprüche

Eine gute floristische Gestaltung berücksichtigt neben Individualität und natürlichem Wuchs der Pflanzen auch deren Geltungsanspruch.
Eine kraftvolle Blüte der Strelitzie stufen wir wesentlich höher ein als eine fast unscheinbare Blüte des Gänseblümchens. Der natürliche Wuchs und die Körperform bestimmen demnach den Geltungsanspruch. **Je dominanter das Erscheinungsbild einer Pflanze ist, umso höher stufen wir ihren Geltungsanspruch und ihre Wertigkeit ein**. Die Einteilung der Pflanzen erfolgt in drei Wertstufen: hoher, mittlerer, geringer Geltungsanspruch.
Blumen und Pflanzen mit **hohen Geltungsansprüchen** benötigen viel Freiraum. Nur in Einzelstellung entfalten die Herrschafts- und Edelformen ihre ganze Pracht.
Blumen und Pflanzen mit **mittleren Geltungsanspruch** sind sehr anpassungsfähig. Einerseits sind sie so ausdrucksstark, dass man sie solitär oder in einer kleinen Gruppe arrangieren kann. Andererseits sind sie gesellig oder ordnen sich der Herrschaftsform unter. Blumen und Pflanzen mit mittlerem Geltungsanspruch werden in Geltungs- und Prunkformen eingeteilt.
Gemeinschaftsformen sind Pflanzen mit **geringem Geltungsanspruch**. Sie fügen sich in die Gemeinschaft problemlos ein und ordnen sich bereitwillig den anderen Geltungsformen unter.

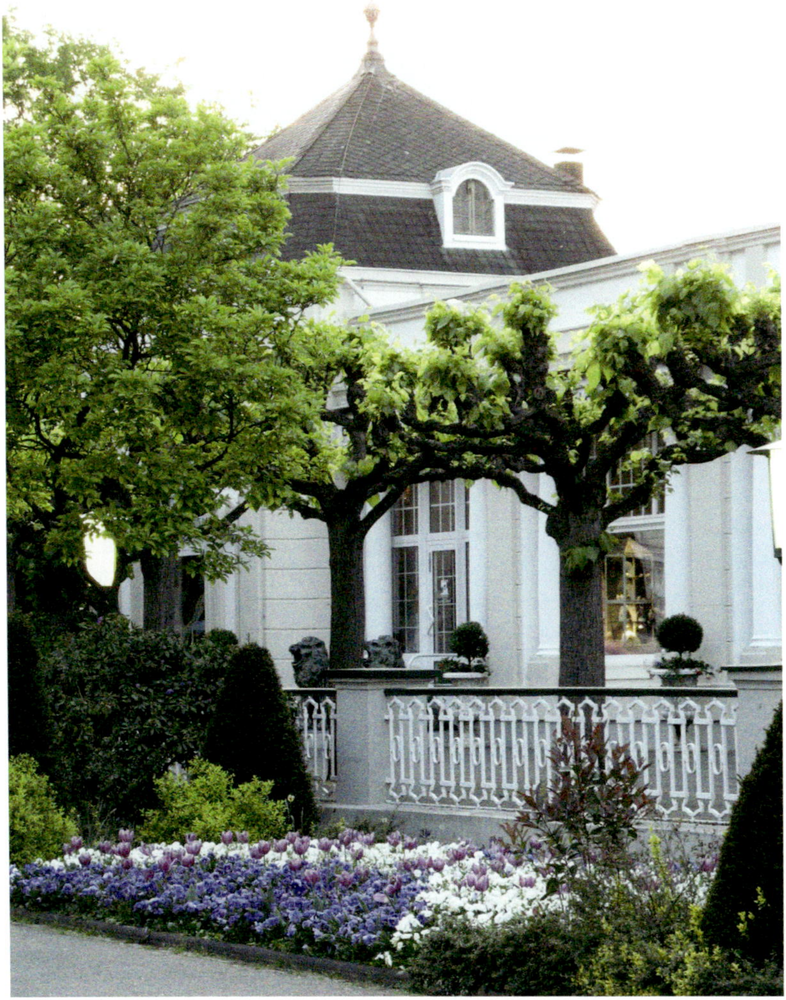

Geltungsansprüche in einer Parkanlage: Bäume besitzen hohe, Sträucher mittlere und Rabattenpflanzen geringe Geltungsansprüche.

Ordnen und Anordnen

Soll Ihr Werkstück klassisch oder modern wirken? Für welchen Anlass oder welchen Raum ist es gedacht? Die Anordnung der Werkstoffe spielt für die Wirkung eines floralen Arrangements eine große Rolle.

Symmetrische Anordnung

Symmetrie oder strenge Ordnung bedeutet in erster Linie **Spiegelbildlichkeit**, also die Deckungsgleichheit zweier Hälften, die durch eine Mittelachse geteilt werden. Die Seiten müssen nicht identisch sein, sollten aber optisch ausgewogen erscheinen. Symmetrie bezieht sich auch auf Mengen, optische Gewichtungen, Farben und Formen. Das Hauptmotiv befindet sich immer in der geometrischen Mitte, durch welche die Symmetrieachse verläuft. Nebenmotive werden paarweise in gleicher Größe, Form, Farbe und Abstand spiegelbildlich angeordnet.

Ordnungsarten:
1 Symmetrische Anordnung
2 Asymmetrische Anordnung

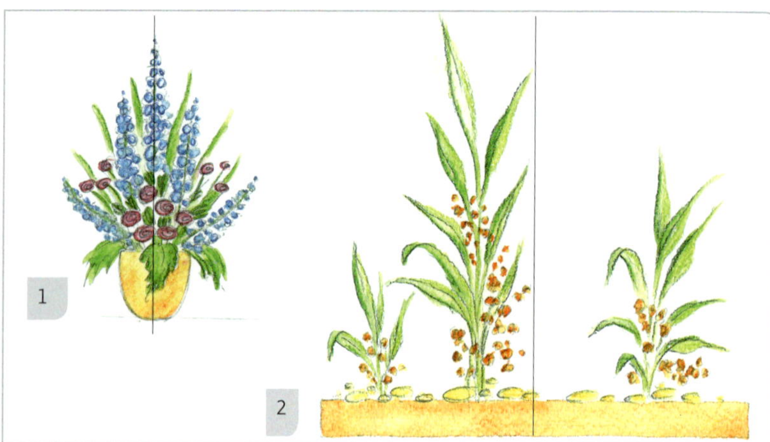
1
2

Asymmetrische Anordnung

Ein Merkmal der asymmetrischen Ordnung ist die **Ungleichheit**. In der Asymmetrie gibt es keine optische Mitte, keine Spiegelachse und keine gleichmäßige Verteilung der Elemente. Die Harmonie beruht auf dem Verhältnis der ungleichen Teile untereinander und zur Gesamtheit. Die größeren Teile bestimmen Form und Charakter des Ganzen, während kleinere Teile sie begleiten oder sich unterordnen. Wichtigstes Hilfsmittel zur Gestaltung dieser Proportion ist der **Goldene Schnitt**.
Die Asymmetrie steht der Natur näher als die Symmetrie. Sie ist die bevorzugte Ordnungsart für alles Moderne und für die vegetative Gestaltung sogar die einzig mögliche Ordnungsart.
In der Floristik werden aber noch weitere Möglichkeiten zum Ordnen von Werkstoffen genutzt.

Gegenüberstellung der Ordnungsarten

	Symmetrie	**Asymmetrie**
Bevorzugte Gestaltungsart	Dekorativ	Vegetativ, formal-linear
Merkmale	Spiegelgleich durch Spiegelachse	Nicht spiegelgleich, da keine Spiegelachse
Hauptmotiv/-gruppe	In der geometrischen Mitte	Rechts oder links versetzt von der geometrischen Mitte
Optisches Gewicht	Ausgewogen durch spiegelbildliche Anordnung gleicher Nebengruppen	Ausgewogen durch Anordnung ungleicher Gruppen (Haupt-, Gegen- und Nebengruppe)
Waagepunkt	Unter der geometrischen Mitte	Meist zwischen geometrischer Mitte und Hauptmotiv
Wirkung	Feierlich, repräsentativ	Frei, natürlich, ungezwungen
Anwendung	Tischdekorationen, Kränze, Girlanden, Biedermeierstrauß	Naturnahe Gestecke, formal-lineare Sträuße und Gestecke

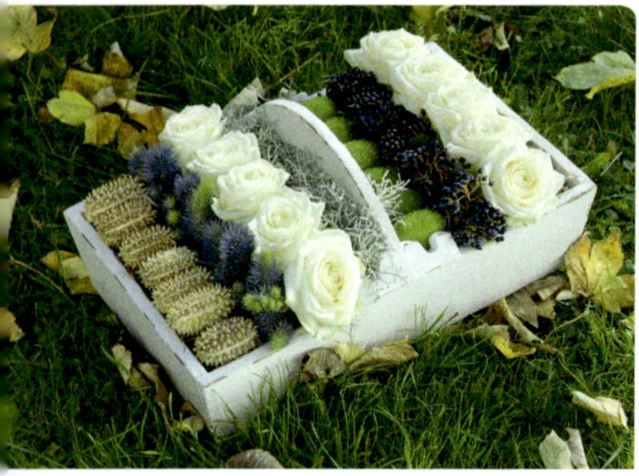

Reihen von Rosen und Zierfrüchten in einem Tablett.

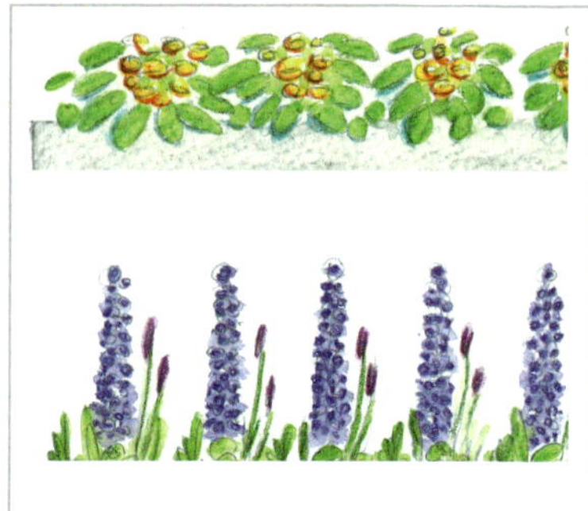

Oben: Einfache Reihung.
Unten: Rhythmische Reihnung.

Reihung

Reihung ist Ausdruck einer Zusammengehörigkeit, die durch Regelmäßigkeit aufeinander folgender Teile gekennzeichnet ist. Bei der **einfachen oder stetigen Reihung** werden in Form, Farbe und Größe gleiche Elemente in gleichen Abständen angeordnet.
Bei der **rhythmischen Reihung** werden mindestens zwei verschiedene Elemente in gleich bleibender Abfolge angeordnet.
Die **abgestufte Reihung** besteht aus gleichen Elementen, die jedoch schrittweise in Form, Größe oder Abstand verändert werden.
Bei **unregelmäßigen oder freien Reihen** ist die lineare Ordnung noch zu erkennen. Verschiedene Werkstoffe und Materialien werden in unterschiedlichen Größen, Formen oder Abständen aufgereiht.

Streuung

Unter Streuung verstehen wir die Verteilung gleicher oder verschiedener Elemente auf einer Fläche oder im Raum.

Bei der **regelmäßigen Streuung** werden gleiche oder unterschiedliche Formen in optisch gleichmäßigen Abständen verteilt.
Spannungsreicher zeigen sich **Streuungen mit Verdichtung**, in denen die Anordnungsdichte der Formen variiert. Unterschiedlich große Verdichtungen können bis zu einer Gruppierung führen.

Gruppierung

Gruppierung ist eine **flächige** (zweidimensionale) oder **räumliche** (dreidimensionale) **Ordnung**.
Mindestens drei meist unterschiedliche Elemente werden zu einem harmonischen Ganzen zusammengefügt. Einzelne Werkstoffe setzen entsprechend ihren Geltungsansprüchen innerhalb der Gruppe Schwerpunkte und stellen das **Hauptmotiv** dar. **Nebenmotive** und bei der Asymmetrie zusätzlich ein **Gegenmotiv** ordnen sich ihm unter.
Neben der Gestaltung einer einzelnen Gruppe ist auch das Anordnen mehrerer Gruppen möglich.
Ihre Einteilung basiert jeweils auf unterschiedlichen Gruppengrößen sowie auf Höhen- und Größenunter-

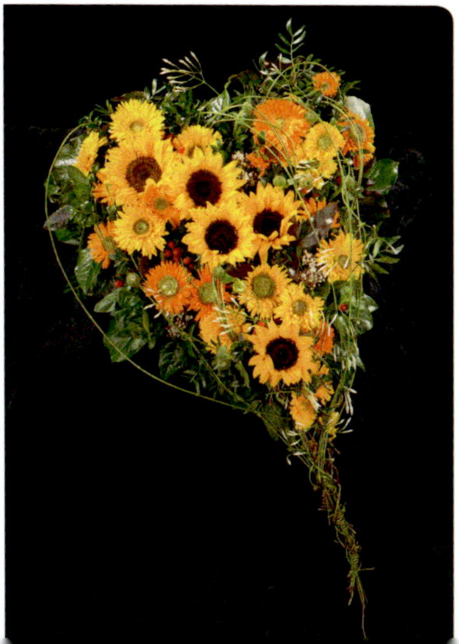

Die Sonnenblumen wurden in Gruppen in das Herz gearbeitet.

Gruppierung innerhalb eines Werkstückes
Von Gruppierung wird auch gesprochen, wenn innerhalb eines Werkstückes nicht jede Blüte, jedes Blatt oder jede Frucht einzeln, sondern in Gruppen angeordnet wird (siehe Foto links).

schieden. Dabei finden sich innerhalb jeder Gruppe Gemeinsamkeiten in der Auswahl der Werkstoffe, Materialien, Farben, Formen und Texturen.
Bei der **symmetrischen Gruppierung** werden gleich große Gruppen aus gleichen Einzelelementen in flächige oder räumliche Beziehung zueinander gestellt.
Die Hauptgruppe (Hauptmotiv) steht immer in der geometrischen Mitte und bestimmt die Gestaltung. Die gleichwertigen Nebengruppen werden rechts und links der Hauptgruppe angeordnet und unterstützen diese in Form, Farbe und Textur.
Innerhalb der **Gruppierung in asymmetrischer Anordnung** steht die Dominanz der Hauptgruppe im Blickpunkt, die durch Wuchsrichtung, Form, Größe oder Farbe gekennzeichnet ist. Um die geometrische Mitte zu vermeiden, wird die Hauptgruppe (Hauptmotiv) rechts oder links von ihr angeordnet. Durch das Hauptmotiv läuft die gedachte Gruppenachse, von der aus die Gewichtung nach beiden Seiten gleich sein muss. Zum optischen Gewichtsausgleich steht ihr eine Gegengruppe gegenüber. Um die räumliche Wirkung der Gestaltung zu verstärken, wird der Hauptgruppe zusätzlich eine Ne-

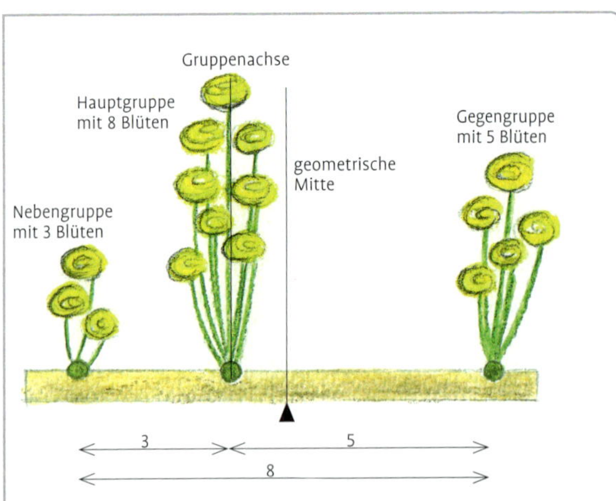

Grundschemata für eine asymmetrische Gruppierung: Haupt-, Gegen- und Nebengruppe sind in Anzahl, Größe und räumlicher Anordnung entsprechend des Goldenen Schnitts angeordnet.

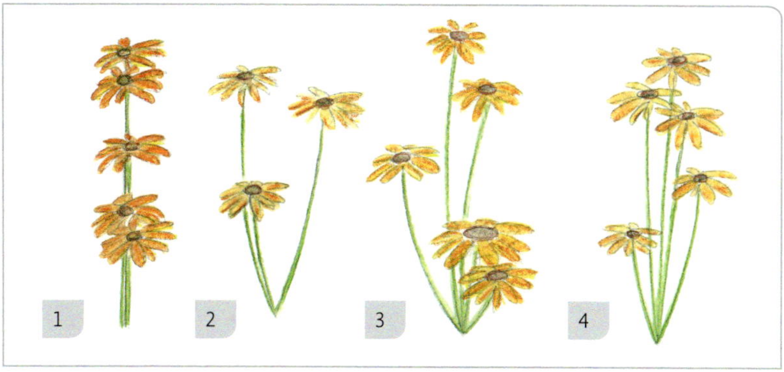

Staffelungen:
1 Eine einfache Reihung von Blüten zeigt keine Räumlichkeit.
2 Räumlichkeit wird erst durch Staffelung erreicht.
3 Staffelung mit Verdichtung im unteren Bereich.
4 Staffelung mit Verdichtung im oberen Bereich.

bengruppe zugeordnet. Gegen- und Nebengruppe stehen meist im rechten Winkel zueinander. Ihre Abstände zur Hauptgruppe entsprechen dem Goldenen Schnitt.

Staffelung

Durch die Staffelung von Blüten und Knospen erreichen Sie innerhalb einer Gruppe mehr Räumlichkeit. Die Staffelung ist eine einfache Form der Gruppierung und wird immer mit dem gleichen Werkstoff vorgenommen, wobei Farbe, Größe und Entwicklungszustand einer Pflanzenart unterschiedlich sein können. In Sträußen und Gestecken werden oft mehrere Staffelungen eingearbeitet. Bei einer **einfachen Staffelung** werden alle Elemente mit nahezu gleicher Größe und gleichem Abstand zugeordnet.

Eine **Staffelung mit Verdichtung im unteren Bereich der Basis** vermittelt das Gefühl von Kraft und Spannung. Kleinere Blüten mit langen Stielen empfinden wir meist als nach oben wegstrebend und sich auflösend. Innerhalb der Staffelung werden sie jedoch von der optischen Anziehungskraft der offenen Blüten in der Basis festgehalten.

Bei abfließenden Arrangements befindet sich die **Verdichtung meist oben**.

Linienverläufe

Sehr wichtig beim Gestalten mit Blumen sind die natürlich gewachsenen Linienverläufe von Pflanzen und Pflanzenteilen und deren Positionierung im Werkstück. Beim **radialen Linienverlauf** werden alle Werkstoffe so angeordnet, dass die Bewegungen real oder optisch aus einem Wachstumspunkt entspringen. Beim Strauß ist dies die Bindestelle, beim Gesteck ist es ein gedachter Punkt innerhalb oder unterhalb der Steckbasis.
Werden Pflanzenteile **senkrecht und parallel** platziert, wachsen alle Werkstoffe aus einem eigenen Wuchspunkt und halten auf dem größten Teil ihrer Länge einen gleichmäßigen Abstand. Wichtig ist dabei die Sichtbarkeit der Stiele. Beim **diagonalen Linienverlauf** werden die Werkstoffe schräg angeordnet.
Der sich **windende, naturnah wirkende Linienverlauf** kann sich nach oben ausrichten, nach unten fallen oder

Überschneidungen schaffen Verbindungen.

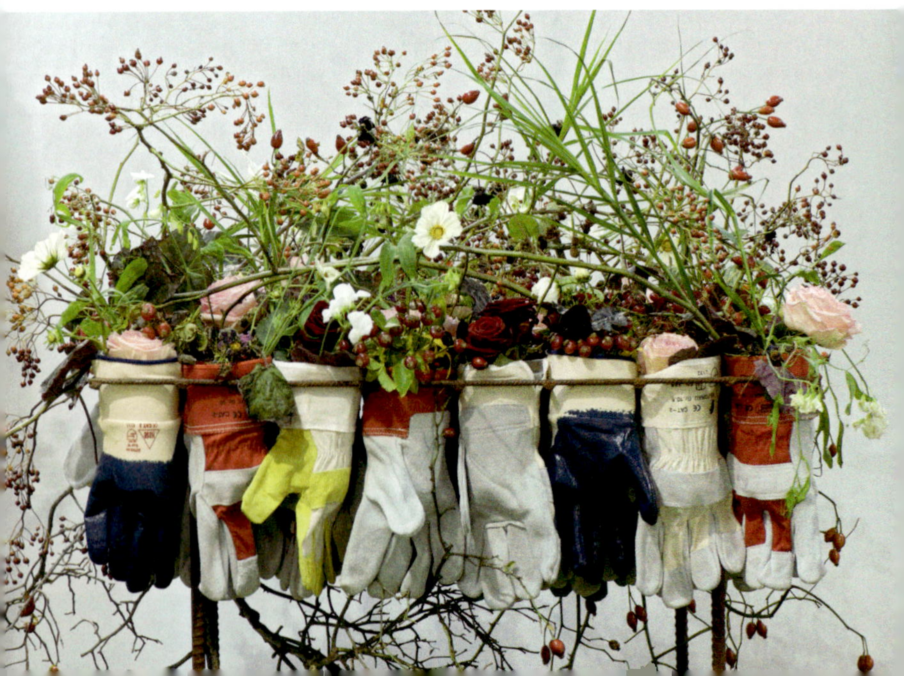

sich in horizontaler Richtung bewegen. Vorbilder sind rankende Pflanzen, die nach allen Richtungen Halt und Licht suchen.

Überschneidungen kann es in allen Gestaltungsarten geben. Die Linien der Pflanzenteile kreuzen sich und die Richtungskräfte fließen gegensätzlich. Blumen mit langen, blattlosen Stielen und lange, biegsame Gräser eignen sich gut dafür.

Bei **frei angeordneten Linienverläufen** wird die Ausrichtung der Stiele auf einen gemeinsamen Punkt (radial) oder in gleicher Richtung (parallel) vermieden. Jeder Werkstoff besitzt einen eigenen Wuchspunkt, aber keine gemeinsame Linienführung.

Wuchspunkte

Ursprung und Verlauf pflanzlicher Bewegungslinien spielen bei der Positionierung der Wuchspunkte eine große Rolle.

Sie können sich im Gefäß, unterhalb, oberhalb oder neben dem Gefäß befinden. In einem Strauß gibt es nur einen Wuchspunkt (die Bindestelle), in einem Gesteck können dagegen ein oder mehrere Wuchspunkte vorhanden sein.

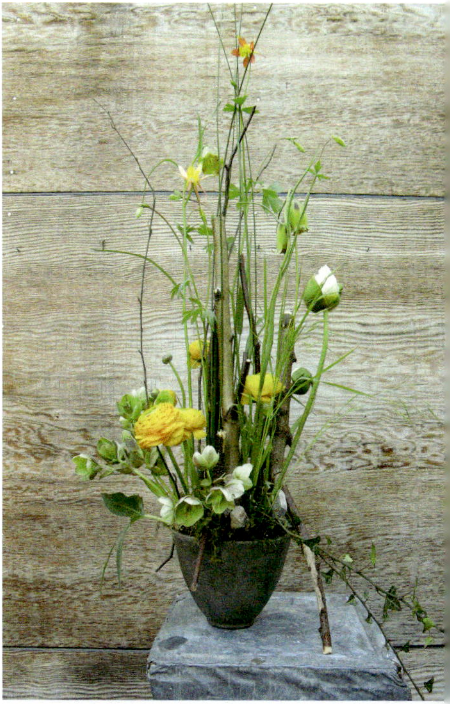

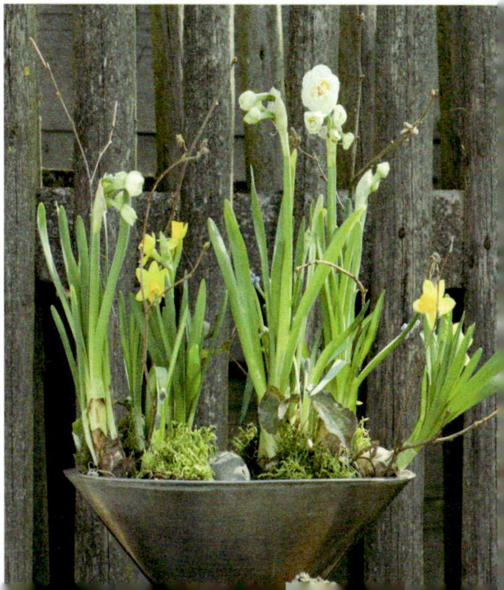

Oben: Alle Stiele im Blumengesteck scheinen aus einem Punkt zu erwachsen.

Unten: In dieser Pflanzschale sind mehrere Wuchspunkte zu erkennen.

Umriss und Proportionen

Damit Ihr florales Arrangement harmonisch wirkt, müssen die Proportionen ausgewogen sein. Dabei ist ein kleines bisschen Mathematik hilfreich.

Umriss

Mit dem Umriss wird die **äußere Gesamtform** eines Werkstücks bezeichnet. Begrifflich behelfen wir uns mit geometrischen Grundformen. Ein rund gebundener Strauß besitzt, von oben betrachtet, einen runden Umriss, von der Seite betrachtet einen halbkreisförmigen.

Proportionen

Die Proportion gibt das optisch gute Verhältnis von Maßen (Strecken) an, wie die Beziehung von Breite, Tiefe und Höhe eines Werkstücks.

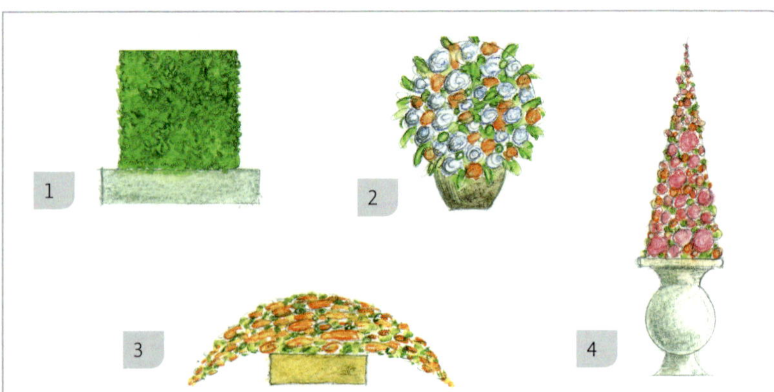

Umrissformen von Werkstücken:
1 quadratisch
2 rund
3 halbkreis- oder bogenförmig
4 dreieckig.

Proportion der Gleichheit

Klassischen Gartenanlagen, Bauwerke und Kunstwerke empfinden wir oft als schön, wenn einzelne Elemente **gleichmäßig** in einem **harmonischen Verhältnis** zueinander stehen. Sie gelten als ideal angeordnet und entsprechen der Gleichheitsproportion.

In der Natur gibt es viele Beispiele für Gleichheitsproportionen. Ein Beispiel sind die paarig angelegten Teile vieler Organismen: denken Sie an eine Orchideenblüte, an die Flügel eines Schmetterlings oder an den menschlichen Körperbau.

Auch nichtpaarige Elemente wie die gleichgroßen Blütenblätter der Sonnenblume können das Gleichheitskriterium erfüllen. Kugel-, kegel-, oder quaderförmige Werkstücke, Gefäße oder Formschnittgehölze erfüllen ebenfalls das Prinzip der Gleichheit. Sie werden als besonders harmonisch empfunden und vermitteln eine klassische, festliche Wirkung.

Proportion der Ungleichheit oder „Der Goldene Schnitt“

Das ideale Verhältnis ungleicher Elemente wird mit dem **Goldenen Schnitt** beschrieben und kann mathematisch berechnet werden.

Leonardo Fibonacci formulierte um 1200 das „Gesetz der stetigen Teilung“ mit einer von ihm entwickelten Zahlenreihe: 1, 2, 3, 5, 8, 13, 21, 34, 55 usw. Jede Zahl stellt die Summe der beiden vorhergehenden Zahlen dar. Teilt man die höhere Zahl durch ihre vorherge-

Der Goldene Schnitt in Zahlen

a : b = b : c	a + b = c	c : b ~ 1,6
2 : 3 = 3 : 5	2 + 3 = 5	5 : 3 ~ 1,6
3 : 5 = 5 : 8	3 + 5 = 8	8 : 5 ~ 1,6
5 : 8 = 8 : 13	5 + 8 = 13	13 : 8 ~ 1,6
8 : 13 = 13 : 21	8 + 13 = 21	21 : 13 ~ 1,6
13 : 21 = 21 : 34	13 + 21 = 34	34 : 21 ~ 1,6

hende kleinere Nachbarzahl, so ergibt sich immer annähernd die Zahl 1,6.
Auch die Verhältniszahlen 3:5 (5:8, 8:13 usw.) oder 1:1,6 stehen immer für den Goldenen Schnitt.
Bei der floralen Gestaltung findet diese proportionale Gesetzmäßigkeit Anwendung in Bezug auf

- Höhe, Breite und Tiefe eines Werkstücks,
- das Verhältnis der floralen Füllung zum Gefäß und
- die Anordnung von Gruppen im Werkstück.

Proportionen nach dem Goldenen Schnitt gelten als Idealmaße, dienen aber meist nur als **Anhaltspunkt**.

Einfluss des optischen Gewichts

Einige Werkstoffe und Gestaltungsmittel besitzen Eigenschaften, die das Auge täuschen und die **Proportionen subjektiv beeinflussen**. So besitzt jeder Körper neben seinem physikalischen Gewicht auch ein optisches Gewicht:

Rechts: Ausgewogene Proportionen am Beispiel eines Straußes.

Unten: Goldene Linien und Punkte.

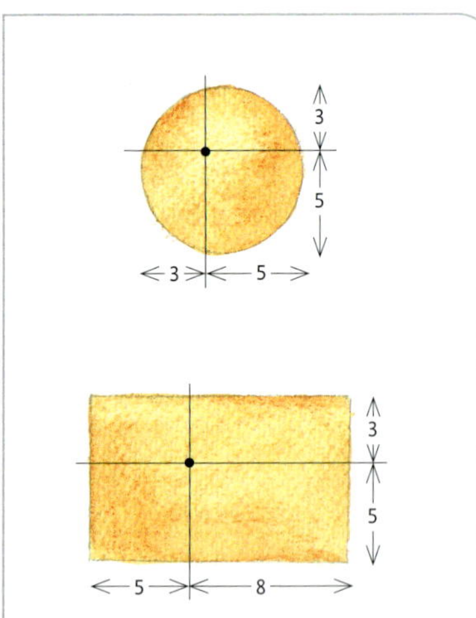

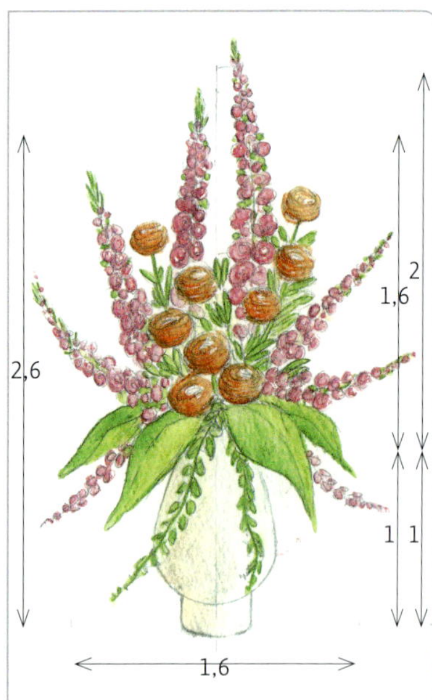

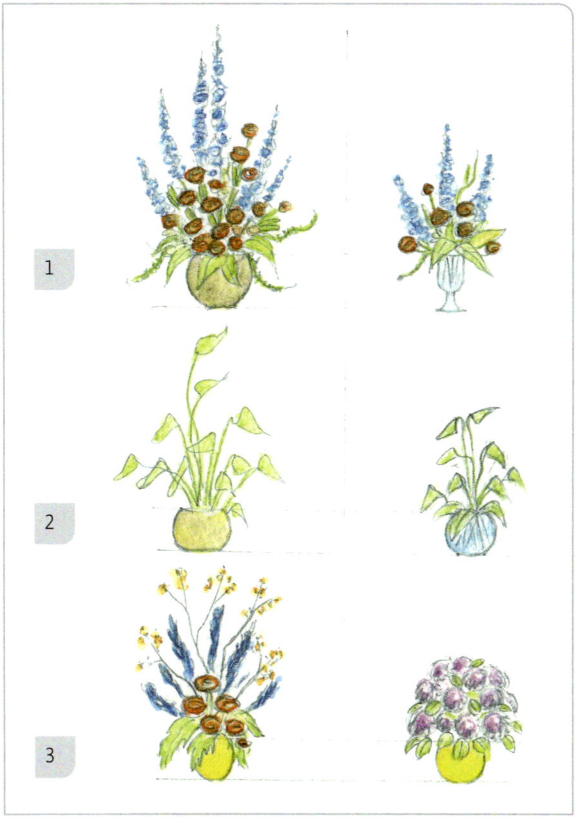

Beispiele für den Einfluss des optischen Gewichts:
1 Breite Gefäße können nicht nur mehr, sondern auch längere, hoch aufragende Blumen aufnehmen als schmale Gefäße.
2 In rustikalen Gefäßen können mehr Blumen arrangiert werden als in Glasgefäßen.
3 Kleinblütige Blumen und zarte Gräser können höher aufragen als runde sammelnde Formen, die sich für kompakte Gestaltungen eignen.

- Geöffnete Blüten empfinden wir als schwer und arbeiten sie deswegen nahe der Basis ein. Optisch leichtere Knospen fügt man mit mehr Abstand zur Basis ein.
- Quadrate erscheinen schwerer als Dreiecke.
- Lagernde oder hängende Formen vermitteln Schwere, aufstrebende Formen dagegen Leichtigkeit.
- Dunkle Farben erscheinen schwerer als helle.
- Glas wirkt leichter als Keramik.
- Je größer ein Gegenstand ist, desto schwerer erscheint er und je kleiner, desto leichter.

Form vor Farbe
Die Farbe wird hier erst nach der Form berücksichtigt.

Farbenlehre

Bei der Betrachtung von Gegenständen nehmen wir zuerst die Farbe und danach die Form und Oberflächenbeschaffenheit wahr. Deshalb will die Auswahl der Farben für ein Werkstück gut durchdacht sein.

Farben in der Floristik

Blumen verbinden wir stark mit Farben. So denken wir an rote Rosen oder blaue Kornblumen. Rot empfinden wir als warm, Blau als kühl. Die **Farbwirkung** wird durch Licht, Texturen und Umgebungsfarben beeinflusst.
Bei der floralen Gestaltung werden die Farben dem **Thema**, der **Stimmung**, der **Jahreszeit** und der **Raumsituation** angepasst. Außerdem besitzen Farben verschiedene **symbolische Bedeutungen** und werden traditionellen **Anlässen und Festen** zugeordnet.

Der Farbkreis

Für eine gelungene Farbauswahl ist es hilfreich, sich an Regeln zu orientieren. Diese Regeln dienen der objektiven Beurteilung von Farbkombinationen.
Viele Künstler und Wissenschaftler haben versucht, allgemein gültige Regeln und Farbanordnungen aufzustellen. In der Floristik wird zumeist der **zwölfteilige Farbkreis von Johannes Itten** verwendet.
In diesem Farbkreis wird jeder Farbe ein bestimmter Platz zugeordnet. Die Grundfarben Gelb, Rot und Blau sind die Farben erster Ordnung, auch **Primärfarben** genannt. Sie werden in Form eines gleichseitigen Dreiecks im Innenbereich des Kreises angeordnet. Gelb befindet sich oben, Rot rechts unten und Blau links unten.

Durch Mischung zweier Grundfarben zu gleichen Anteilen entstehen **Sekundärfarben** oder Farben der zweiten Ordnung. Aus Rot und Gelb wird Orange, aus Rot und Blau ergibt sich Violett und die Mischung aus Blau und Gelb lässt Grün entstehen.
Aus einer Grundfarbe und einer benachbarten Farbe zweiter Ordnung entsteht durch Mischen im gleichen Mengenverhältnis eine Farbe dritter Ordnung. Zu diesen **Tertiärfarben** gehören Gelborange, Rotorange, Rotviolett, Blauviolett, Blaugrün und Gelbgrün. Sie werden zusammen mit den Primär- und Sekundärfarben im äußeren Kreis angeordnet. Die jeweils gegenüberliegenden Farben sind zugleich Komplementärfarben, die sich als Farbpaar kombiniert, in ihrer Wirkung steigern.
Die Wahl bestimmter Farbharmonien oder Farbkontraste beeinflusst die Wirkung der Werkstücke. Um Eigenschaften und Wirkungen von Farben zum Ausdruck zu bringen, müssen erkennbare Unterschiede oder **Kontraste** herausgearbeitet werden.
Kontraste sind dann vorhanden, wenn zwischen zwei zu vergleichenden Farben deutliche Gegensätze zu erkennen sind. Je nach Grad dieser Abweichung entsteht eine schwache oder starke Kontrastwirkung.

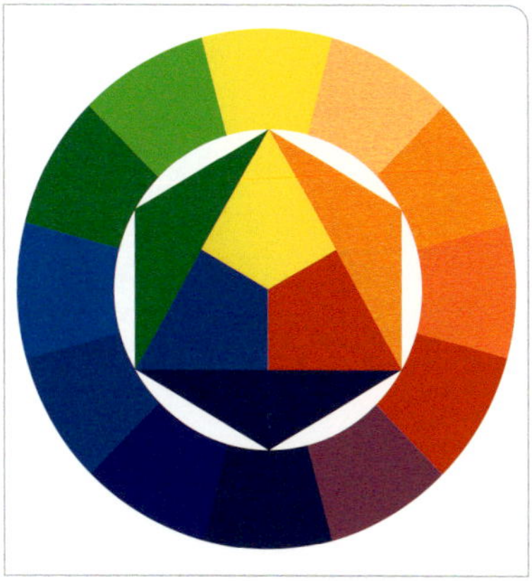

Der zwölfteilige Farbkreis nach Itten mit Primär-, Sekundär- und Tertiärfarben.

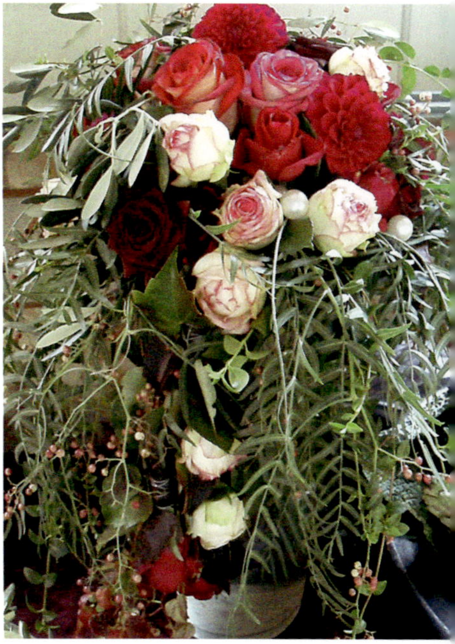

Gleichklang: in diesem Strauß finden wir verschiedene Töne aus der Rot-Familie.

Farbharmonien der kleinen Kontraste

Die Farbunterschiede sind sehr gering, wenn die Farben auf dem Farbkreis dicht beieinander liegen.

Gleichklang
Hierbei wird eine Farbe durch Aufhellung mit Weiß oder Abdunkelung mit Schwarz in ihrem Tonwert verändert. Eine solche Abstufung nennt man auch **Ton-in-Ton**.

Nachbarfarben
Es werden Farben verwendet, die im Farbkreis nebeneinander liegen (Gelb, Gelborange, Orange, Rotorange). Die Wirkung ist fein abgestuft.

Farbharmonien der großen Kontraste

Hier liegen die Farben weit voneinander entfernt und wirken dadurch auffälliger als die Harmonien der kleinen Kontraste. Alle nachfolgend aufgeführten Farbklänge lassen sich außerdem durch Weiß und Schwarz, den sogenannten Nichtfarben oder unbunten Farben, ersetzen, kombinieren und ergänzen.

Links: Dreiklänge.
Rechts: Vierklänge.

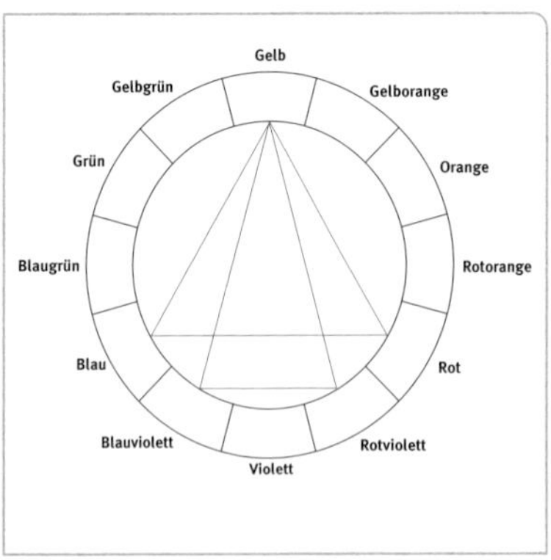

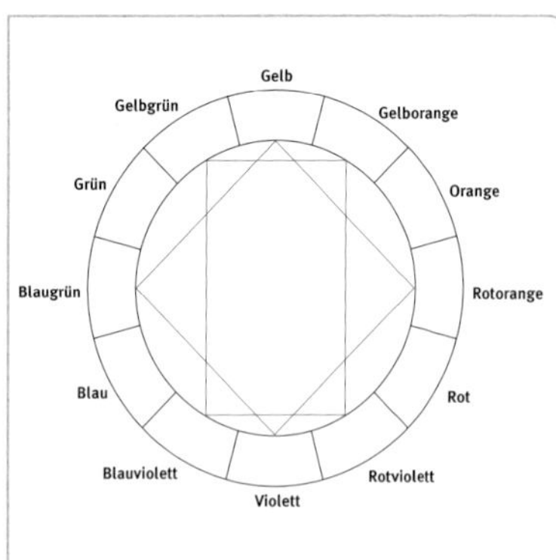

Zweiklang
Der Zweiklang kann gebildet werden durch Nachbarschaftsfarben, durch zwei Tonwertstufen der gleichen Grundfarbe (Ton-in-Ton-Abstufung) oder durch die Kombination einer bunten und einer unbunten Farbe. Der stärkste Farbkontrast wird durch die Verwendung von zwei Komplementärfarben erreicht.

Dreiklang
Ein Dreiklang besteht aus drei Farben, die auf dem zwölfteiligen Farbkreis ein gleichseitiges oder gleichschenkliges Dreieck bilden.
In der Ausgangsstellung wird das **gleichseitige Dreieck** durch die Primärfarben Gelb, Rot und Blau gebildet.
Ein **gleichschenkliges Dreieck** setzt sich aus den Farben Gelb, Rotviolett und Blauviolett zusammen.
Durch Drehen der Dreiecke innerhalb des Farbkreises ergeben sich weitere Farbkombinationen und Kontraste.

Vierklang
Die Farben stehen in einer quadratischen oder rechteckigen Beziehung zueinander und setzen sich aus den jeweiligen Komplementärfarben zusammen. Das **Quadrat** zeigt in der Grundstellung mit seinen Ecken auf die Farben Gelb, Rotorange, Violett und Blaugrün, das **Rechteck** auf Gelborange, Rotviolett, Blauviolett und Gelbgrün. Durch Drehung entstehen ebenfalls neue Farbzusammenstellungen.

Komplementärkontraste
Gelb und Violett
Gelborange und Blauviolett
Orange und Blau
Rotorange und Blaugrün
Rot und Grün
Rotviolett und Gelbgrün

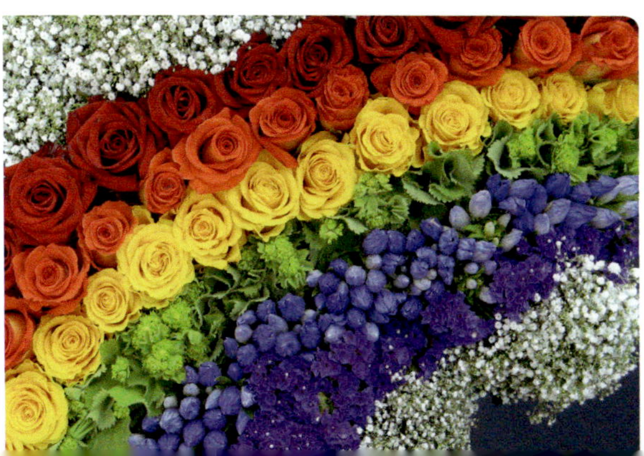

Kleiner Test: Wie viele und welche Komplementärkontraste können Sie erkennen?

Farbkontraste

Bei der Zusammenstellung von Blüten werden meist mehrere Farben verwendet, sodass innerhalb der Farbzusammenstellung in einem Werkstück auch mehrere Kontraste vorkommen, die sich gegenseitig bedingen. Dabei unterscheiden wir objektive Kontraste, die physikalisch oder mathematisch messbar sind, und subjektive Kontraste, die von Person zu Person unterschiedlich wahrgenommen werden.

Der **Farbe-an-sich-Kontrast** ist am einfachsten zu erkennen. Alle Farben des Farbkreises werden rein verwendet und zeigen ihre stärkste Leuchtkraft.

Die Grundfarben Gelb, Rot und Blau ergeben den intensivsten Farbe-an-sich-Kontrast.

Die Helligkeit einer Farbe ergibt sich aus ihrer Eigenschaft, Licht zu reflektieren.

Der größte **Hell-Dunkel-Kontrast** wird mit den Nichtfarben Weiß und Schwarz erreicht. Bei den reinen Farben zeigen Gelb und Violett die größten Helligkeitsunterschiede.

Die Farben, die einander im Farbkreis gegenüber liegen, bilden einen **Komplementärkontrast**. Die Komplementärfarben enthalten immer die drei Grundfarben und steigern sich gegenseitig in ihrer Leuchtkraft.

Bei der Betrachtung von Blüten können wir erkennen, dass sie unterschiedliche Farbmengen aufweisen. Der **Quantitätskontrast** beschreibt die Verwendung unterschiedlicher Mengen an Farben, unabhängig von der Farbe selbst und deren Qualität.

Die mengenmäßig vorherrschende Farbe beeinflusst die Farbwirkung des gesamten Werkstücks. Leuchtende Farben sollten Sie in kleineren Flächen und dunklere Farben in größeren Flächen anordnen.

Eine weitere Möglichkeit, Spannung zu erzeugen, ist der **Qualitätskontrast**. Je reiner eine Farbe ist, desto qualitativ hochwertiger und leuchtender wird sie eingestuft. Die Leuchtkraft einer Farbe kann durch Aufhellung mit

Weiß oder durch Abdunklung mit Schwarz gemildert werden.
Kalt-Warm-Kontrast: Farben lösen bestimmte Empfindungen aus. Blau assoziieren wir mit Wasser, Rot mit Feuer. Im Farbkreis liegt die kälteste Farbe Blaugrün der wärmsten Farbe Rotorange gegenüber.

Weitere Farbwirkungen

Aktiv-Passiv-Kontrast: Leuchtende Farben erscheinen uns aktiv, trübe Farben hingegen passiv.
Gewichtskontrast: Der Betrachter misst jeder Farbe ein bestimmtes optisches Gewicht zu. Bei gleicher Größe erscheinen uns helle Blüten und Gefäße leichter als dunkle.
Entfernungskontrast: Leuchtende und warme Farben wirken näher als trübe und kalte Farben. Helle Blüten wirken höher als dunkle.

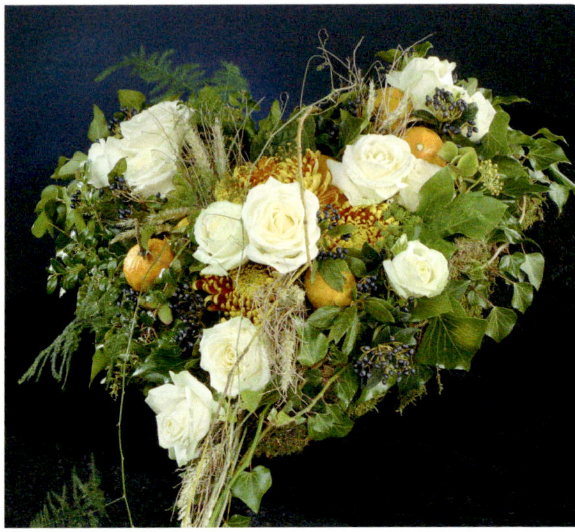

Dekoratives Herz.

Gestaltungsarten

Entsprechend ihrer Wirkung auf den Betrachter werden die Werkstücke einer Gestaltungsart zugeordnet. Sie grenzen sich durch bestimmte Eigenschaften voneinander ab und prägen jeweils einen charakteristischen Ausdruck der Gestaltung.

Dekorativ

Die dekorative Gestaltungsart wird am häufigsten angewendet. Sie ist die füllige Anordnung von floristischen Werkstoffen und zielt auf eine besonders schmückende, repräsentative Gesamtwirkung des Werkstücks. Die Symmetrie als Ordnungsart wird bevorzugt. Der Ge-

samtumriss wirkt dicht und geschlossen. Alle verwendeten Werkstoffe ordnen sich der Gesamtwirkung unter und geben ihren eigenen Charakter weitgehend auf.
Für dekorative Arbeiten werden symmetrische, klassisch wirkende Gefäßformen bevorzugt.
Möchten Sie dekorativ arbeiten, gehen Sie immer von der geometrischen Mitte aus, wobei Sie die Werkstoffe weitgehend spiegelbildlich anordnen. Dasselbe gilt für Bewegungen, Formen, Farben und Texturen.
Für die dekorative Gestaltung eignen sich großblütige Blumen und eine Vielzahl von Früchten.

Vegetativ

Bei der vegetativen Gestaltungsart dient die Natur als Vorbild. Dafür werden die Pflanzen bzw. Blüten und Blätter oft nach ihrem tatsächlichen jahreszeitlichen Vorkommen ausgewählt und so, dass diese den Anschein erwecken, gemeinsam in der Natur zu wachsen. Der individuelle Wuchs der Pflanzen bestimmt die Position

Gegenüberstellung der Gestaltungsarten

	Dekorativ	**Vegetativ**	**Formal-linear**
Werkstoffmenge	Üppig	Wenig bis üppig	Wenig
Bevorzugte Werkstoffe	Alle Bewegungsformen, runde Blüten	Individuelle Wuchsrichtungen	Skurrile Formen und Bewegungen
Einordnung der Werkstoffe	Ordnen sich der Gesamtform unter	Natürliche Bewegungen stehen im Vordergrund	Bewegungslinien und Formen stehen im Vordergrund
Gefäße	Klassische Gefäße	Flache Schalen	Designer-Gefäße
Ordnungsart	Symmetrie	Asymmetrie	Asymmetrie
Werkstücke	Sträuße, Gestecke, Kränze	Naturnahe Gestecke	Sträuße, Gestecke
Wirkung	Festlich, repräsentativ	Natürlich, frei	Modern, grafisch

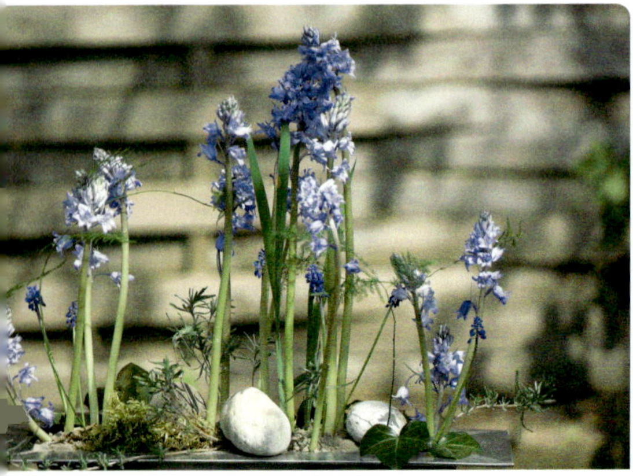

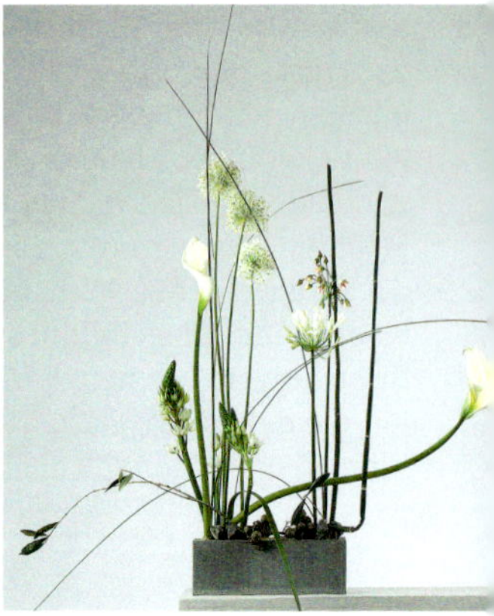

Links:
Vegetativ anmutendes Gesteck mit Scilla.

Rechts:
Formal-lineares Gesteck mit Calla.

und die Richtung im Arrangement. Die Asymmetrie und natürlich wirkende Freiräume kommen der vegetativen Gestaltung am nächsten.

Vegetative Werkstücke brauchen schlichte, meist niedrige Gefäße, die den natürlichen Boden darstellen. Die Gestaltung des Bodens mit Steinen, Laub und Wurzeln ist eine wichtige Ergänzung des biotopartigen Milieus. Dekorative Schmuckmittel werden nicht eingesetzt, denn künstlich ist nicht natürlich.

Formal-linear

Hier stehen die Formen der Pflanzenteile und deren Bewegungslinien im Vordergrund. Ihre Platzierung richtet sich nach der optimalen Wirkung des einzelnen Pflanzenteils im Zusammenspiel mit den anderen. So wird eine klare Linie in ihrer Erscheinung gesteigert, wenn ihr eine bewegte, unruhige Linie gegenübersteht. Da nur sehr wenige Werkstoffe zum Einsatz kommen, bleibt das Gefäß sichtbar. Farbkontraste steigern die Wirkung zusätzlich.

Schmuckmittel können verwendet werden, als Ordnungsart kommt vorrangig die Asymmetrie zum Einsatz.

Gestaltungsthemen

Nicht nur die Jahreszeit oder der Anlass nehmen Einfluss auf florale Gestaltungen. Es gibt unerschöpflich viele Themen, die Sie kreativ umsetzen können.

Inspirationsquellen

Ideen und Themen gibt es unendlich viele. In der Floristik geht es darum, diese zu entdecken und mit Hilfe von **Arbeitstechniken** in den **Werkstücken** umzusetzen. Sie können sich inspirieren lassen von **Architektur, Kunst** und **Design**, von **Naturimpressionen** oder **Ländern**. Vielleicht gefällt Ihnen auch ein **Werkstoff** besonders gut oder ein bestimmtes **Motto** ist vorgegeben.

Symbole

Ein Symbol gilt als **Zeichen** oder **Sinnbild** für eine **verborgene Aussage**. Vor allem zu Ostern und Weihnachten sowie in der Hochzeits- und Trauerfloristik spielt der Symbolgehalt der Werkstoffe und Farben eine große Rolle und sollte in die Gestaltung mit einfließen.

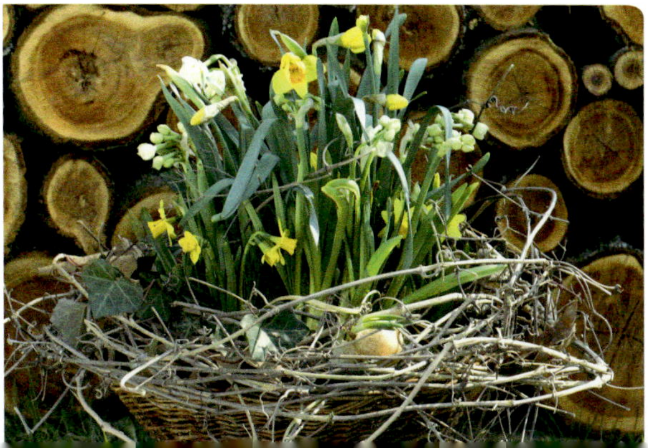

Frühlingsblüher in einer Nestform – kann man Frühlingsstimmung schöner zum Ausdruck bringen?

Jahreszeiten

Blumen, Gefäße und deren Farben werden auf die vier Jahreszeiten abgestimmt. Dabei orientieren wir uns an der **natürlichen Vegetationszeit** der Pflanzen und nicht an den Angebotszeiten des Blumenhandels.
Sonnenblumen kann man zwar auch im Januar kaufen, doch authentisch wirken sie um diese Zeit kaum.

Anlässe

Was wären festliche Anlässe ohne Blumen? Sie werden gerne verschenkt, dienen als Raum- und Tischdekoration oder als Schmuck der Hauptpersonen eines Festes.
Die **Art des Anlasses** entscheidet, welche Werkstoffe verwendet werden. Manchmal lässt sich der Anlass durch ein **Motto oder Thema** noch weiter definieren. Oft werden Blumen auch aufgrund ihrer **symbolischen Bedeutung** ausgewählt. Es gibt jedoch auch Beispiele dafür, dass sich der Symbolcharakter einer Pflanze im Laufe der Zeit verändert. So unterschied man bisher in der europäischen Floristik typische Hochzeits- und Trauerblumen. Heute gibt es in dieser Hinsicht sehr fließende Übergänge. Die weiße Calla wurde vor Jahren hauptsächlich für Beerdigungen angebaut. Heute schätzt man sie als eine der elegantesten Blumen und verarbeitet sie zunehmend für Brautsträuße oder Arrangements in modernen Wohnbereichen.

Private Anlässe

Viele Feste sind an **Stationen im Leben** einer Person gebunden. Das sind einmal die traditionellen Familienfeste wie Taufe, Einschulung, Erstkommunion, Konfirmation oder Jugendweihe, Hochzeit oder die alljährlich stattfindenden Geburtstage. Weitere Anlässe können ein Schul- oder Ausbildungsabschluss oder der Einzug in ein neues Zuhause sein. Normalerweise sind **Alter**, **Geschlecht**,

Lieblingsfarben oder **Wohnstil** der jeweiligen Person bekannt, sodass Sie bei der Gestaltung eines blumigen Geschenks, des Tisch- oder Raumschmucks sehr individuell auf die Hauptperson des Festes eingehen können. Zu den privaten Anlässen gehören neben den Familienfesten auch Einladungen zu Gartenfesten und Partys oder kleine Aufmerksamkeiten als Dankeschön, Genesungswunsch oder Entschuldigung. Selbst hier will überlegt sein, welche Blumen und Pflanzen sich für eine Frau, einen Mann oder ein Kind eignen.

Offizielle Anlässe

Jubiläen, Einladungen zu Vernissagen oder Geschäftseröffnungen sind weitere Anlässe, Blumen oder Pflanzen zu verschenken. Kennt man die Umgebung oder die Person nicht persönlich, gestaltet man das florale Geschenk am besten **neutral** in Bezug auf Farben, Werkstoff- und Gefäßauswahl.

Religiöse und traditionelle Feste im Jahresverlauf

Für traditionsreiche Feste verwendet man meist Werkstoffe mit hohen traditionellen und symbolhaften Wertigkeiten, die ihren Ausdruck in entsprechender Farb- und Formauswahl finden. So stimmen wir uns mit grünen Koniferenzweigen, roten Früchten und Kerzen auf die Adventszeit ein. Zu Ostern wählen wir Gelb und zartes Grün, die Farben des erwachenden Frühlings.

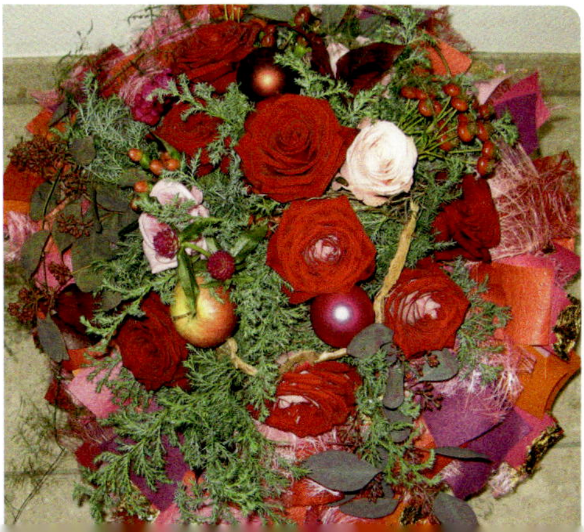

Die Klassiker zu Weihnachten: grüne Nadelgehölze, rote Äpfel und festlich glänzende Christbaumkugeln.

Tischlein deck dich!

Neben einem guten Essen ist ein sorgfältig gedeckter und geschmackvoll geschmückter Tisch Inbegriff vollendeter Gastlichkeit. Diesem hohen Anspruch werden Sie gerecht, wenn Tischwäsche, Geschirr, Besteck und floraler Tischschmuck mit Anlass und Raum eine ansprechende Einheit bilden.

Größe und Form der Tische

Die Tische werden entsprechend dem Anlass, der Anzahl der Gäste und der vorgegebenen Räumlichkeit gestellt. Für kleine private Feiern eignen sich runde, ovale, aber auch kleine quadratische oder rechteckige Tische. Runde und ovale Tische vermitteln besonders das Gefühl der Gemeinsamkeit und fördern die Kommunikation, allerdings lassen sich solche Tischformen schlecht mit anderen kombinieren. Bei großen Feierlichkeiten wird oft eine geschlossene Tafel in T-, U- oder E-Form gewünscht, an deren Kopfende die Ehrengäste sitzen. Die Tische können auch einzeln gestellt werden. Je nach Tischform und Größe eröffnen sich verschiedene Möglichkeiten der floralen Gestaltung.

Der Tischschmuck sollte sich immer an der Räumlichkeit und dem Ambiente orientieren.

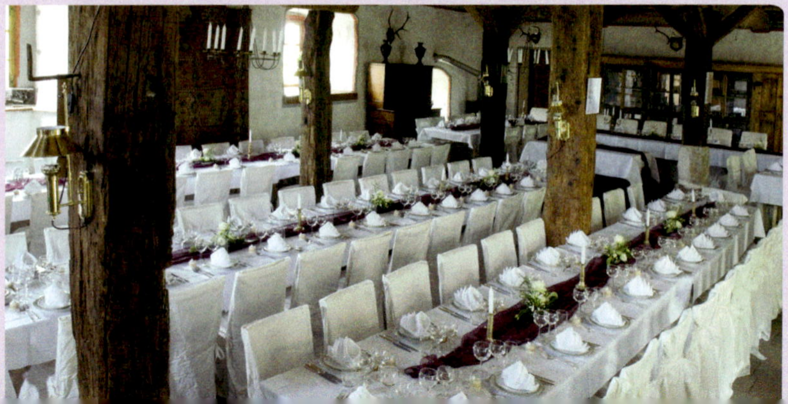

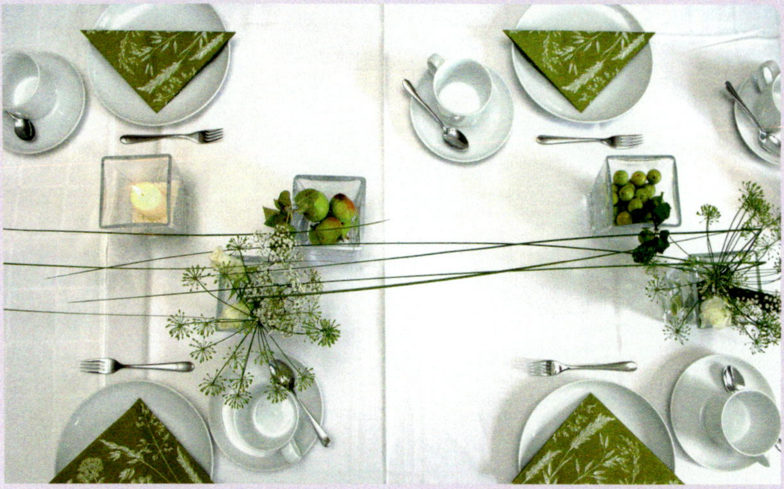

Dezenter Tafelschmuck.

Der passende Tischschmuck

Werden auf den Tischen noch Kuchen und Tortenplatten platziert, sollten Sie den Schmuck sparsam und nicht störend einsetzen. Möglich sind kleinere Einzelgefäße, die in einer Reihe oder Gruppe angeordnet werden.
Steht ein Büffet im Mittelpunkt der Gastlichkeit, können die Tische voll ausdekoriert werden. Das Büffet erhält einen eigenen Blumenschmuck.
Für sehr feierliche Gelegenheiten oder ein Dinner für zwei Personen wäre auch ein hoch aufragender Tischschmuck denkbar. Um den Blickkontakt zum Gegenüber nicht zu stören, sollte die Gestaltung in Augenhöhe von 25 bis 45 cm Höhe freibleiben. Wichtig ist auch eine gute Standfestigkeit des Tischschmucks.
Oft wird der Blumenschmuck auf den bereits eingedeckten Tisch gestellt. Um die Gedecke vor Verschmutzung zu schützen, können die Gefäße für den Transport zur Tischmitte mit einem Handtuch abgesichert werden. Wischen Sie Gefäße vorher noch einmal ab und kontrollieren Sie, ob alle Werkstoffe gut positioniert sind.

Tischschmuck ohne Gefäße

Werden in die Tischmitte einzelne Blüten oder Früchte gelegt, schieben Sie eine transparente Folie darunter, um Flecken auf der Tischdecke zu verhindern.

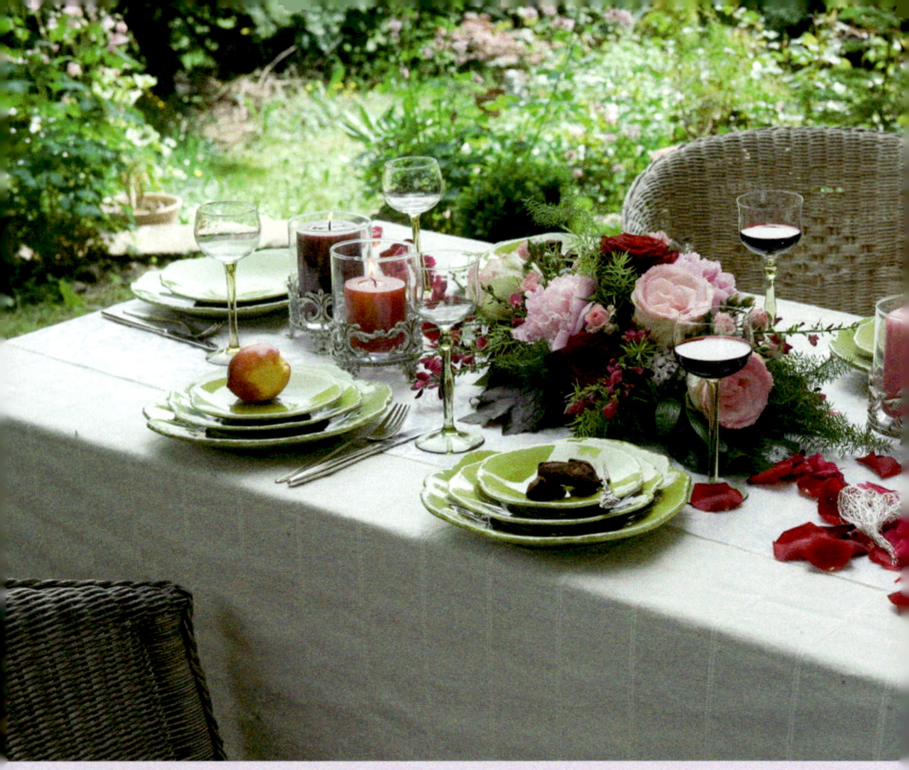

Obst und Gemüse

Für sommerliche und herbstliche Tischdekorationen eignen sich auch Früchte. Obst und Gemüse muss immer frisch, sauber und fest sein. Beschädigungen bei der Verarbeitung sollten Sie unbedingt vermeiden.

Blumen für den Tischschmuck

Ein Tischschmuck wird meist nur für einen Tag, manchmal nur für wenige Stunden angefertigt. Alle Werkstoffe sollten frisch sein und viele offene Blüten zeigen. Pollen kann allerdings unschöne Spuren auf der Tischwäsche hinterlassen. Zur Sicherheit können Sie, beispielsweise bei Lilien, den Pollen vorher entfernen. Blüten mit starkem Duft können vor allem in kleineren Räumen mit dem Geruch der Speisen in Konkurrenz treten. Hinzu kommt, dass manche Gäste starke Blütendüfte eventuell nicht mögen oder allergisch darauf reagieren. Gräser und Blumen, die für Allergiker problematisch sein könnten, verwenden Sie am besten nur für Tischdekorationen im Freien.

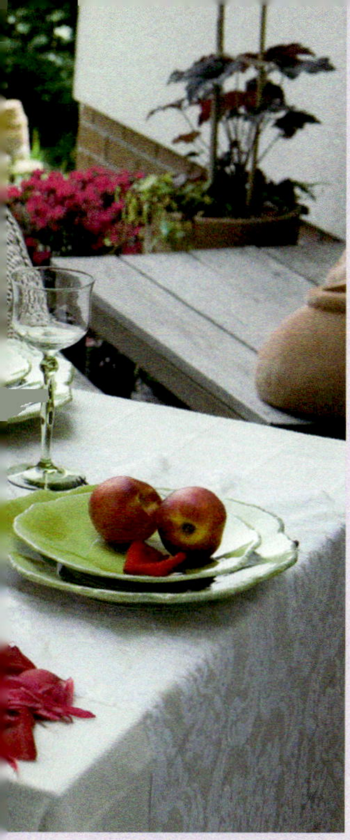

Sommerlicher Tischschmuck mit Rosen und Früchten.

Wer sitzt wo?
Zu einer festlichen Tafel gehören selbstverständlich auch Tischkarten, die den Gästen ihren Platz zuweisen. Eine nette Geste sind kleine Kränze oder aufgefädelte Floralien mit Namenschildern.

Kleine Aufmerksamkeiten

Zum feierlichen Ambiente einer Hochzeit oder einem Geburtstag passen Stuhlhussen, die auf der Rückseite der Lehne mit einem Band, einer Girlande oder einem Kränzchen geschmückt werden.
Noch einladender wird der Tisch, wenn dem Platz eines jeden Gastes Individualität verliehen wird, vielleicht durch kleine Blütenkränze, die um die Teller gelegt werden, oder durch zierlichen Blumenschmuck auf Platzdeckchen, Menükarten oder Servietten.

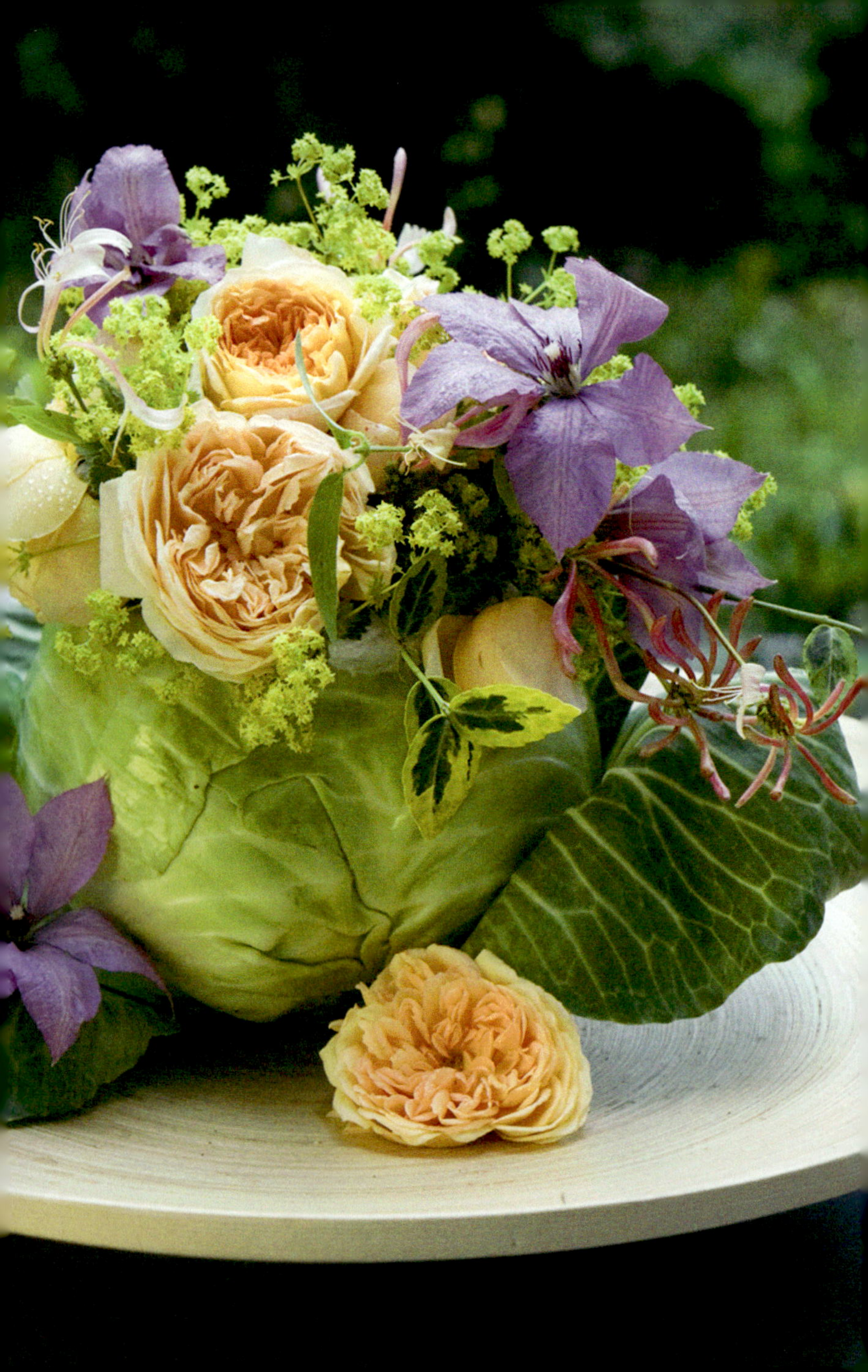

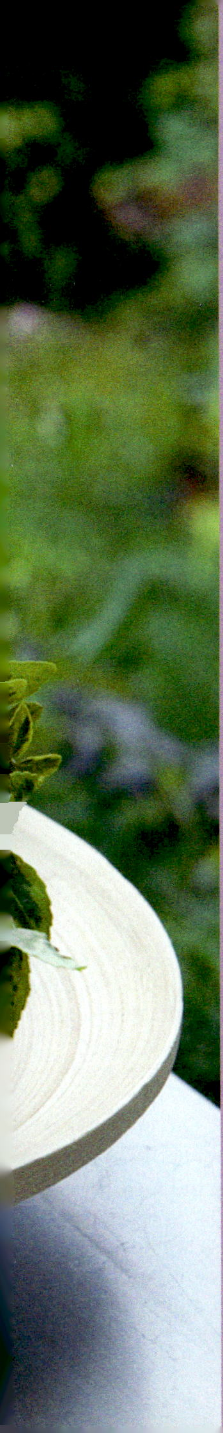

Werkstücke selbst gestalten

Nun geht es **Schritt-für-Schritt** an die Herstellung eines Werkstückes. Ob Strauß, Gesteck oder Kranz - mit der richtigen Anleitung werden Sie viel Freude am kreativen Gestalten haben.

Sträuße

Ein schöner Strauß ist etwas Wunderbares. Es gibt kaum eine Gelegenheit, zu der ein Strauß nicht passend wäre, denn er drückt Stimmungen aus und schafft Stimmungen.

Gestalterische Grundlagen

Für das Binden eines Straußes steht uns eine Fülle von Blumen und Beiwerk zur Verfügung. Wie bereits ausgeführt wurde, besitzen die pflanzlichen Werkstoffe verschiedene Eigenschaften in Bezug auf Form, Bewegung, Farbe und Textur. All diese Eigenschaften nehmen Einfluss auf die Gestaltung eines Straußes.

Form und Bewegung

Form und Bewegung der verwendeten Werkstoffe prägen die äußere und innere Form des Straußes, also seinen Umriss und seine Ausstrahlung (siehe Zeichnung Seite 89). Der Umriss kann rund und kompakt, rund und aufgelockert, formbetont, aufrecht, bogenförmig, abfließend oder in einer anderen Form gestaltet sein. Entsprechend der Straußform sollten Sie die Auswahl der Blüten, Blätter, Zweige und Ranken bewusst vornehmen.
Für einen rund gebundenen Strauß mit einer relativ geschlossenen Kuppelform benötigen Sie **kompakte, sammelnde Blütenformen.**
Soll der Strauß aufgelockert gestaltet werden, brauchen Sie ebenfalls kompakte, runde Blütenformen, die Sie in der Basis anordnen, sowie **aufstrebende und ausschwingende Bewegungen,** die den lockeren nach oben gerichteten tropfenförmigen Straußumriss herstellen.
Ausschwingende und abfließende Bewegungen eignen sich für die Gestaltung von leicht gewölbten und bo-

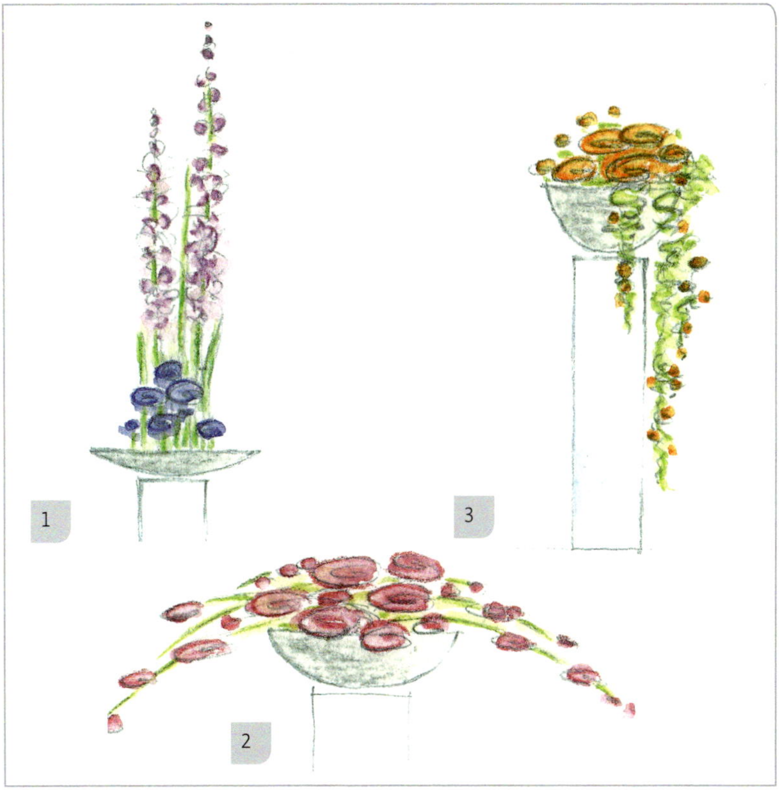

genförmigen Sträußen. Bei einem abfließenden Strauß wird nur die **Bewegung nach unten** betont. Sie können aber auch die **prägnanten, aufstrebenden Bewegungen** einzelner Blüten in den Mittelpunkt rücken.

Bewegungen:
1 Aufstrebende Bewegungen
2 Ausschwingende und abfließende Bewegungen
3 Abfließende Bewegungen.

Farbe und Textur

Weitere Straußvariationen ergeben sich durch die gezielte Auswahl von Farben und Texturen. Die Farbauswahl wird besonders von äußeren Vorgaben (Anlass, Ambiente, Symbolgehalt) beeinflusst. **Farbmenge und Farbverteilung** sind weitere Gestaltungskriterien.

Soll die **Textur** von Blüten, Früchten und Blättern als Gestaltungselement in den Vordergrund gerückt werden, kann sie als Kontrast oder Harmonie zur Unterstreichung bestimmter Aussagen und Stimmungen genutzt werden. Dabei bedingen sich Farbe und Textur untereinander und sind im Einklang zu verwenden.
Werden Blüten und andere Werkstoffe aufgrund ihrer besonderen Textur bewusst zusammen gebunden, sprechen wir von texturbetonten Sträußen.

Bindetechniken

Die Bandbreite der Straußformen ist groß, doch allen liegen nur zwei Bindetechniken zugrunde. Die Blumenstiele werden für den Strauß entweder **spiralförmig** (radial) oder **parallel** angeordnet.

Bindetechnik für einen spiralförmig gebundenen Strauß

Das Binden spiralig angelegter Blütenstiele ist ein handwerklicher Vorgang und Voraussetzung für das Gestalten eines rund gebundenen Straußes. Alle Floralien liegen dafür vorbereitet und sortiert auf Ihrem Arbeitstisch.

Anlegen

1 Nehmen Sie den ersten Blütenstiel zwischen Daumen und Zeigefinger der linken Hand auf. Legen Sie mit der rechten Hand einen zweiten Stiel von vorn schräg auf den ersten, gerade gehaltenen Stiel an. Die Blüte befindet links oben und das Stielende rechts unten. Dieser Kreuzungspunkt gibt die Bindestelle vor und darf nicht zu hoch, aber auch nicht zu tief angesetzt werden. Die Höhe der Bindestelle ist abhängig von der gewünschten Größe des Straußes.

2 Mit der rechten Hand werden weitere Stängel immer in derselben Richtung an der Bindestelle angelegt. Zwischendurch übernimmt die rechte Hand den Strauß und übergibt diesen mit leichter Drehung zurück in die linke Hand.

Haltehand und Arbeitshand
Rechtshänder binden in der linken Hand. Sie ist die Haltehand und die rechte Hand legt die Blumen an. Bei Linkshändern ist rechts die Haltehand und die Blumen werden von links angelegt. Im Buch werden wir in allen weiteren Ausführungen rechtshändig vorgehen.

3 Mit Daumen, Zeigefinger und Mittelfinger der linken Hand halten Sie alle Stiele fest. Weitere Stiele werden in der gleichen Richtung angelegt; jedoch noch angewinkelter. Bis zur gewünschten Straußgröße wechseln sich Drehung des Straußes und das schräge Anlegen der Stiele ab. Prüfen Sie, ob der Strauß gleichmäßig gearbeitet wurde und nehmen Sie eventuell Korrekturen vor. Sind Sie mit Ihrer Arbeit zufrieden, wird der Strauß an der Stelle gebunden, an der Sie die Stiele gehalten haben.

Abbinden und Fertigstellen

4 Für das Abbinden des Straußes benötigen Sie einen Bindebast. Sie halten den Strauß in der linken Hand und legen den Bast über ihren Daumen. Mit Daumen und Zeigefinger halten sie den Bast fest und führen ihn über der linken Hand vorn um die Stiele nach hinten herum. Dieser Vorgang wird je nach Größe des Straußes etwa 3-mal wiederholt. Bei großen Sträußen legen Sie das lose Bastende über den linken Arm zur hinteren Seite des Straußes. Hier können Sie den Bast loslassen. Sie umgreifen den Strauß von rechts nach hinten und nehmen das lose Bastende wieder auf. Achten Sie darauf, dass der Bast sich dort um die Stiele legt, wo die schmalste Stelle ist.

5 Legen Sie die Bindestelle auf eine Tischkante, sodass die Stiele frei über die Kante ragen. Der Bast wird verknotet und abgeschnitten.

6 Laubblätter, Nadeln, Seitentriebe, die sich noch in oder unter der Bindestelle befinden, werden entfernt.

Einheitliche Richtung
Die Blüten zeigen immer nach links oben und die Stiele nach rechts unten. Für Übungszwecke können Sie sich einen Blütenstängel in dieser Richtung auf den Tisch legen.

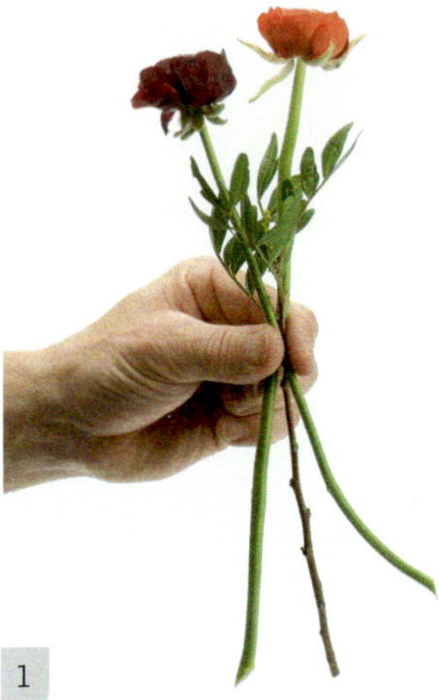

1

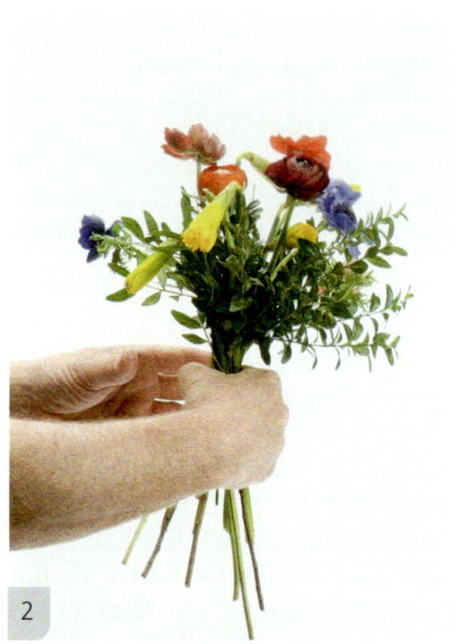

2

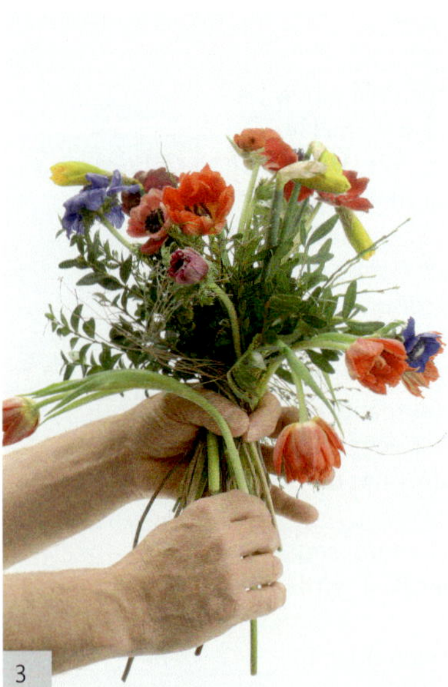

3

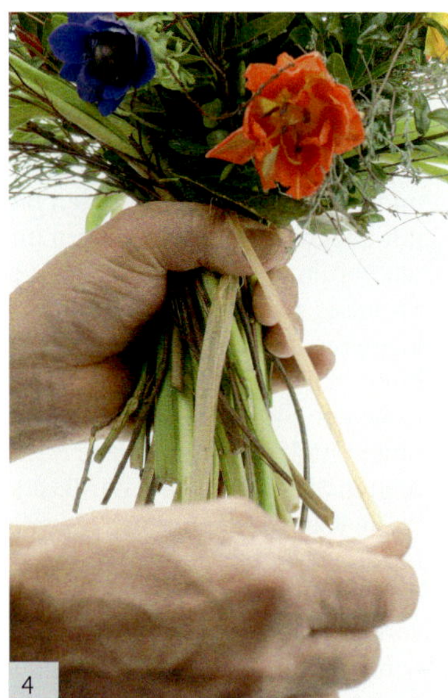

4

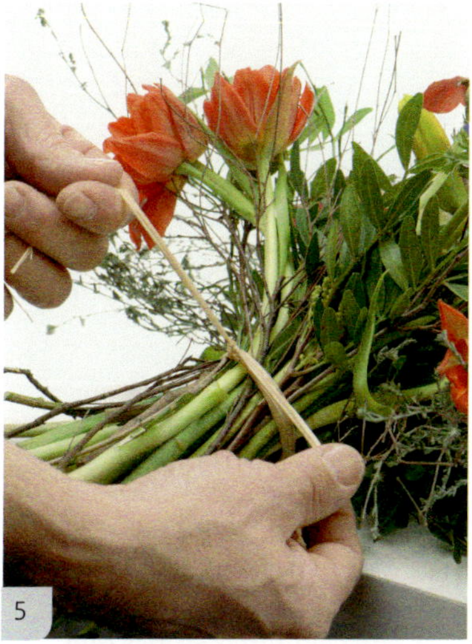

5

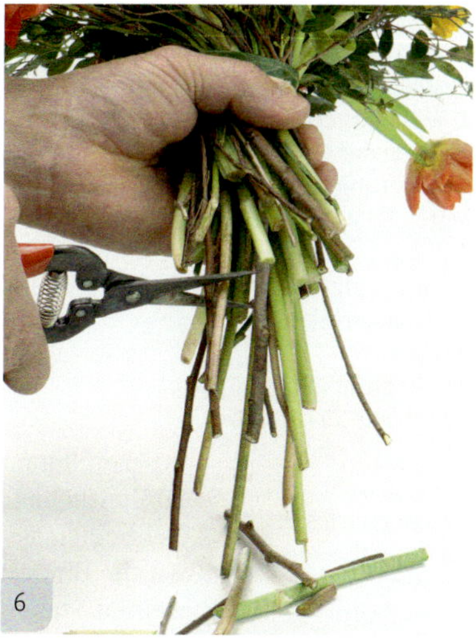

6

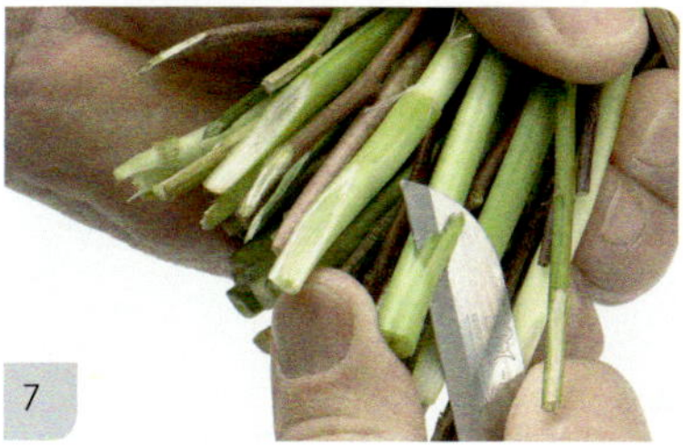

7

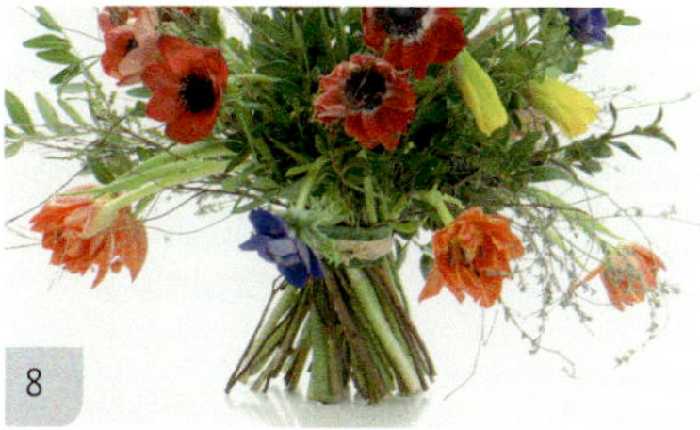

8

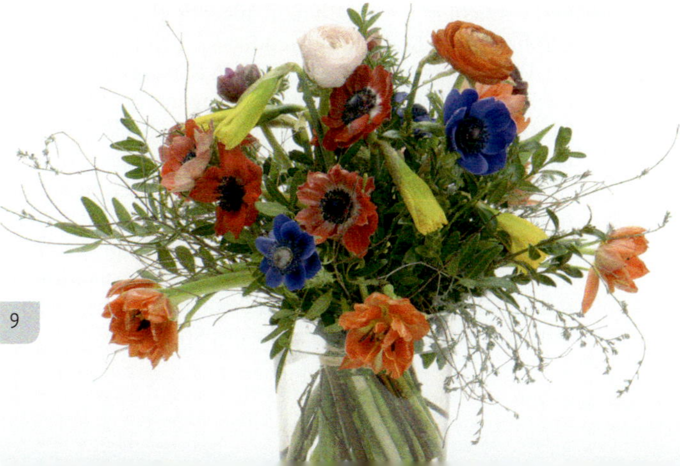

9

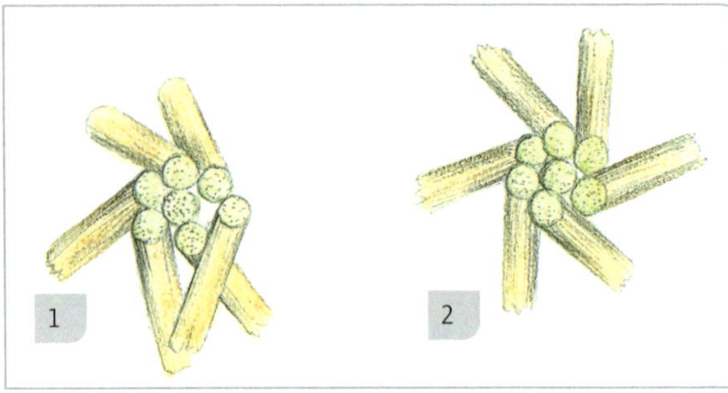

Querschnitt von Stielen in der Bindestelle:
1 Das Bild zeigt einen in der Gegenrichtung angelegten Stiel. Er muss wieder herausgezogen und neu angelegt werden.
2 Nur gleichmäßig in eine Richtung angelegte Stiele gewährleisten eine feste Bindestelle.

Kürzen Sie nun alle Stiele mit einer Gartenschere auf einheitliche Länge und

7 schneiden sie mit dem Messer schräg an.

8 Ist die Bindestelle fest genug ist, bleibt der Strauß auf seinen Stielenden stehen.

9 Geschafft! Sie können stolz auf Ihren Strauß sein und ihn in eine Vase einstellen. Aber da ja bekanntlich noch kein Meister vom Himmel gefallen ist, heißt es auch hier: Üben, Üben, Üben. Nur durch das eigenhändige Halten und Binden entwickeln Sie das notwendige Gefühl für die Gestaltung eines Straußes.

Tipps zum spiralförmigen Binden

Üben Sie am bestens zuerst mit **wenigen Blumenarten** und verzichten Sie auf Blumen mit sehr glatten und empfindlichen Stielen. Verwenden Sie **grünes Beiwerk** als Abstandshalter. Um einen hohen Spreizeffekt zu erreichen, wird es tief in die Basis gezogen.
Als Günstig erweist sich der ständige Wechsel zwischen hohem und niedrigem Anlegen von Blumen und Beiwerk. Dadurch entstehen verschiedene **Höhen und Tiefen** im Strauß und er erhält einen sehr natürlichen und lockeren Ausdruck. Feine Gräser fassen Sie am besten in kleine Gruppen zusammen und binden sie als **Bündel** in den Strauß ein. Durch **mehrfaches Drehen** während des Bindens wird die Form des Straußes gleich-

mäßiger und die Gefahr, dass er in der Vase kippt, verringert sich.
Bei ersten Bindeversuchen kann es hilfreich sein, sich nur auf das **spiralförmige Anlegen der Stiele** zu konzentrieren. Wenn Sie dies sicher beherrschen, wenden Sie der Ausgestaltung des Straußes im oberen Bereich mehr Aufmerksamkeit zu.
Kontrollieren Sie vor dem Zusammenbinden, ob alle Stiele in der selben Richtung angelegt wurden. Ragen ein oder mehrere Stängel in die andere Richtung, entstehen Zwischenräume und Überschneidungen in der Bindestelle. Die Stiele rutschen heraus oder können geknickt oder gequetscht werden. Sie müssen die in Gegenrichtung verlaufenden Stiele wieder vorsichtig herausziehen und richtig anlegen oder den Strauß neu binden.
Wässern Sie den **Naturbast** vor der Verwendung, er ist dann geschmeidiger und reißt nicht so schnell. **Empfindliche Stiele** von Hyazinthen, Tulpen und Nelken sollten vorsichtig gebunden werden. Sie können ein schmales Blatt auf die Bindestelle legen und dann erst den Strauß abbinden. Sehr **füllige Sträuße** dürfen Sie auch zwischendurch abbinden.
Die Bindestelle soll **schmal, fest und sauber** sein. Unterhalb der Bindestelle dürfen sich keine Blätter, Nadeln oder Seitentriebe befinden.
Als Faustregel für den **Schnitt der Stiele** gilt: 2/3 oberhalb, 1/3 unterhalb der Bindestelle.

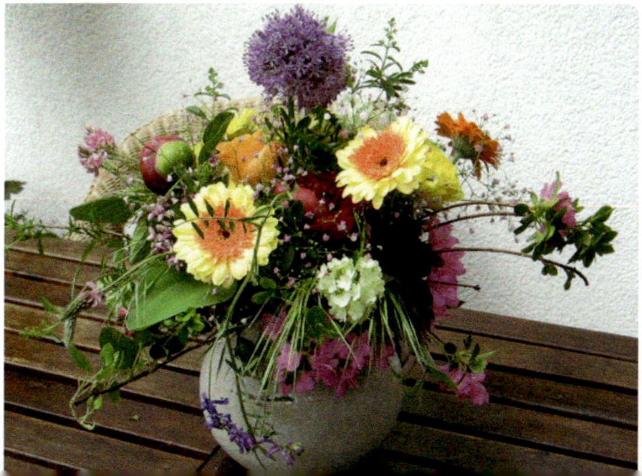

Ein schöner Blumenstrauß macht Freude – immer und überall.

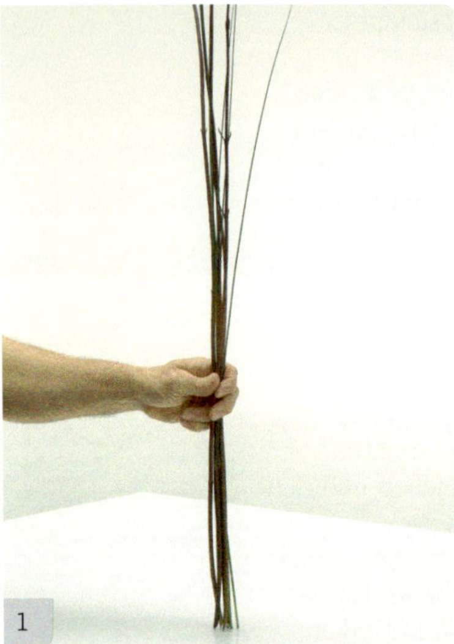
1

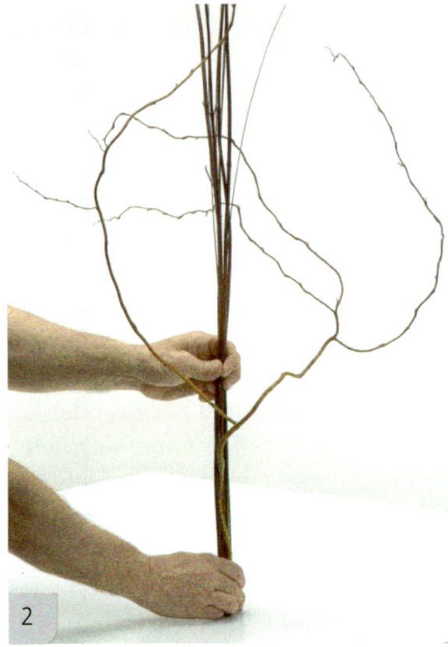
2

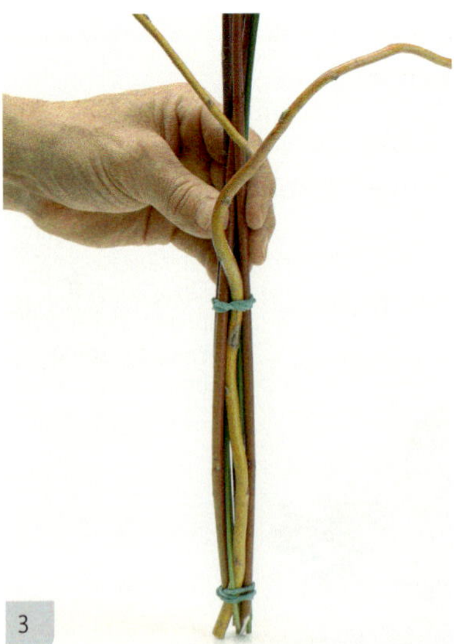
3

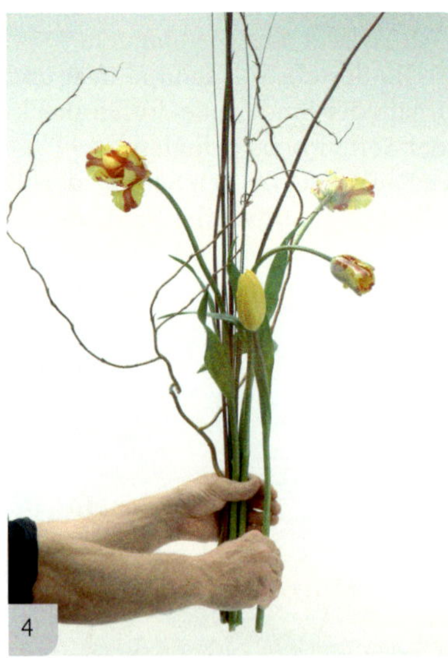
4

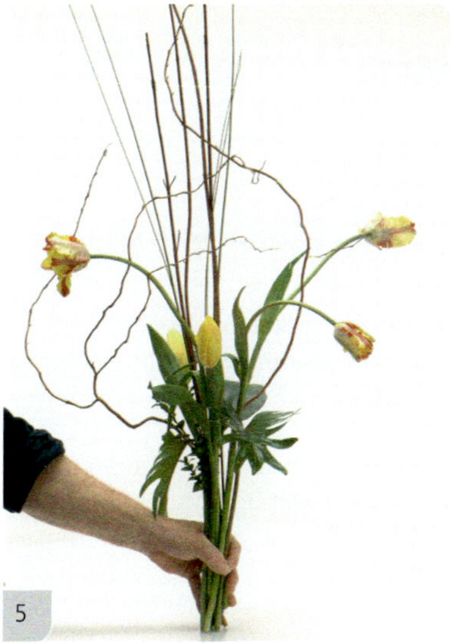

5

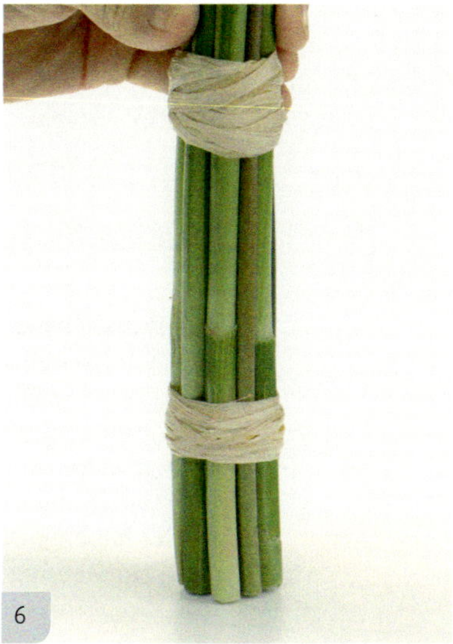

6

Bindetechnik für den parallel gebundenen Strauß

Das Binden von parallel angelegten Stielen wird vorgenommen bei: **Biedermeiersträußen**, **Stehsträußen** mit geraden, aufstrebenden Blumen, **Armsträußen** und „**Etagensträußen**", bei denen die Werkstoffe etagenartig in verschiedenen Höhen angeordnet werden.

1 Legen Sie einige gerade Äste parallel zueinander an.
2 Um Räumlichkeit zu schaffen, sollten Sie Struktur gebende, geschwungene Äste mit einbinden.
3 Um sich das parallele Anlegen zu erleichtern, können Sie die zuerst angelegten Äste mit Gummibändern fixieren.
4 Auch alle Blütenstiele werden parallel angelegt.
5 Mit einigen Blättern wird der vertikal hochgebundene Parallelstrauß vervollständigt. Die Stielenden werden gerade auf eine Länge abgeschnitten.
6 Parallel gebundene Sträuße dürfen mehrere Bindestellen besitzen. Sie dienen nicht nur der sicheren Befestigung der Stiele, sondern auch als gestalterisches Hilfsmittel.

Die richtige Vase

Gefäße für spiralförmig gebundene Sträuße

Im Prinzip kann jeder spiralförmig gebundene Strauß auch aufgestellt und in einer großen Schale präsentiert werden. Gewohnheitsmäßig werden Sträuße allerdings in Vasen eingestellt.

Ein gestalteter Strauß wird grundsätzlich gebunden in ein Gefäß eingestellt. Größe, Form und Material des Gefäßes haben großen Einfluss darauf, ob er seine Form voll zur Geltung bringen kann.

Die Gefäßform kann in hohem Maß die Wirkung eines Straußes beeinflussen. Ein runder Strauß verlangt nach einem bauchigen Gefäß, denn die Stiele eines spiralig gebundenen Straußes brauchen ausreichend Raum, damit der obere Teil des Straußes seine Form behält. Sie dürfen nicht in einer zu engen und schmalen Vase zusammengequetscht werden. Das typische Beispiel für eine völlig ungeeignete Form ist die schmal nach unten verlaufende grüne Friedhofsvase aus Kunststoff.

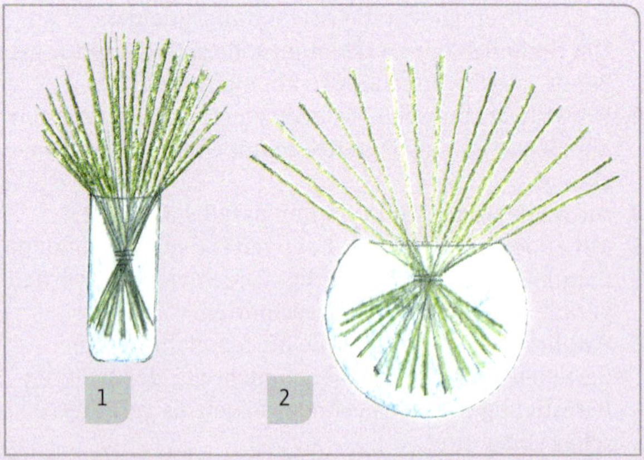

Vasenformen:
1 In der schmalen Vasenform sind die Stiele viel zu eng platziert.
2 Besser entfalten sich die spiralförmig gebundenen Stiele in einer bauchigen Vase.

Auch die Öffnung des Gefäßes muss dem Straußvolumen angepasst sein, ihm Halt geben und verhindern, dass er kippt.
Sträuße, bei denen die Bewegungslinien im Vordergrund stehen, kommen in schlichten Gefäßen am besten zur Geltung.

Gefäße für parallel gebundene Sträuße

Für Parallelsträuße sind flache Schalen oder schlichte, meist hohe zylindrische Glasgefäße zu bevorzugen, damit sie in ihrer ganzen Länge wirken können. Um den Strauß kippsicher in ein Gefäß einzustellen, können Sie in die Gefäßöffnung geklemmte Zweige, Steine zum seitlichen Stabilisieren oder einen Kenzan verwenden. Das Ziel sollte immer sein, den Strauß gekonnt in Szene zu setzen. Denken Sie daran, dass ein hoher Strauß mit vielen Ranken und Gräsern einen wesentlich größeren Freiraum um sich herum benötigt als ein kleiner kompakt gebundener Biedermeierstrauß.

Es muss nicht immer eine Vase sein. Ein spiralförmig gebundener Strauß kann auch in einer flachen Schale stehen.

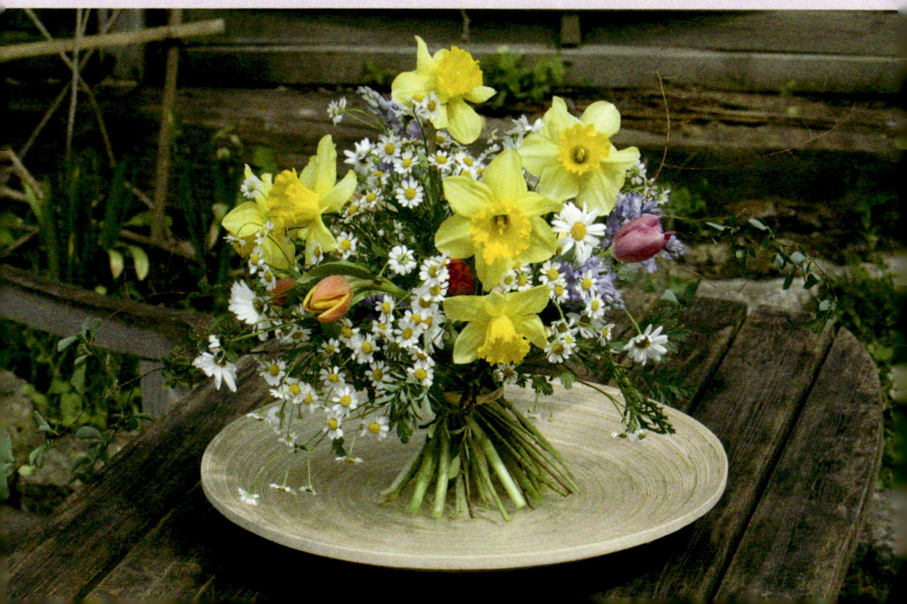

Stiele

Normalerweise werden alle Sträuße mit natürlichen Stielen gebunden. Für einige Straußvarianten ist es jedoch erforderlich, Blüten und Blätter anzudrahten, um diese in entsprechende Positionen zu bringen.

Natürliche Stiele

Blumen für dichte, runde Handsträuße sowie Sträuße, die über dem Arm getragen oder in Gefäße eingestellt werden, bindet man mit natürlichen Stielen.

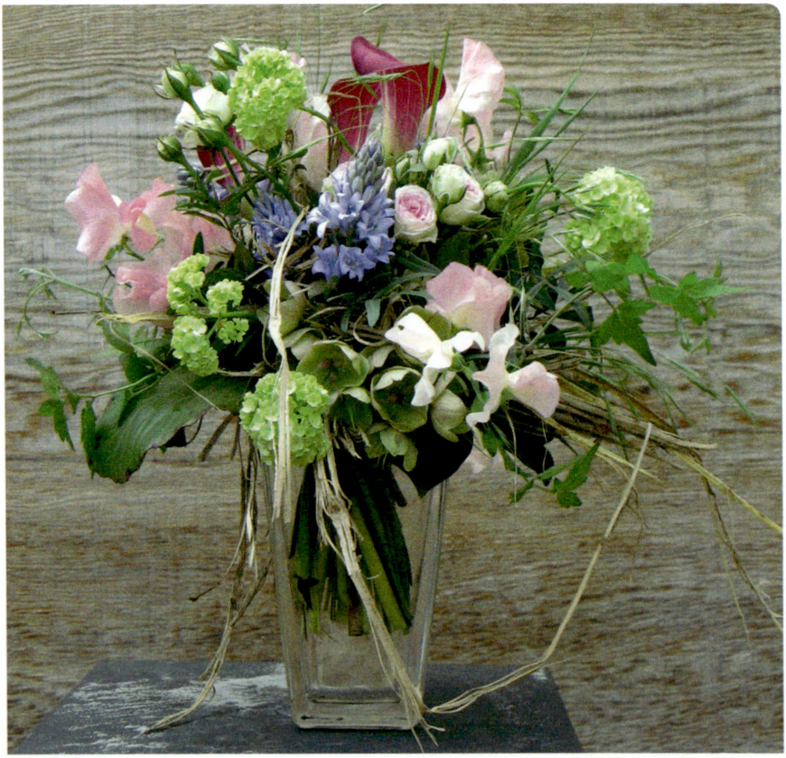

Natürliche Stiele spiralförmig gebunden.

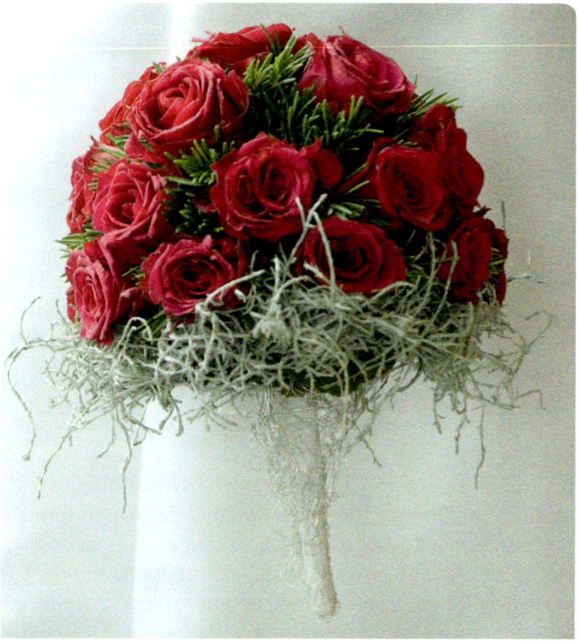

Werden alle Stiele angedrahtet, entsteht trotz Werkstofffülle ein sehr schmaler Straußgriff, den die Trägerin über längere Zeit ohne Anstrengung in der Hand halten kann.

Die Handsträuße benötigen einen schlanken Griff, der meist mit einem Band umwickelt wird, damit er sich gut festhalten lässt. Spiralförmig angelegte Stiele sind dafür nicht immer vorteilhaft, da sie beim Umwickeln zusammengedrückt und sogar abgeknickt werden können.

Angedrahtete Stiele

Wenn ein sehr **dünner Griff** notwendig ist, oder die Werkstoffe in Positionen gebracht werden müssen, die mit natürlichen Stielen nicht möglich sind, ist es sinnvoll mit angedrahteten Stielen zu arbeiten. Alle Werkstoffe werden **gedrahtet** und mit **Tape** umwickelt.
Bei abfließenden Sträußen wird mit den längsten Stielen begonnen. Dazu werden die Drähte im oberen Bereich jeweils in einem Winkel von 45 bis 60 Grad geknickt und über die linke Hand parallel angelegt. Zuerst wird über

der Hand eine Mittelblüte angelegt. Den Bereich zwischen Blüte und Ranken arbeiten Sie aus, indem Sie von unten nach oben gleichmäßig und im Wechsel abfließende Ranken, Blüten und kurze, füllende Werkstoffe anlegen. Die **größte Straußbreite** befindet sich in Höhe der Mittelblüte. Dieser über der Hand liegende Bereich sollte etwas gewölbt gestaltet werden. Der Aufbau einer Rückseite dient dem **Gewichtsausgleich** zum vorderen, lang ausgestalteten Bereich. Die **Unterseite** des Straußes wird mit geschuppt angelegten Blättern abgedeckt. Alle Drähte werden auf Grifflänge gekürzt, mit Tape umwickelt, mit Watte aufgepolstert und mit **Schmuckband** abgewickelt. Den Bandanfang fixieren Sie mit einer Stecknadel, den Abschluss mit Schmucknadeln.

Mischtechnik

Bei dieser Technik werden nur solche Werkstoffe angedrahtet, die im Strauß lang abfließen oder am äußeren Straußbereich angelegt werden sollen, aber nicht von Natur aus die entsprechende Bewegung besitzen oder sehr dicke Stiele besitzen. Alle anderen Werkstoffe werden mit natürlichen Stängeln verarbeitet, die bei Bedarf gestützt oder geschient werden.

Englische Technik

Die klassischen englischen Brautsträuße gehören zur **Formbinderei**. Zu ihnen zählen Sträuße in kompakter **Tropfen- und Bogenform** sowie die **Glamelie**, deren Werkstoffe ohne natürliche Stiele verarbeitet werden. Von allen Blüten werden die Stiele abgeschnitten und direkt unterhalb des Blütenkopfes mit Silberdraht angedrahtet. Für die **Mittelachse** der Tropfenform wird ein Steck- oder Stützdraht in gewünschter Länge ausgewählt und mit Tape umwickelt. Auf diesen Draht wickeln Sie die Werkstoffe mit Tape auf. Sie beginnen mit der Spitze und legen die Floralien zu einer immer breiter werdenden Tropfenform an. Die Blüten werden im oberen Bereich der Drahtform verarbeitet. Die Blätter werden an der Unterseite angelegt, um die Technik zu verdecken.

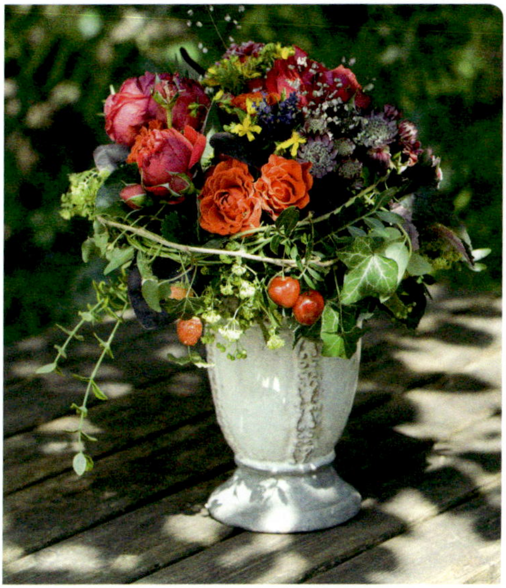

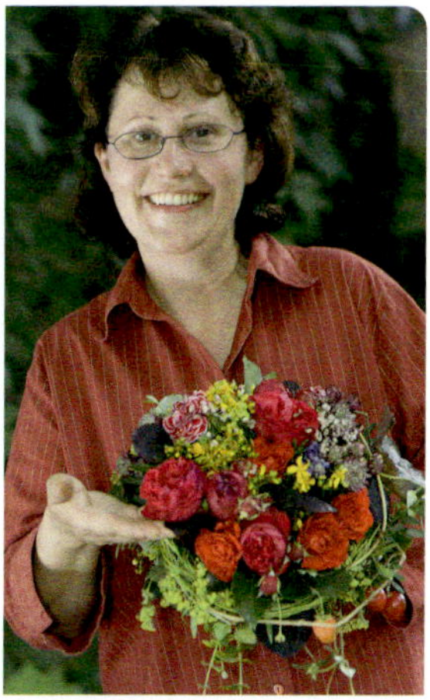

Ein Strauß mit rundem Umriss ... sieht in der Seitenansicht meist halbrund aus.

Für den **Bogen** werden zwei Tropfen getrennt gearbeitet und zum Schluss zu einem bogenförmigen Werkstück zusammengefügt. Die Mitte des Bogens wird ausgearbeitet und verbindet die beiden Teile.

Straußformen

Runde, kompakt gebundene Sträuße

Bis auf einige Ausnahmen werden alle Sträuße rund gebunden. Das heißt, die Werkstoffe werden in einem Strauß so angeordnet, dass dieser von oben betrachtet eine **runde äußere Form** erkennen lässt.
Verarbeitet man Werkstoffe gleicher Länge, entsteht automatisch eine runde Draufsicht und eine halbkreisförmige Seitenansicht. Durch Veränderung der Stiellängen lässt sich die seitliche Umrissform variieren.
Je dichter die Blumen stehen, umso deutlicher sind die Umrisslinien zu erkennen.

Höhe und Radius
Mit der Höhe der obersten Blüte bestimmen Sie gleichzeitig den Radius des Straußes, der die seitliche Ausprägung des Straußes vorgibt. Je höher Sie die Blüte in der Mitte anlegen, umso breiter wird der Strauß und umso mehr Werkstoffe werden benötigt.

Strauß mit Früchten
Auch Früchte machen in einem Biedermeierstrauß eine gute Figur. Beerenbüschel (Hagebutten, Eberesche) werden angedrahtet, kleine Äpfel und Birnen auf Holzspieße gesteckt. Dazwischen können Sie Buchs oder verschiedene Kräuter einbinden.

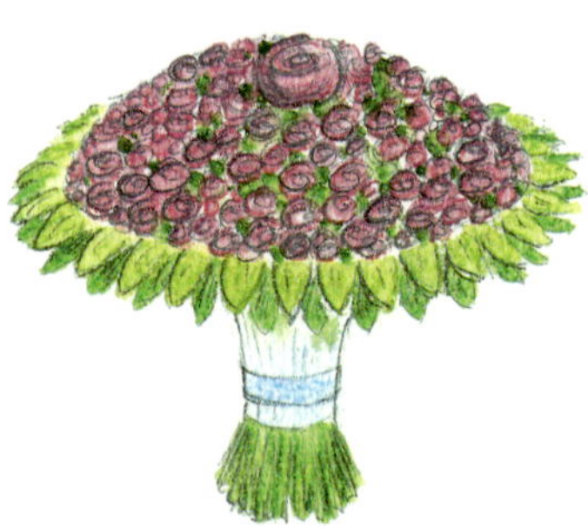

Biedermeierstrauß.

Grundsätzlich sollten die Werkstoffe in Form, Größe, Farbe und Textur **gleichmäßig und ausgewogen** eingesetzt werden. Die höchste Stelle des Straußes liegt genau in der Mitte. Zur **Betonung des Mittelpunkts** verwenden Sie eine schöne und große Blüte, um die Sie die anderen Blüten in Dreier-, Fünfer- oder Sechsergruppierungen usw. anlegen. Für runde Sträuße eignen sich **runde Blüten** (Rosen, Gerbera), die sich der Gesamtwirkung unterordnen. Der Umriss kann durch Verwendung runder Manschetten, Gerüstformen oder Blätter verstärkt werden, wobei Ranken und schwingende Gräser die Form auflockern.
Wichtigster Vertreter der runden, kompakt gebundenen Straußform ist der **Biedermeierstrauß**. Er gehört zu den ältesten Straußformen, besitzt immer eine runde, geschlossene, sehr geometrisch wirkende Außenform und ist der Formbinderei zuzuordnen. Charakteristische Merkmale sind der dichte Werkstoffeinsatz und die Symmetrie.
Zwei Arten des Biedermeierstraußes lassen sich unterscheiden:
Der halbkugelige **kuppelförmige Strauß** wird traditionell mit gleichmäßig im Strauß verteilten Werkstoffen gebunden. Beim spitzer verlaufenden **kegelförmigen Strauß** werden die Werkstoffe konzentrisch aufgereiht.
In jedem Fall werden kleinere, **kompakte Blütenformen** bevorzugt und

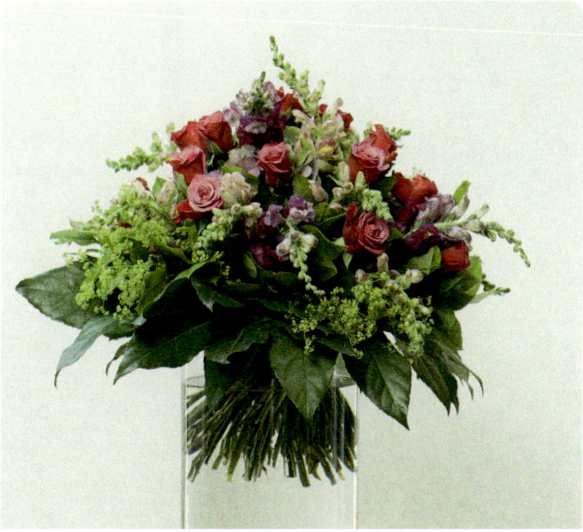

Aralienblätter bilden den äußeren Abschluss dieses Straußes.

Kopf an Kopf angeordnet. Nur dadurch bekommen die Blüten Halt und die typische, geometrische Umrissform kann entstehen.

Die natürlichen oder gedrahteten Stiele legen Sie bei einem Biedermeier immer **parallel** an. Breite Bindestellen sind erlaubt, der Bindebast kann mehrfach nebeneinander um die Stiele gebunden werden. Der Griff des Straußes bleibt dadurch gleichmäßig breit und lässt sich besser abwickeln.

Unverzichtbarerer Bestandteil des Biedermeiersträußchens ist die **Manschette**. Neben der traditionellen Spitzenpapiermanschette können Blätter, Stoffe, gehäkelte Spitze und beklebte Pappringe für den Straußabschluss sorgen. Auch **dekorative Materialien** (Perlen, Knöpfe) sowie angedrahtete Bonbons, Lollis, Tee, Gewürze oder gefaltete Geldscheine können Platz in einem Biedermeierstrauß finden. Und auch Bänder sind als romantisches Detail einsetzbar.

Biedermeiersträuße eignen sich als kleine Mitbringsel oder als Grundform für eine originelle Straußidee.

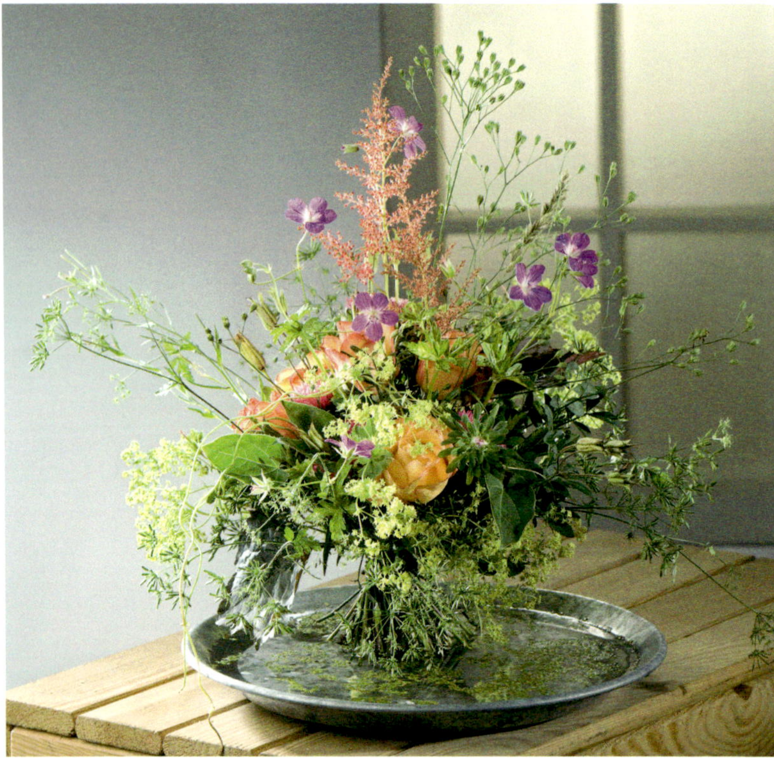

Für luftige Wiesensträuße bietet sich das locker aufgegliederte Binden an.

Runde, locker aufgegliederte Sträuße

Selbst bei aufgelockerten Sträußen, in denen mit **Höhen und Tiefen** gearbeitet wird, ist ein **relativ geschlossener tropfenförmiger Umriss** feststellbar.

Auch hier ist die Verteilung der Werkstoffe in Form, Größe, Farbe und Textur gleichmäßig und ausgewogen vorzunehmen. Jede Blumenart sollte im Strauß mehrmals und in verschiedenen Ebenen und Raumrichtungen mit Hilfe von **Staffelungen** verwendet werden. Das bedeutet, dass alle Blumen unterschiedlich lange Stiele besitzen oder unterschiedlich weit in den Strauß eingebunden werden. Dadurch stehen ihre Blüten auf verschiedenen Höhen. Im Randbereich des Straußes sollten Sie **seitlich ausschwingende Zweige und Blätter** anlegen. Selbst abfließende Bewegungen können verwendet werden. Die langen Blütenstände von Lilien, Gladiolen oder Rittersporn benötigen beispielsweise viel Raum, um sich zu entfalten. Runde Blütenformen von Rosen oder Dahlien hingegen werden kurzstielig nahe der Bindestelle angeordnet und betonen die Mitte des Straußes. Durch ihre sammelnde Kraft der Kreisbewegung ziehen sie optisch alle wegstrebenden Blüten zur Mitte und sorgen damit für einen Zusammenhalt.

Höhen und Tiefen schaffen
Die größeren Blüten werden mit kurzen Stielen nahe der Basis eingebunden, hoch gewachsene Blumen allseitig in den Raum. Ausschwingende Bewegungen vermitteln zwischen den oberen und unteren Straußbereichen.

Seitliche Umrissformen rund gebundener Sträuße:
1 Ein halbrunder Straußumriss ergibt sich aus vornehmlich runden Blütenformen, die sehr kompakt gebunden werden.
2 Locker, gegliederte Sträuße zeigen oft einen tropfenförmigen Umriss.

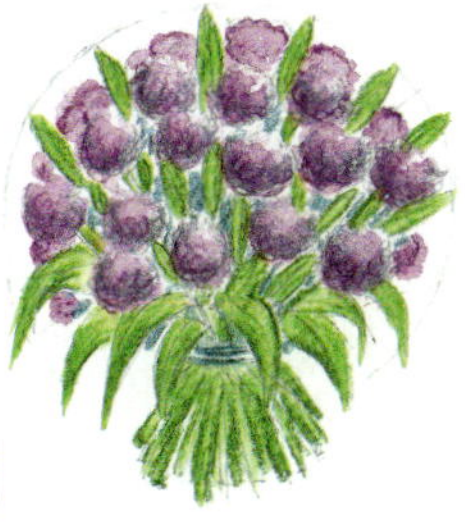
1

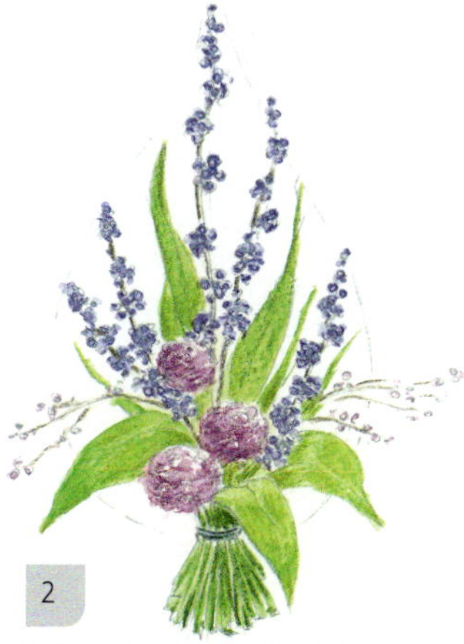
2

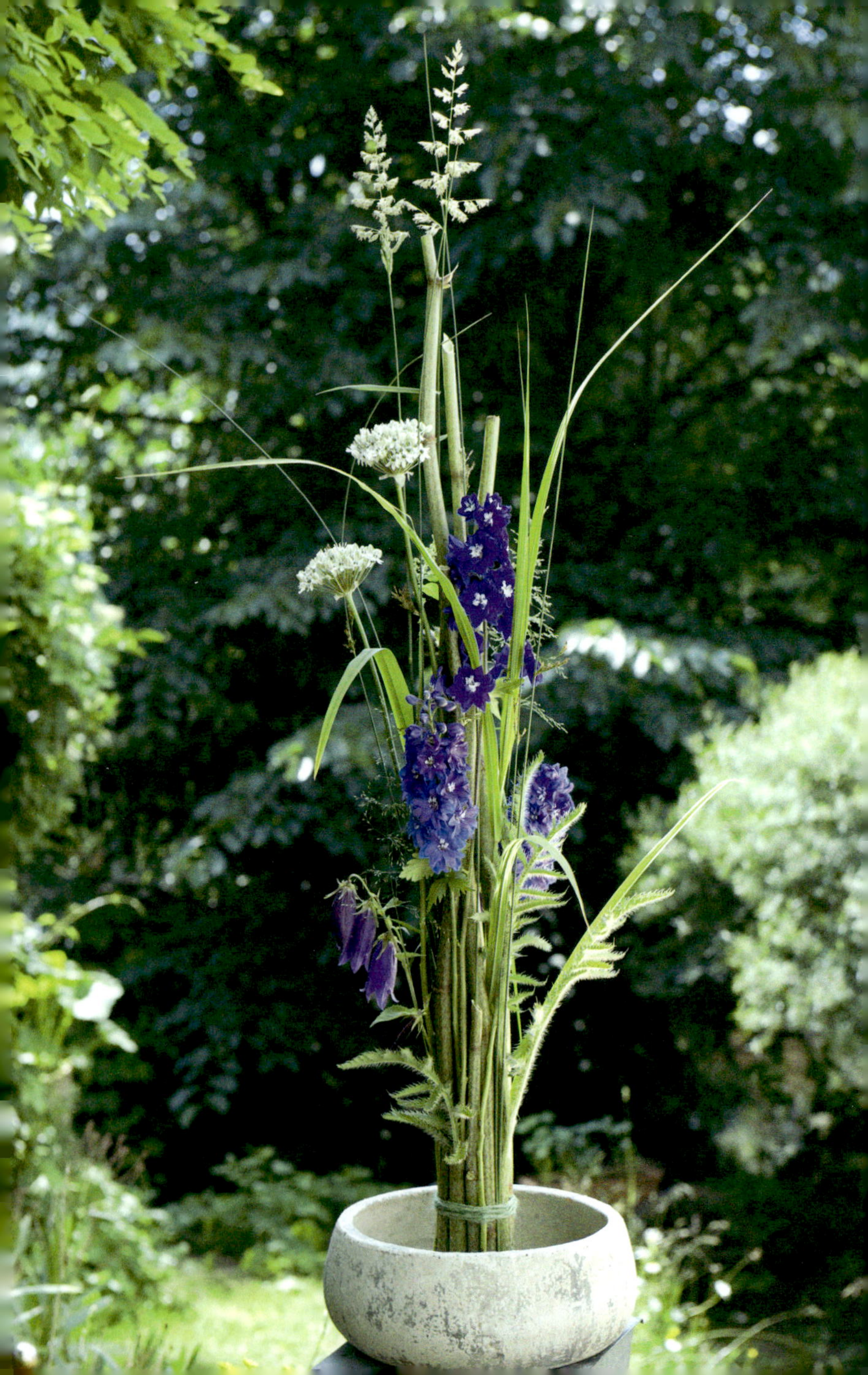

Parallel hoch gebundene Sträuße

Für parallel hoch gebundene Sträuße benötigen Sie **gerade, aufstrebende und streng wirkende Werkstoffe** wie Schachtelhalm, Gladiolen oder Rittersporn.
Parallelsträuße wirken **grafisch und konstruier**t, unabhängig davon, ob sie symmetrisch oder asymmetrisch gestaltet werden.
Die **Stielkonstruktion** sollten Sie in die Gestaltung bewusst einbeziehen. Neben einer fixierenden **Hauptbindestelle** können **weitere Bindestellen** erarbeitet werden, die jedoch nur gestalterische Wirkung besitzen.
Farbe und Stofflichkeit der **Bindematerialien** können als Akzent die Blütenfarben aufgreifen. Dafür empfehlen sich Naturbast, Kokosstrick, farbige Kordeln, Bänder und lange Ranken (Ackerwinde).
Das sorgfältige gerade Abschneiden der Stiele auf eine Länge sorgt dafür, dass der Strauß sicher steht und ausreichend Wasser aufnehmen kann. Steine, eingeklemmte Zweige oder ein Kenzan können zusätzlich verwendet werden, um die **Standfestigkeit** zu verbessern.
Parallel hoch gebundene Werkstücke entfalten besonders als **Stehsträuße** ihre ganze Wirkung und verlangen nach offenen, flachen Schalen.

Links: Mit langen geraden Werkstoffen wie Rittersporn und Halmen des japanischen Knöterichs lassen sich parallele Sträuße binden.

Formal-lineare Sträuße

Bei den grafisch gestalteten Sträußen stehen **Bewegungslinien** sowie **Flächen- und Körperformen** der Werkstoffe im Mittelpunkt der Gestaltung. Kontrastierende Formen und Linien werden spannungsreich miteinander kombiniert:

- aufstrebende Bewegungen mit abfließenden,
- lagernde Bewegungen mit ausschwingenden,
- lange, hohe Blütenformen mit kompakten.

Alle Werkstoffe benötigen **viel Freiraum** um sich herum, damit ihre Formen und Bewegungen erkennbar werden und bleiben. Wenige Werkstoffe oder eine betonte Bewegungslinie reichen aus.
Grafisch wirkende Sträuße werden meist **asymmetrisch gebunden**.

Blumen, Früchte und Blätter können Sie durch **Andrahten und Biegen** in die gewünschte Form bringen. Schmuckmittel werden je nach Geschmack und Anlass verwendet.
Im Wohnbereich wirken grafisch gestaltete Sträuße auf hohen Säulen oder Anrichten und wirken am besten vor einem neutralen Hintergrund.

Aufgebundene Einzelblüten

Allein die Blüte steht im Mittelpunkt. Eine dominierende Strelitzie, eine großblütige Rose oder eine kostbare Orchidee suchen das Zusammenspiel mit Gräsern, Blättern oder Ästen.
Die Einzelblume an sich benötigt **wenig Begleitung**, sodass Beiwerk nur dezent eingesetzt wird.
Aufgebundene Einzelblüten sind eine schöne Zugabe zu einem Geschenk, aber auch ein nettes Dankeschön für eine Einladung.

Die reduzierte Werkstoffauswahl erhöht die Extravaganz des formal-linearen Straußes.

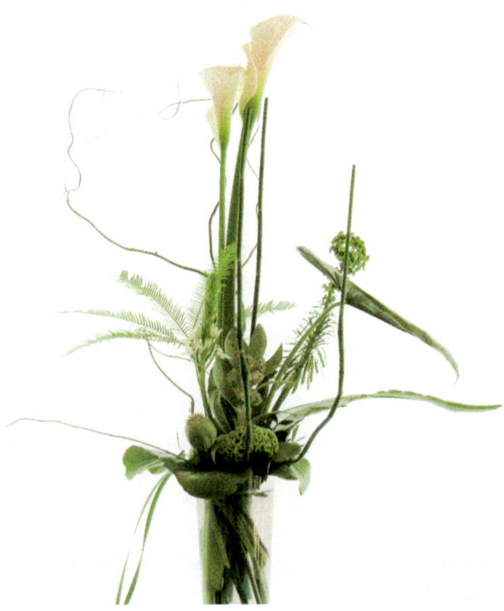

Bogenförmige Sträuße

Für einen bogenförmigen Strauß benötigen Sie **weit ausschwingende Werkstoffe** (Ginster, Fuchsschwanz, Gräser) und **abfließende Ranken** (Efeu, Ackerwinde). Die Bewegungen erfolgen bei einem **symmetrischen Strauß** gleichmäßig nach beiden Richtungen, bei einem **asymmetrischen** hingegen verstärkt nach einer Seite. Symmetrisch gearbeitete Sträuße wirken streng. Mehr Schwung ist in asymmetrischen Sträußen zu finden, deren Bögen sich von der Mitte ausgehend rechts und links in ihrer Ausdehnung nach dem Goldenen Schnitt richten. Die Proportion der beiden Seiten zueinander kann bei 1:2 oder 1:3 liegen, wobei Überstreckungen zu einer oder beiden Seiten weitere Gestaltungsmöglichkeiten eröffnen. Die **quer verlaufende Raumrichtung** wird in beiden Ordnungsarten durch einen **Bogen** in den Mittelpunkt gestellt. Die Gestaltung können Sie sich mit vorgeformten Gerüsten auch vereinfachen.

Genügen die vorgegebenen Bewegungen der Werkstoffe nicht Ihren Vorstellungen, bietet sich bei langen Tulpen oder Calla das **Stützen** von innen oder das vorsichtige **Biegen** der Stiele in der Hand oder unter fließendem Wasser an. **Bänder** können ebenfalls angedrahtet und eingebunden werden.

Alle Werkstoffe sollten Sie gut vorbereiten und nach ihren zugedachten Positionen im Strauß sortieren. Für die **Straußmitte** werden kompakte Blüten, Blätter oder Früchte dicht angelegt. Sie sind relativ unempfindlich und können die biegsamen Zweige und Ranken, die vereinzelt bereits in der Basis eingearbeitet werden, wegdrücken. Die breiteste Stelle des Straußes liegt im Bereich des Straußgriffs. Abschließend werden die weit ausschwingenden Werkstoffe an den **Seiten** angelegt. Schwierig ist es, eine gleichmäßige Bogenform ausschließlich mit Naturstielen zu arbeiten. Mit der **Mischtechnik** (natürliche und angedrahtete Stiele) ist ein Bogen besser zu bewerkstelligen. Diese Technik empfiehlt sich für locker gebundene Sträuße mit ausschwingenden Werkstoffen.

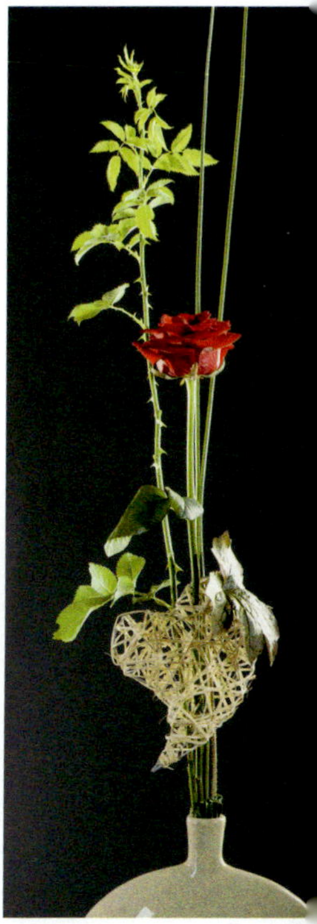

Eine Rose als einzelne Blüte aufgebunden mit wenig Beiwerk.

Links: Lavendelgarbe.

Rechts: Texturbetonter Strauß.

Garbenförmige Sträuße

Zu den Vorfahren der stehenden Sträuße gehören die auf „eigene Beine“ gestellten trockenen Lavendel- oder Rosensträußchen, die bereits in viktorianischer Zeit modern waren.

Garben können aus Getreide, Lavendel, Rosen und anderen **frischen oder trockenen Werkstoffen** gebunden werden. Wichtig ist, viel Werkstoff bereitzuhalten. Legen Sie sich je nach gewünschter Größe der Garbe fünf oder mehr gleich große **Bündel** zurecht. Ein etwas größerer Bund bildet den Mittelpunkt und sollte etwas kürzer als die anderen sein, damit die Garbe auf den äu-

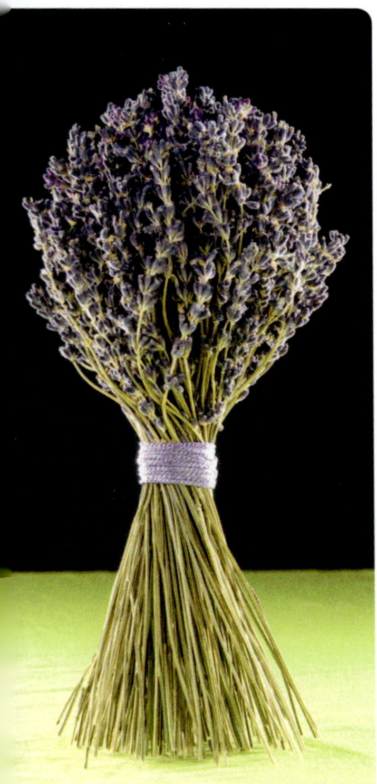

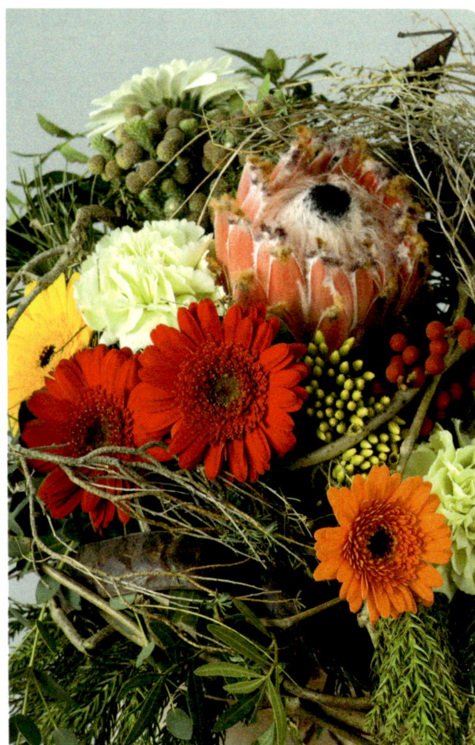

ßeren Halmen gut stehen kann. Den **Mittelbund** binden Sie mit Rebdraht oder Schnur fest zusammen.
Der Draht kann zwischendurch jeweils abgebunden werden, alternativ lassen Sie ihn bis zur Fertigstellung mitlaufen.
Zum mittleren Bund nehmen Sie einen nächsten und legen ihn schräg gegen den mittleren an, ähnlich dem Binden eines spiralförmigen Straußes. Die weiteren Bunde werden gleichmäßig schräg angelegt und jeweils am mittleren festgeknotet.
Prüfen Sie abschließend, ob die Garbe **gleichmäßig rund** angelegt wurde und alle Bündel fest miteinander verbunden sind.
Zum **Aufstellen** werden alle Halme oder Stängel fächerförmig auseinander gespreizt.
Je nach Größe des Stehstraußes können auch alle Stiele einzeln spiralförmig angelegt werden, wie bei einem rund gebundenen Strauß.
Frisch verarbeitete Blumen stellen Sie in flache, mit Wasser gefüllte Gefäße und Sträuße aus trockenen Werkstoffen einfach auf eine ebene Fläche.

Texturbetonte Sträuße

Die Straußoberfläche wird meist in **unterschiedlich großen Flächen** aus Blüten, Blättern, Früchten oder nichtpflanzlichen Materialien gestaltet.
Um die Textur des Straußes hervorzuheben, sollten nur **wenig voneinander abweichende Farbtöne** verwendet werden. Kräftige Farben lenken ab.
Die größte Werkstoffauswahl bietet der Herbst. Rosen, Hortensien, Strohblumen und Disteln dürfen eintrocknen und behalten ihre Ausstrahlung über die Wintermonate hinweg.
Außerdem verführen diese Sträuße nicht nur unsere Augen, sondern regen unseren Tastsinn an.
Die Formen texturbetonter Sträuße können völlig unterschiedlich sein: rund, abfließend, bogen- oder pyramidenförmig.

Gerüststräuße

Ein Gerüst sollte **sichtbar** und sich **proportional** gut in den Strauß einfügen. Als pflanzliche Werkstoffe stehen Äste, Ranken und Gräser und zum Verbinden Naturbast und Drähte zur Auswahl.

Im Handel erhalten Sie auch eine Vielzahl bereits vorgefertigter Gerüstformen.

Alle Blumen und Blätter werden vorsichtig durch das Gerüst gesteckt und in der Regel spiralförmig angelegt und gebunden.

Einfaches Gerüst

Biegen Sie einige Äste oder Ranken zu einem Ring und fixieren Sie ihn mit Rebdraht. Dann drahten Sie drei Steckdrähte in gleichmäßigen Abständen am Gerüstring an und führen sie zur Mitte. Von der Mitte aus werden alle Drähte im rechten Winkel nach unten umgebogen und miteinander verdreht.

Die Tulpen werden vorsichtig durch das Gerüst gezogen und spiralförmig angelegt.

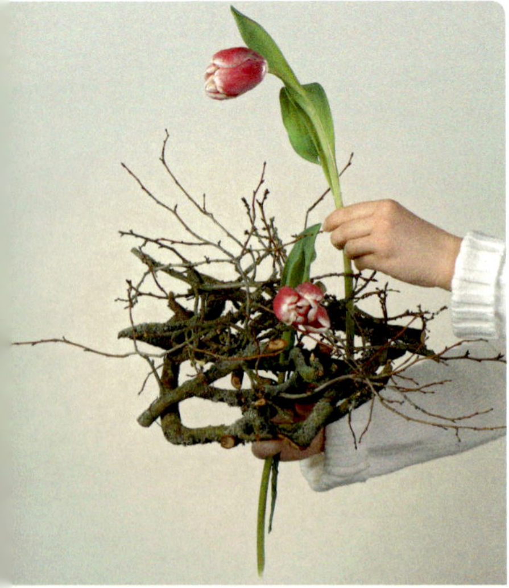

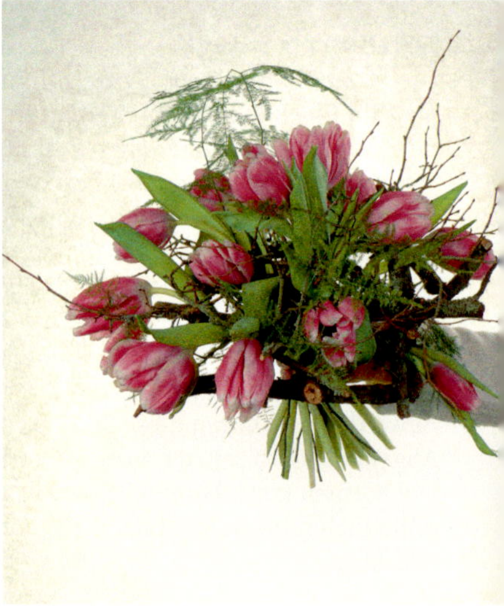

Manschettensträuße

Manschetten gehören traditionell zu den **Biedermeiersträußen**.

Heute gibt es **viele moderne Varianten** aus verschiedenen Werkstoffen und Materialien. Als Unterkonstruktion wird oft ein Pappring verwendet und mit Papier, Zweigen, Moos oder Bändern beklebt oder umwickelt.

Je nach Größe sollte die Manschette mit mindestens drei abgetapten Steckdrähten ausgestattet sein. Die Werkstoffe werden vorsichtig in den Innenraum der Manschette

Ein Strohrömer wurde mit Schneewatte umhüllt und dient hier als winterlich wirkende Manschette.

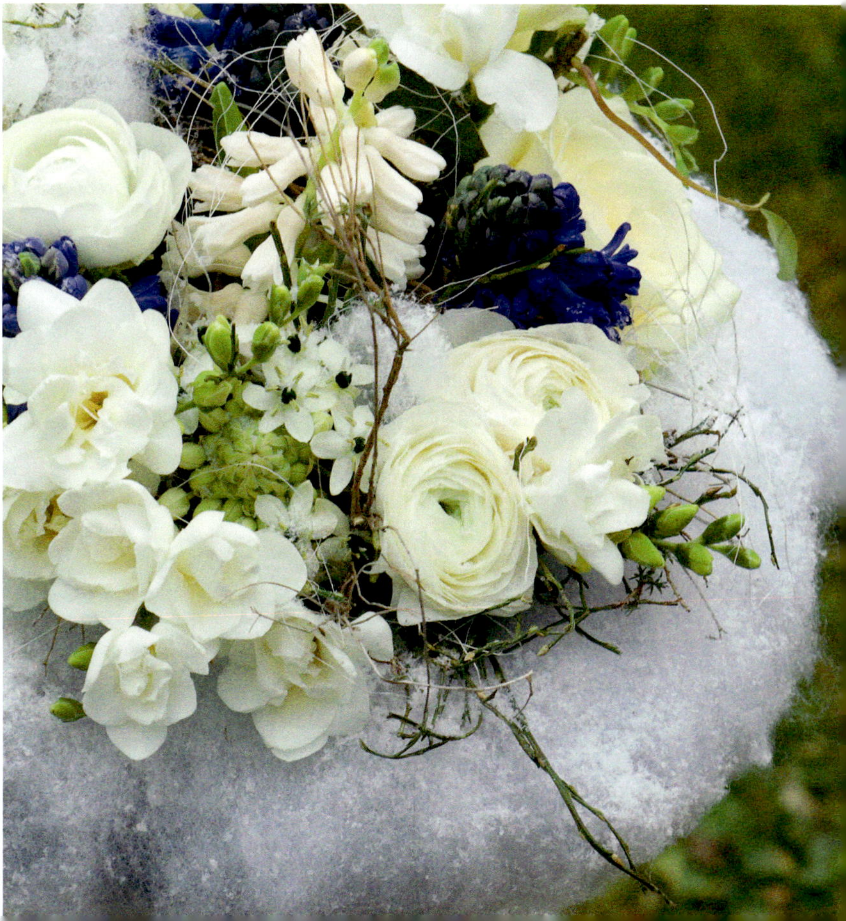

Proportion Strauß und Manschette.

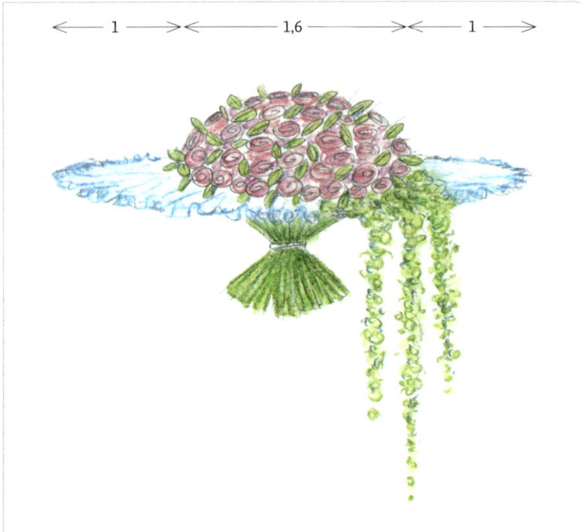

eingefügt. Strauß und Manschette bilden eine optische Einheit, deren Proportionen ausgewogen sein sollten.
Im Unterschied zu einem Gerüst ist eine Manschette im Innenraum frei und bildet nur einen äußeren Abschluss. Die Werkstoffe werden wie beim Biedermeierstrauß **kompakt und meist parallel** angeordnet. Wenn der Strauß natürlich und locker wirken soll, können Sie ihn auch **spiralig** binden.
Wirkt die Manschette sehr klar und ruhig, darf der Strauß lebhaft gestaltet werden. Bildet dagegen die Manschette den Blickfang, beschränken Sie sich im Strauß besser auf eine Farbe oder eine Blumenart.

Gekauftes Hilfsmittel

Anfänger sollten das Straußbinden mit Hilfe eines fertig gekauften Gerüstes oder einer Manschette ausprobieren. Diese Hilfsmittel liegen in der Regel sehr gut auf der Hand, sodass Sie die Werkstoffe gut durchziehen und arrangieren können.

Grünsträuße

Diese Basis-Straußvariante hat sich erst in den letzten Jahren etabliert. Im Blumenladen bietet sie den Floristen die Möglichkeit, Grünsträuße für verkaufsstarke Zeiten vorzubinden, um später die vom Kunden gewünschten Blumen einzufügen.
Auch in der Hobbyfloristik kann dieser Straußtyp von Interesse sein. In einem Garten fällt übers Jahr allerlei Schnittgrün, Äste, Gras oder Hortensienblüten an. Besonders reizvoll sehen zudem Sträuße mit unterschiedlichen Blättern oder Kräutern aus.
Später nehmen Sie nur den vorbereiteten Grünstrauß in die linke Hand und stecken mit der rechten die frischen Schnittblumen ein, und zwar jeweils von links oben nach rechts unten und von vorn oben nach hinten unten. Das Einstecken der Blumen entspricht genau der Stielführung Ihres Grünstraußes, der spiralig vorgebunden wurde. Wichtig ist, dass die Stielenden ohne Blätter, Stacheln und Nebentriebe sind, um sie ohne Beschädigungen in den Grünstrauß einzuführen.

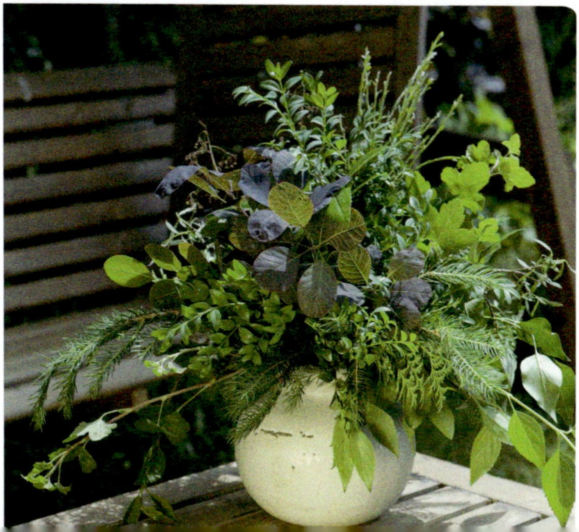

Dieser Strauß besteht ausschließlich aus Zweigen, die bei Schnittmaßnahmen im Garten angefallen sind.

Gestecke

Gestecke sind neben den Sträußen die am häufigsten gestalteten Werkstücke. Für ein Gesteck benötigen Sie nicht nur pflanzliche Werkstoffe, sondern meist auch ein Gefäß und auf jeden Fall eine Steckhilfe. Beliebt ist das Stecken in industriell gefertigten Steckschaum aber es gibt auch alternative Steckhilfen.

Steckschaum

Der Klassiker unter den Steckhilfsmittel ist der Steckschaum. Er ist sehr stabil, unkompliziert in der Verarbeitung und in vielen vorgefertigten Formen erhältlich.

Sommerliches Gesteck mit Rosen und Erdbeeren.

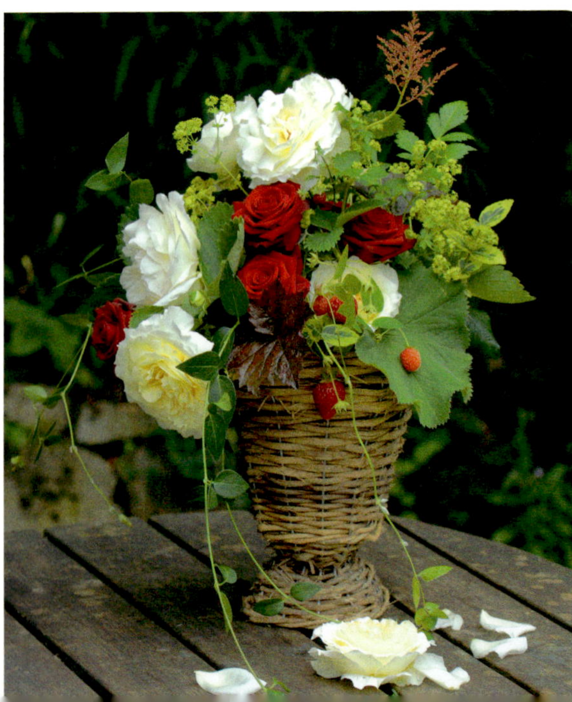

Steckschaumarten

Der **grüne Blumensteckschaum** kann über 95 % seines Volumens an Wasser aufnehmen und versorgt darum frische Blumen und Blätter optimal mit Wasser.

Damit in Schaum gesteckte Blumen ausreichend mit Wasser versorgt werden, stecken Sie die Stiele weit nach unten durch und füllen Sie so hoch wie möglich Wasser in das Gefäß.

Wegen seiner hohen Zelldichte ist **farbiger Steckschaum** besonders gut für die Verarbeitung fester, frischer Stiele geeignet. Er ist technisches Hilfsmittel und dient auch als gestalterisches Element, muss also im Gegensatz zur grünen Steckmasse nicht unbedingt kaschiert werden. Allerdings hat sichtbar verarbeiteter farbiger Steckschaum eine große Verdunstungsfläche, sodass die Wasserversorgung täglich überprüft werden muss.

Grauer Trockensteckschaum ist für die Verwendung von trockenen pflanzlichen Werkstoffen und Seidenblumen vorgesehen. Er wird nicht gewässert.

Ansonsten gelten für das Einsetzen des Schaums in Gefäße und das Kaschieren die gleichen Regeln wie für grünen Steckschaum.

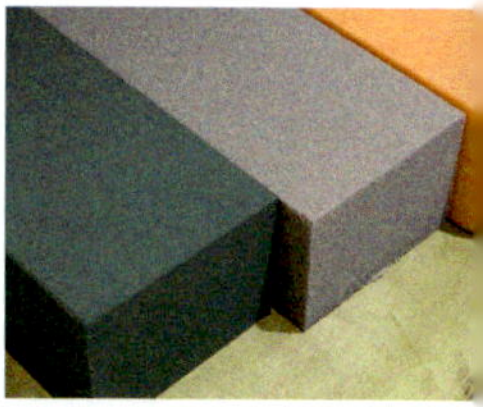

Es gibt nicht nur grüne und graue Steckmasse, sondern auch farbige.

Wässern

Zum Wässern von **grünem oder farbigem Steckschaum** füllen Sie eine große, nicht zu flache Wanne oder Schüssel mit Wasser. Geben Sie **Schnittblumennahrung** dazu, damit die Blumen lange frisch bleiben. Dann legen Sie den Schaum flach aufs Wasser. Er sinkt innerhalb einer Minute ein und saugt sich dabei voll. Die kleinen Zellen des Steckschaums nehmen nur Wasser auf, wenn die Luft ungehindert entweichen kann. Darum darf man ihn nicht hochkant in einen engen Eimer stellen oder unter Wasser drücken. Auch das Übergießen ist sinnlos, denn dabei werden nur die äußeren Zellen durchfeuchtet, während aus den inneren die Luft nicht entweichen kann. Der Steckschaum bleibt in der Mitte trocken und die Werkstoffe werden nicht mit Wasser versorgt.

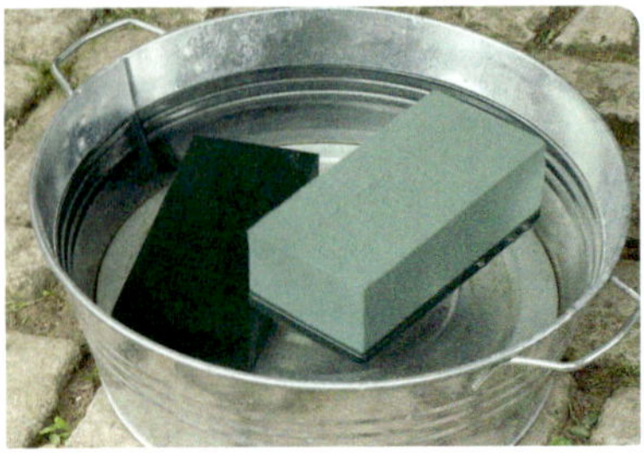

Um den Steckschaum auf das Wasser zu legen, benötigen Sie ausreichend große und tiefe Gefäße. Wannen sind dafür ideal.

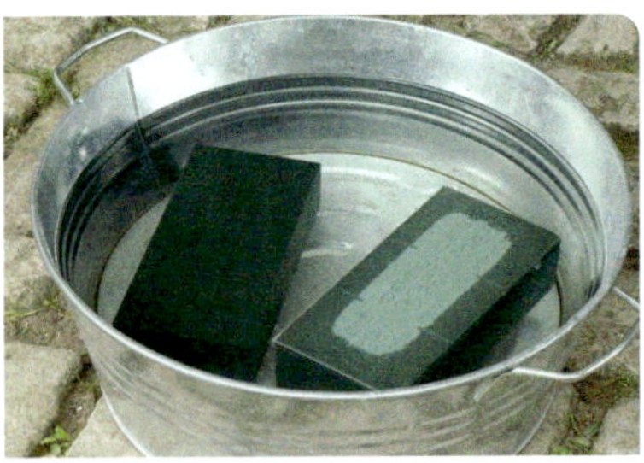

Der Steckschaum saugt sich allein voll Wasser. Er darf auf keinen Fall heruntergedrückt werden.

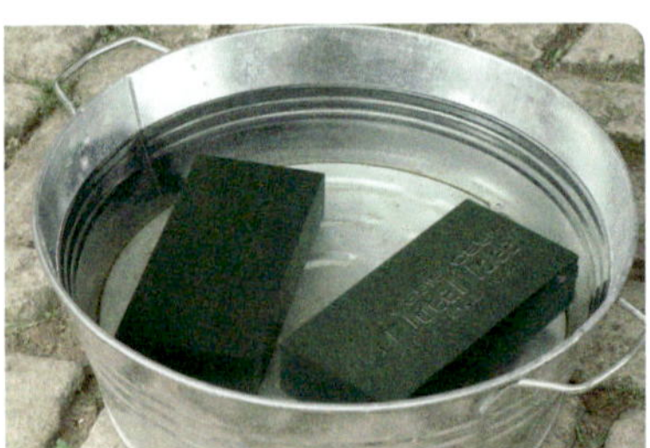

Es ist zu erkennen, wenn der Schaum sich vollständig mit Wasser vollgesaugt hat.

Steckmasse sollte in **trockenem Zustand** auf die benötigte Größe **zugeschnitten** und dann gewässert werden. Schneidet man ihn erst nach dem Wässern zurecht, fallen meist feuchte Reststücke an, in denen sich schnell Fäulnisbakterien ansiedeln können.Der gut gewässerte Steckschaum wird bei Bedarf noch einmal nachgeschnitten.
Die dabei abgeschnittenen kleinen **Reststücke** der Steckmasse werden entsorgt. Es hat keinen Sinn, diese noch in das Gefäß zu zwängen, denn sie nützen weder der Wasserversorgung noch finden Stiele in ihnen Halt.

Verarbeitung
Die **Größe** des Steckschaums sollten Sie dem Gefäß und der Art Ihres Arrangements anpassen, um eine **gute Haltbarkeit und Festigkeit** zu gewährleisten.
Auch inwieweit der Steckschaum in das Gefäß eingesenkt wird oder über dessen Rand hinausragen muss, hängt von der vorgesehenen Gestaltung sowie Größe und Form des Gefäßes ab.
Sollen die Blätter und Blüten bei **dekorativen Gestecken** seitlich geschwungen weit nach außen verlaufen, sollte die Steckmasse einige Zentimeter über das Gefäß hinausreichen. Für **vegetativ gestaltete Gestecke** mit aufstrebenden Werkstoffen kann der Gefäßrand höher als der Steckschaum sein.

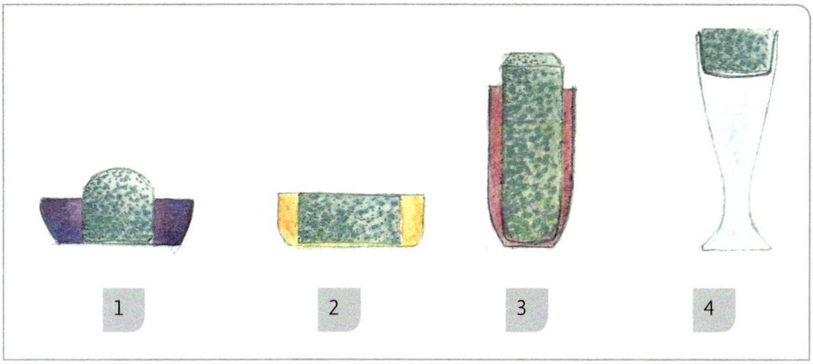

Steckschaum in Gefäßen:
1 dekorative Gestecke
2 vegetative Gestaltungen
3 tiefe Gefäße
4 Glasgefäße.

Bei **konisch nach unten zulaufenden Gefäßen** muss die Steckmasse so zugeschnitten sein, dass sie sich verjüngt. Setzen Sie dann mit leichtem Druck die Steckmasse in das Gefäß. Dann schneiden Sie die Kanten und Ecken schräg an oder runden sie leicht ab. In **hohen Glasvasen** wird die Steckmasse kaschiert oder in ein zweites Gefäß gegeben, das in die Vase gehängt wird. Etwas **Abstand zwischen Steckmasse und Gefäß** sollte immer berücksichtigt werden, um Wasser nachzugießen.

Geeignete Gefäße

Für Gestecke können die verschiedensten Gefäße verwendet werden, sofern Form, Farbe, Oberfläche, Material und Stil zueinander passen. Für nasse Steckmasse sollten **wasserdichte Gefäße** verwendet werden. Durchlässige Gefäße wie Tontöpfe oder Körbe können Sie mit einer stabilen Folie auslegen, alternativ stellen Sie ein einfaches Gefäß aus Kunststoff hinein. Für kleinere Gestecke reicht es aus, die Steckmasse in einen **Gefrierbeutel** zu legen oder mit normaler **Haushaltsfolie** zu umwickeln, bevor sie in das Gefäß eingelegt wird. Die Folie muss dabei so um die Steckmasse gewickelt werden, dass an den Seiten kein Wasser herausläuft. Zum Fixieren genügt Gummi- oder Klebeband. Die Oberseite des Steckschaums bleibt frei und wird etwas abgerundet.

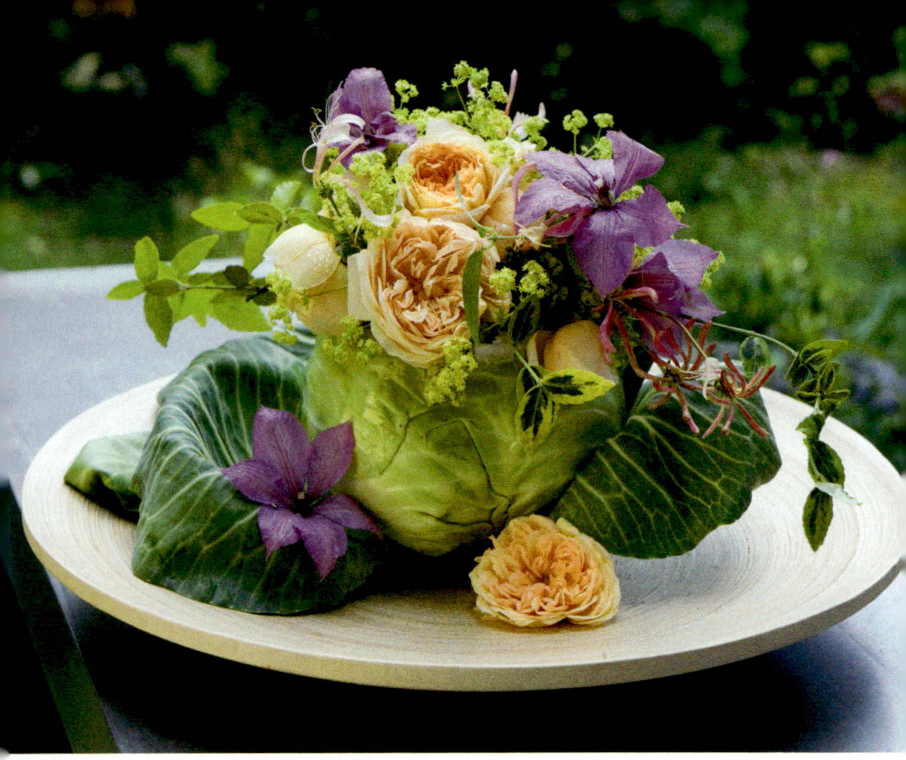

Auch ein ausgehöhlter Kohlkopf kann als Gefäß dienen.

Große, lange und hohe Gefäße

1 Zuerst wird die Steckmasse wie gewohnt in das Gefäß eingefügt.
2 Für besonders große und weite Gefäße verwenden Sie mehrere Steckschaumziegel, die mit Holzspießen zusammengesteckt werden.
3 Weitere Steckschaumziegel werden obenaufgestellt und mit Holzstäben befestigt. Wenn Ihr Steckschaumturm allerdings zu hoch wird, besteht die Gefahr, dass das Wasser nach unten durchfließt. Das lässt sich vermeiden, indem man Folie dazwischen legt, damit auch der obere Teil möglichst lange mit Wasser versorgt ist.
4 Der besseren Festigkeit wegen sollten Sie die zusammengefügten Ziegel zusätzlich mit Maschendraht umhüllen.
5 Nun können Sie mit dem Stecken der Werkstoffe beginnen.

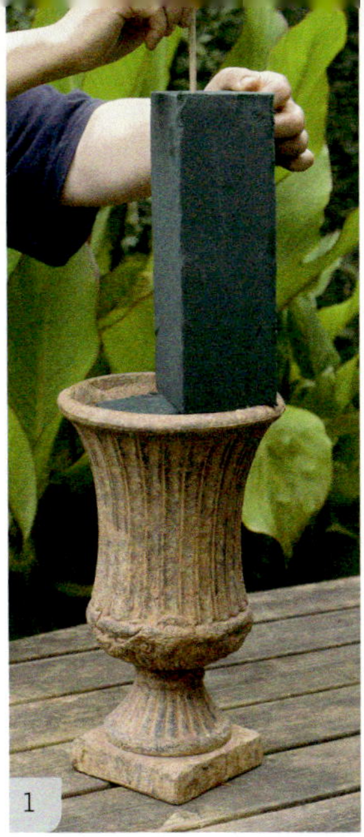

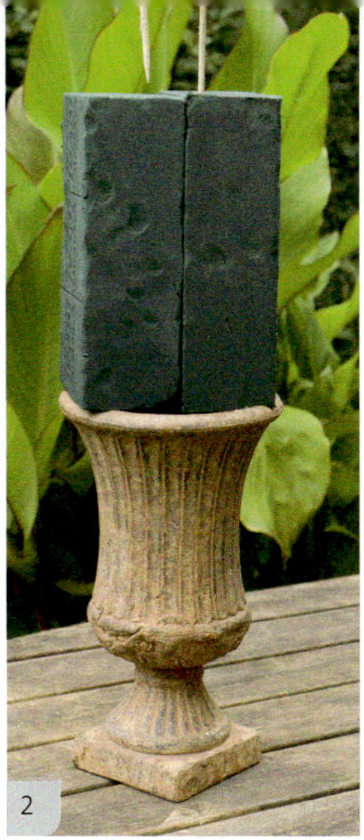

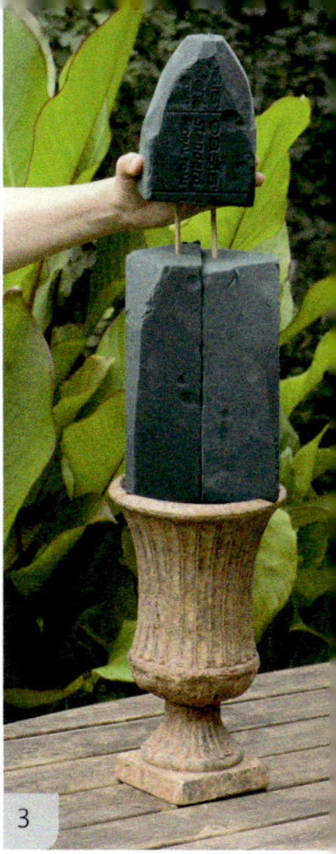

1,2 Die Steckmasse wird in das Gefäß eingefügt.
3 Für die Kegelform wird ein Ziegel obenaufgestellt und mit Stäben befestigt.
4 Maschendraht gibt der Steckmasse Halt.
5 Einsteckrichtung der Buchs-Äste.

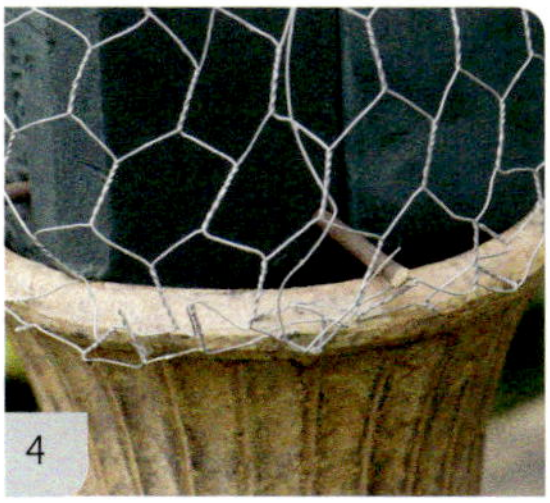

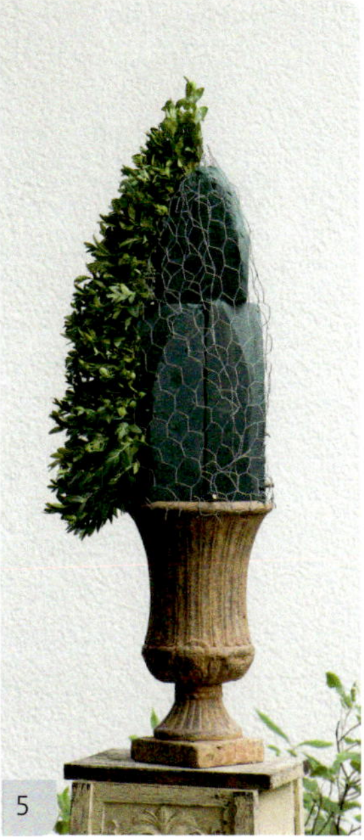

Verstärkung mit Maschendraht
Maschendraht gibt nicht nur Gebilden aus mehreren Steckschaumblöcken mehr Stabilität. Wenn Sie sehr dicke oder schwere Stängel verwenden, verhindert eine Umhüllung mit Maschendraht, dass der Steckschaum zerbricht.

Flache Schalen

Sollen flache Schalen für vegetative Gestecke komplett mit Steckmasse ausgefüllt werden, muss diese exakt zugeschnitten und eingepasst werden. Die Oberseite wird knapp unterhalb des Schalenrandes gerade abgeschnitten und mit Sand kaschiert.

Der Gefäßrand sollte etwas über den Steckschaum hinausstehen, um problemlos Wasser nachfüllen und den Boden gestalten zu können.

In weiten, flachen Schalen, in die sich der Steckschaum nicht einklemmen lässt, befestigen Sie einen Pinholder, um dem Schaum Halt zu geben. Formen Sie aus etwas Klebemasse einen Ring, den Sie an die Unterseite des Pinholders kleben. Wenn Sie die Klebemasse über einer Flamme kurz erwärmen, haftet sie besser und hält den Pinholder wie einen Saugnapf zuverlässig auf dem Gefäßboden fest.

Nun wird der Pinholder mit der flachen Seite nach unten dort an den Gefäßboden gedrückt, wo der Steckschaum platziert werden soll. Bei Verwendung mehrerer Steckschaumblöcke ist der Einsatz weiterer Pinholder zu empfehlen. Der Schaum wird auf die Stifte aufgesetzt und vorsichtig herabgedrückt, bis er vollständig und dicht auf dem Schalenboden aufliegt.

Zusätzlichen Halt können Steine bieten, die um den Steckschaum gelegt werden. Sie besitzen gleichzeitig gestalterischen Wert und sollten unbedingt zu der Art des Gestecks passen.

In einer Schale mit senkrechten Wänden könnten Sie die Steckmasse auch mit Zweigstücken fixieren. Berücksichtigen Sie dabei die Stärke der verwendeten Zweige sowie die Dicke und Festigkeit des Gefäßes.

Haben Sie keine Pinholder zur Hand, kann der Steckschaum auch mit einem wasserfesten Band an einer Schale befestigt werden. Wie eine Paketschnur wickeln Sie das Band fest um Steckmasse und Schale. Alternativ können Sie ein anderes gut haltbares Klebeband verwenden, wobei die Klebestellen an der Schale mit Blättern verdeckt werden.

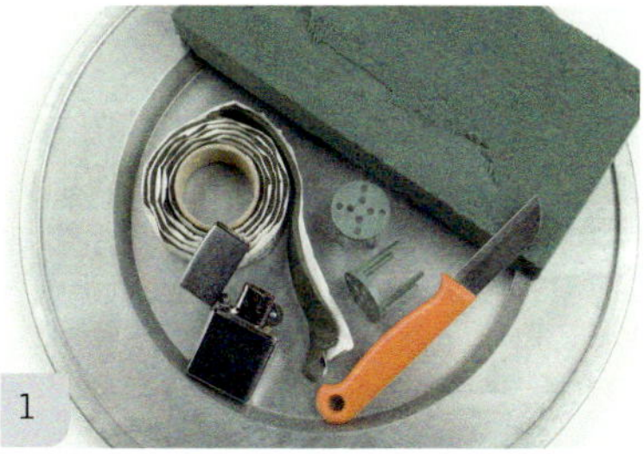

1

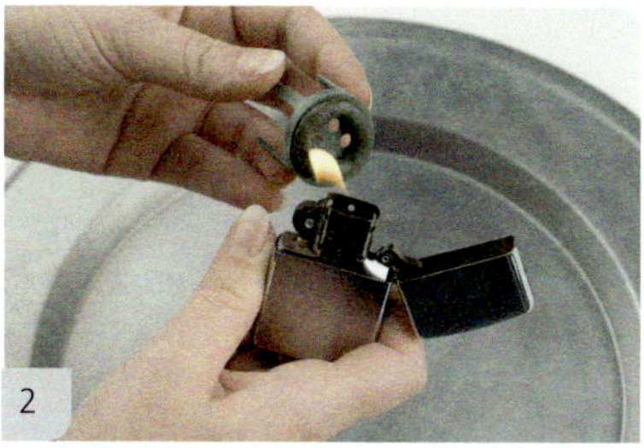

2

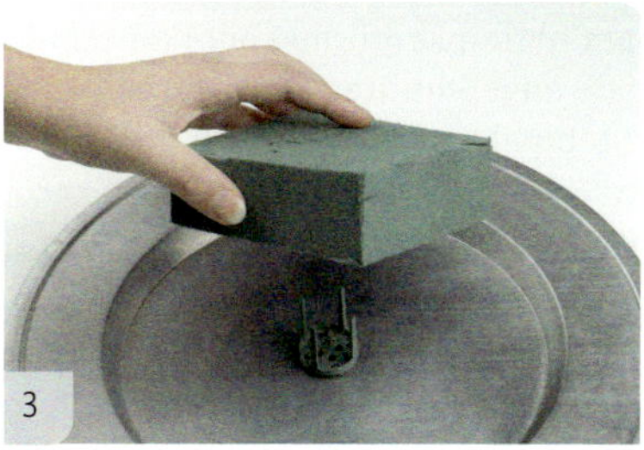

3

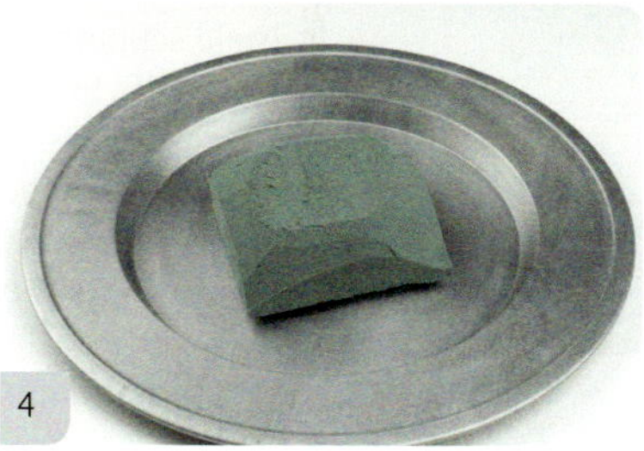

4

1 Pinholder werden für flache Schalen verwendet.
2 Ein Stück Klebemasse wird ringförmig auf den Boden des Pinholders geklebt und über einer Flamme kurz erwärmt. Nun kann der Pinholder fixiert werden.
3 Die Steckmasse wird auf dem Pinholder aufgesetzt.
4 Abschließend sollte die Steckmasse etwas abgerundet werden.

Glasgefäße

In transparenten Glasgefäßen muss grüne und graue Steckmasse sorgfältig kaschiert werden. Dazu eignen sich größere Blätter, Moos, Früchte sowie kleine Steine, Natur- und Dekosand, Granulate oder wasserfestes Dekogewebe. Werkstoffe und Materialien, die zum Kaschieren verwendet werden, dürfen die Haltbarkeit der Blumen nicht beeinträchtigen und nicht abfärben. Gerade in Glasgefäßen sehen Trübungen des Wassers durch Bakterienbildung unschön aus. Durch Zugabe von Frischhaltemitteln ins Wasser lassen sie sich zum Glück vermeiden.

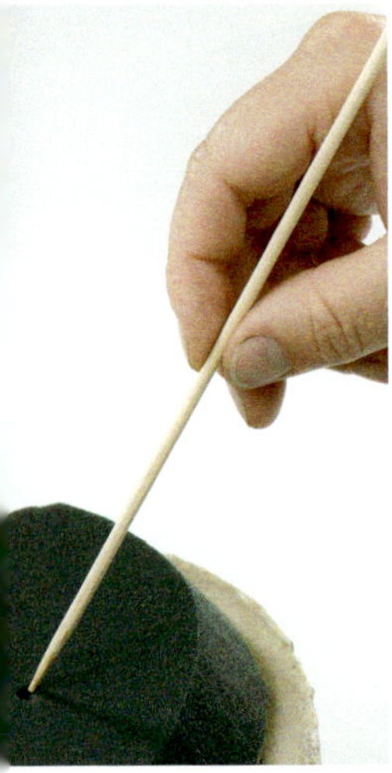

Für weiche Stiele sollten Sie unbedingt mit einem Holzstab ein Loch in die Steckmasse vorstechen.

Technik des Steckens

Bevor Sie mit dem Stecken der Floralien beginnen, entfernen Sie Blätter, Nadeln, Seitentriebe und Verdickungen. Kräftige Blätter und Seitentriebe können Sie zunächst zur Seite legen und später als Füllmaterial verwenden.

Die Stiele werden etwa 2 bis 3 cm lang mit einem scharfem Messer **schräg angeschnitten**, um das Einstecken der Stängel in den Steckschaum zu erleichtern und die Wasseraufnahme zu verbessern. Schwere und verholzte Stiele schneiden Sie am besten keilförmig an. Keinesfalls dürfen die Stiele gerade angeschnitten werden, denn dann wirken sie wie Stempel und beschädigen die Zellstruktur der Steckmasse.

Die Stiele werden etwa **5 bis 10 cm tief** in die Steckmasse **eingesteckt**. Die genaue Tiefe hängt natürlich vom Werkstoff und der Gefäßhöhe ab.

Für empfindliche, dicke und weiche Stiele (Calla, Hyazinthen, Amaryllis) empfiehlt es sich, mit einem angespitzten, stabilen Stab Löcher in den Steckschaum **vorzustechen**. Damit die Stiele guten Halt finden, sollten Loch- und Stieldurchmesser möglichst übereinstimmen.

Blätter und Blüten sollten von vornherein **richtig platziert** werden. Das Herausziehen und erneute Einstecken der Werkstoffe machen den Steckschaum brüchig und vermindern damit seine Brauchbarkeit.

Einsteckrichtung und Menge der Werkstoffe spielen eine große Rolle. Seitlich eingesteckte Stiele dürfen nicht auf der anderen Seite der Steckmasse herausragen und bereits eingesteckte Stiele blockieren.

Stecken Sie auch nicht zu viele Stiele zu dicht nebeneinander, sonst bricht die Steckmasse auseinander und bietet keinen weiteren Halt mehr. Jeder Stiel muss von ausreichend Steckmasse umgeben sein.

Reicht bei höheren Gestecken die natürliche Länge der Werkstoffstiele nicht aus, können Sie **Wasserröhrchen** an Stäben befestigen und die Stäbe wie Blumenstiele in das Gesteck einarbeiten.

Alternative Steckhilfsmittel

Alternative Steckhilfsmittel können unterteilt werden nach ihrem **technischen** und **gestalterischen** Einsatz. Daneben unterscheidet man zwischen **künstlich hergestellten Steckhilfsmitteln** (Drahtgitter, Steckigel, Glaskugeln, Dekosand) und **natürlichen Steckhilfen**.
Natürliche Steckhilfen können mineralischer Natur (Sand, Kiesel, Steine, Muscheln) oder pflanzlichen Ursprungs (Zweige, Stängelabschnitte, Ranken, Moos) sein. Ihr größter Vorteil neben der naturnahen Ausstrahlung ist die Kompostierbarkeit.
Bei der Wahl einer Steckhilfe sollten Sie darauf achten, dass sie **formstabil** ist und es bei Belastung auch bleibt, dass sie nicht ausfärbt oder das Wasser verunreinigt. Pflanzliche Steckhilfen sind anfällig für Fäulnis, dem kann aber in gewissem Maß durch häufiges Wasserwechseln und Verwendung von Frischhaltemitteln entgegengewirkt werden.
Weil alternative Steckhilfsmittel als **sichtbarer Teil der Gestaltung** verarbeitet werden, müssen sie gut auf das Gefäß und die sonstigen verwendeten Werkstoffe abgestimmt sein. Steckhilfsmittel können senkrecht oder waagerecht in die Gefäße integriert werden, man kann sie in Gefäße einlegen, auf den Gefäßen platzieren oder Konstruktionen gestalten und diese wiederum in oder auf ein Gefäß setzen.

Rechtzeitige Vorbereitung
Die Werkstoffe können bereits einige Stunden zuvor oder am Vortag vorbereitet und tief ins Wasser eingestellt werden. Dann haben sie reichlich Zeit, sich voll zu saugen, und erhalten eine optimale Saftspannung.

Zum Stecken ungeeignet?
Einige Blumen eignen sich nicht zum direkten Stecken in Steckmasse. Orchideen, Alpenveilchen, Christrosen und Hortensien besitzen eine zu schwache Saugkraft, um Wasser aus dem Steckschaum aufzunehmen. Sie können trotzdem verarbeitet werden, wenn man sie in Orchideenröhrchen oder Reagenzgläser einsetzt, die ihrerseits in die Steckmasse eingesteckt werden können. Vergessen Sie nicht, den Wasserstand regelmäßig zu kontrollieren.

Vertikale Verarbeitung

Für die Verarbeitung von **geraden Ästen** (Hartriegel, Weide) und Stängelabschnitten (Japanischer Knöterich) eignen sich **Gefäße mit senkrechter Außenwand**. Vorgeschnittene Stiele werden senkrecht in ein Gefäß eingesetzt, bis es vollständig ausgefüllt ist. Möglich ist auch, Äste, Halme und Hölzer zu bündeln oder panflötenartig anzuordnen. Blumen können dann in die entstandenen Hohlräume, Halmabschnitte oder in integrierte Röhrchen eingesteckt werden.

Horizontale Verarbeitung

Guten Halt für **schwere, große Blumen** (Pfingstrosen, Sonnenblumen) erreicht man durch horizontal verarbeitete Steckhilfsmittel. Die Zweige können gerade oder krumm gewachsen sein und werden **waagerecht** in ein Gefäß eingeklemmt oder aufgelegt. Für Glasgefäße ist das Einklemmen nicht zu empfehlen, da das Glas durch den Druck der Zweigstücke auf die Gefäßwand brechen kann. In diesem Fall ist das Auflegen günstiger.
Für einfache Vasenfüllungen bieten sich auf dem Gefäßrand befestigte **Gitter** aus miteinander verbundenen Stängeln oder verzweigten Gehölztrieben (Schlehen, Obstbaumzweige) an.

Selbst Reagenzgläser können als Steckhilfe genutzt werden.

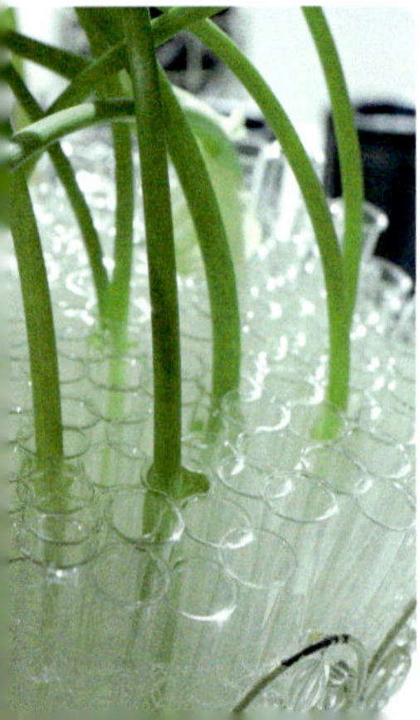

Weitere Alternativen

Gerüste aus **geschmeidigen Werkstoffen** (Weide, Birke, Hartriegel) lassen sich in gebogener Form gut in bau-

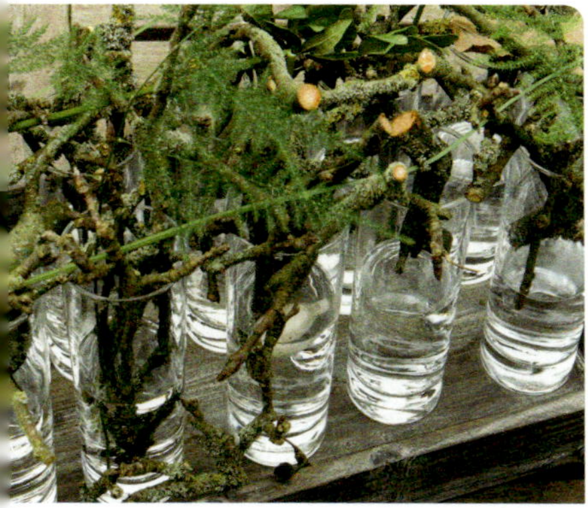

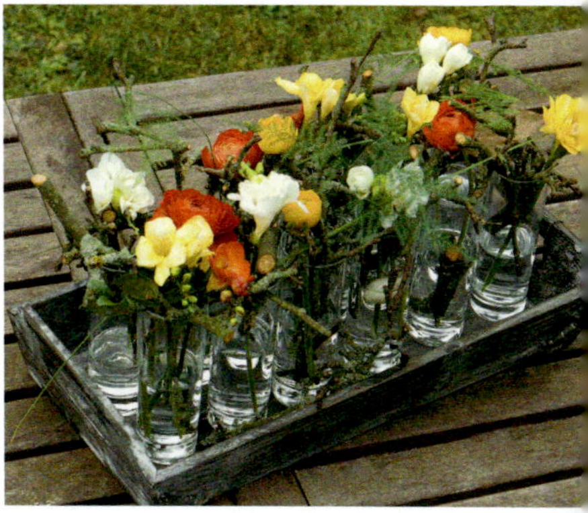

chige Gefäße und flache Schalen einarbeiten. Alternativ können Sie auch **Draht** oder **Drahtgitter** verwenden. Eisendraht sollten Sie wegen der Rostanfälligkeit nicht verwenden. Gut geeignet ist verzinkter Draht, in Glasgefäßen kann auch Aluminiumdraht attraktiv aussehen. Glänzender Kupferdraht und farbiger Aluminiumdraht bieten sich vor allem für moderne Gestaltungen an. Alle Drähte lassen sich gut formen und sind dennoch stabil. Biegen Sie ihn aber nicht zu eng, damit noch ausreichend Platz zum Durchstecken der Blütenstängel bleibt. Ein beliebtes Steckhilfsmittel sind Kugeln aus Peddigrohr, die in Glasgefäße ein- oder aufgelegt und oft nur mit einer einzelnen Blüte und etwas Beiwerk versehen werden. Wenn Sie mit einem Steckigel arbeiten möchten, schneiden Sie alle weichen Stiele und Zweige gerade ab und stecken sie senkrecht auf die Stacheln des Igels. Verholzte und harte Zweige werden schräg in einem Winkel von 45° angeschnitten, dann wird die Spitze des Anschnittes senkrecht zwischen die Stacheln des Kenzan gesteckt. Besonders starke Äste können mittig längs eingeschnitten werden.

Links: Kurze Aststücke von einem altem Apfelbaum werden auf Gläser gelegt.
Rechts: Die Blüten finden zwischen den Äststücken Halt.

Konstruktionen als Steckhilfsmittel

Aus Ästen und Stäben lassen sich vielseitig einsetzbare Konstruktionen herstellen. Sie werden meist mit Draht

verbunden, wobei ihre Länge, Breite und Höhe frei wählbar sind.
Normalerweise stellt man Konstruktionen ganz oder teilweise in flache Gefäße oder Schalen ein. Zur besseren Stabilität können sie auch mit Hilfe einer Klemmtechnik am Gefäßrand befestigt werden.
Aus langen Ästen lassen sich **hohe Konstruktionen** herstellen, die das Verarbeiten besonders langstieliger Blüten (französische Tulpen, Calla, Amaryllis) erleichtern. Die Herstellung eines Gerüsts kann durch die vielen Bindungen recht viel Zeit in Anspruch nehmen, andererseits lohnt sich die Mühe, denn Sie können es immer wieder benutzen und je nach Jahreszeit mit anderen Blumen bestücken.
Ein Spezialist auf dem Gebiet der Konstruktionen als Steckhilfsmittel ist der weltbekannte Floraldesigner **Gregor Lersch**. In seinen Veröffentlichungen überrascht er immer wieder mit neuen, ausgefallenen Gestaltungsideen. Besonders interessant sind seine Einfälle bei der Verwendung von Drahtgittern, die mit Reetstäben, Hartriegelzweigen sowie Gräsern durchzogen und in lange T- oder hohe L-Formen gebogen werden. Ein sicheres Gefühl für Statik, langjährige Erfahrung und ausgezeichnetes Handwerk sind Vorraussetzungen für diese hohe Kunst des Gestaltens. Konstruktionen können sowohl allein als Steckhilfsmittel oder in Kombination mit Steckmasse verwendet werden.

Gesteckformen

Im Folgenden geht es um die Besonderheiten der Gestecke in Bezug auf das Kaschieren von Steckmasse und das Einstecken der Werkstoffe.

Dekorativ gestaltete Gestecke

1 Für dekorative, üppige Arrangements benötigen Sie sehr viele Werkstoffe. Die Steckmasse sollte das ganze Gefäß ausfüllen und einige Zentimeter über

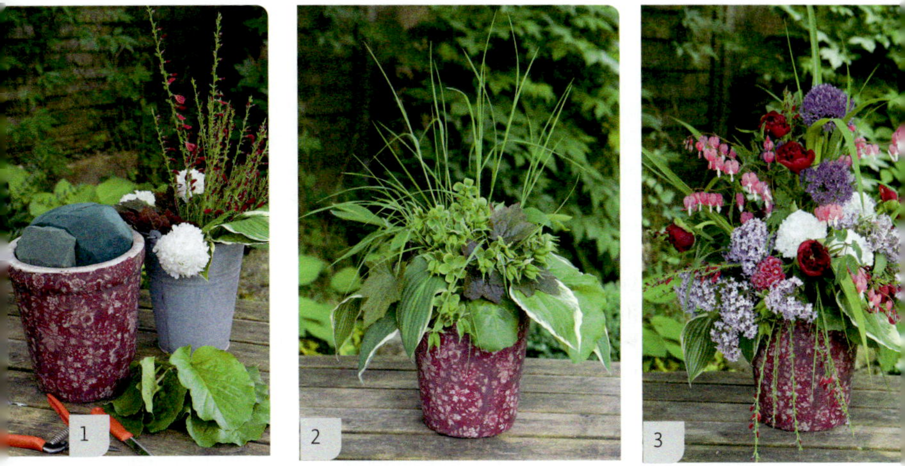

Stecken eines dekorativen Arrangements
1 Die Steckmasse sollte über den Gefäßrand hinausragen und abgerundet werden.
2 Die Basis stecken Sie zuerst mit Blättern aus.
3 Nun können Sie die Ausgestaltung des Gesteckes mit Blüten vornehmen.

den Rand hinausragen, sodass auch seitlich Stiele angeordnet werden können. Der Steckschaum wird etwas abgerundet

2 Nun decken Sie den Randbereich der Basis mit größeren, flächigen Blättern ab. Versuchen Sie, durch eine Kombination verschiedener Blattarten sowie ausschwingender und abfließender Bewegungen die **Größe** und **Ausdehnung** des Gestecks festzulegen. Alle Werkstoffe werden radial angeordnet. Durch den weiteren Ausbau des Innenbereiches mit Zweigen, Gräsern und Blättern können Sie **Höhe** und **Umriss** des Arrangements festlegen. Die Steckmasse sollte weitgehend abgedeckt sein, muss allerdings immer noch genügend Platz für die weitere Ausgestaltung mit Blüten bieten.
3 Danach werden die **Blüten** meist von der Mitte ausgehend symmetrisch und radial angeordnet. Der Umriss

kann kompakt oder aufgelockert mit Staffelungen gearbeitet werden.

Abschließend achten Sie darauf, dass die Steckmasse gut abgedeckt und die Wasserversorgung gewährleistet ist. Außerdem sollten die Proportionen des Gestecks sowie die Werkstoffe in Anzahl, Farbe, Form, Bewegung und Textur ausgewogen angeordnet sein und das Gesteck einen gleichmäßigen Umriss besitzen.

Vegetativ gestaltete Gestecke

Für diese Gestecke werden meist flache, niedrige Schalen verwendet. Die Steckmasse ist in das Gefäß eingepasst und knapp unterhalb des Gefäßrandes flach abgeschnitten. Je nach landschaftlicher Gestaltung können Sie die Steckmasse mit Moos, Steinen oder Rinde abdecken. Für Lücken oder flächige Abdeckungen reicht Sand aus. Die Werkstoffe werden radial oder parallel mit einem oder mehreren **Wuchspunkten** eingesteckt. Mehrere Wuchspunkte ergeben sich durch Gruppierungen von Werkstoffen, allerdings sollten die Bewegungslinien mehrerer Werkstoffgruppen einander nicht stören. Bei

Durch Staffelungen erhalten vegetativ gestaltete Gestecke eine besonders natürliche Ausstrahlung.

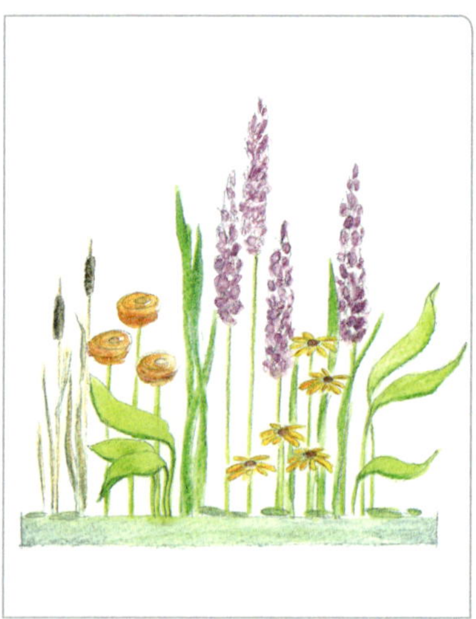

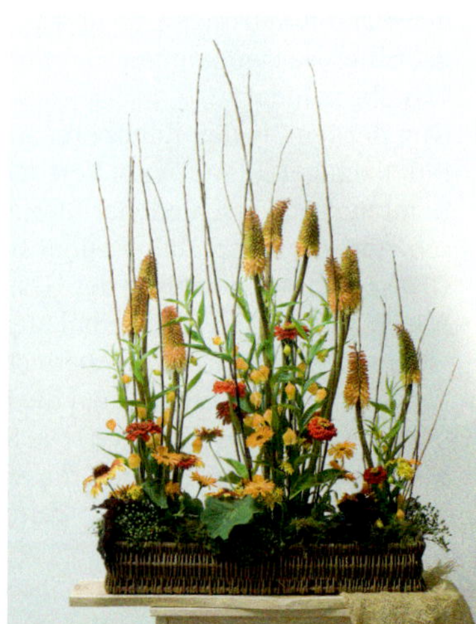

lockeren Gestaltungen mit großen Freiräumen können sich die Bewegungen im oberen Bereich einander wieder zuwenden.

Formal-lineare Gestecke

Das Hauptaugenmerk liegt auf der Gestaltung der **Formen** und **Linien**. Zur Abdeckung sollten Sie daher neutrale Materialien (Sand, Granulate) verwenden.

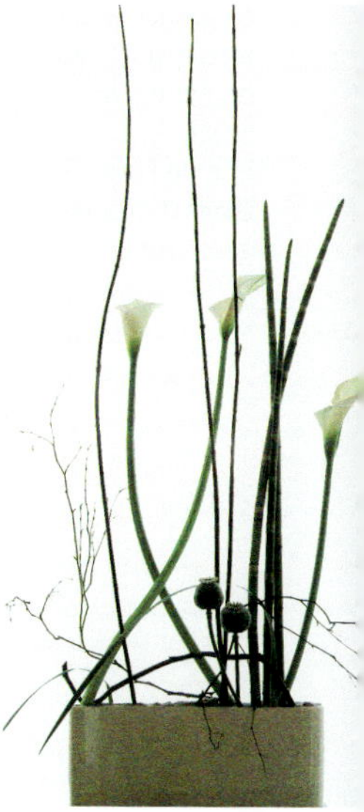

Die elegante Calla ist wie geschaffen für formal-lineare Gestaltungen.

Verwendungen von Gestecken

Tischschmuck

Gestecke als Tischschmuck lassen sich gut vorbereiten, transportieren und mit Wasser versorgen. Bei der Wahl der Größe, Form und Ausdehnung (rund, oval, länglich) sollten sie sich an der Tischform orientieren. Darüber hinaus haben Sie die Wahl zwischen einer großen, zentralen Dekoration oder vielen kleinen Gestecken, die in entsprechenden Abständen angeordnet oder locker verteilt werden können.
Der Handel bietet ein großes Sortiment an Schalen mit integrierter Steckmasse an, die Sie nach Wunsch auch individuell ummanteln können. Vielleicht haben Sie auch eigene Gefäße wie Omas Suppenterrine oder eine Kuchenform, die sich für Gestecke eignen.

Straußhalter

Für viele Anlässe haben sich gesteckte Sträuße als Alternative zu den gebundenen Sträußen bewährt.
Der Straußhalter mit integrierter Steckmasse wird gewässert und in ein standfestes Gefäß oder in eine andere Halterung gestellt.
Zuerst sollten Sie die mittlere Blüte positionieren und im unteren Bereich Blätter zum Abdecken einstecken.
Lange und schwere Werkstoffe werden angedrahtet und durch den kompletten Schaum durchgesteckt. Der Draht wird auf der Rückseite umgebogen und wieder zurückgeführt. Durch das Zurückstecken wird der Draht am

Für diesen Büffetschmuck wurden einfache Steckunterlagen in eine Etagere eingestellt und gestaltet.

Kunststoffgitter verankert und die Blumen bekommen sicheren Halt.
Zwischendurch werden in die Basis abdeckende, kurze und füllende Blüten und Blätter hineingearbeitet und der Bereich zwischen der mittleren Blüte und den abfließenden Werkstoffen ausgearbeitet.
Achten Sie auf eine ausreichende Einstecktiefe und genügend Platz für die seitlich anzuordnenden Blüten und Blätter.

Autoschmuck
Autos werden hauptsächlich für Hochzeiten dekoriert. Der Schmuck sollte in Form, Farbe und Bewegung Elemente des Brautstraußes aufgreifen und auf Fahrzeugfarbe und Fahrzeugtyp abgestimmt sein. Das erfordert Erfahrung, sodass die fachkundige Ausführung durch einen Floristen zu empfehlen ist.
Traditionell wird Autoschmuck auf der Motorhaube angebracht, es gibt jedoch auch andere Möglichkeiten. Der Untergrund auf dem Auto muss trocken, staub- und fettfrei sein.

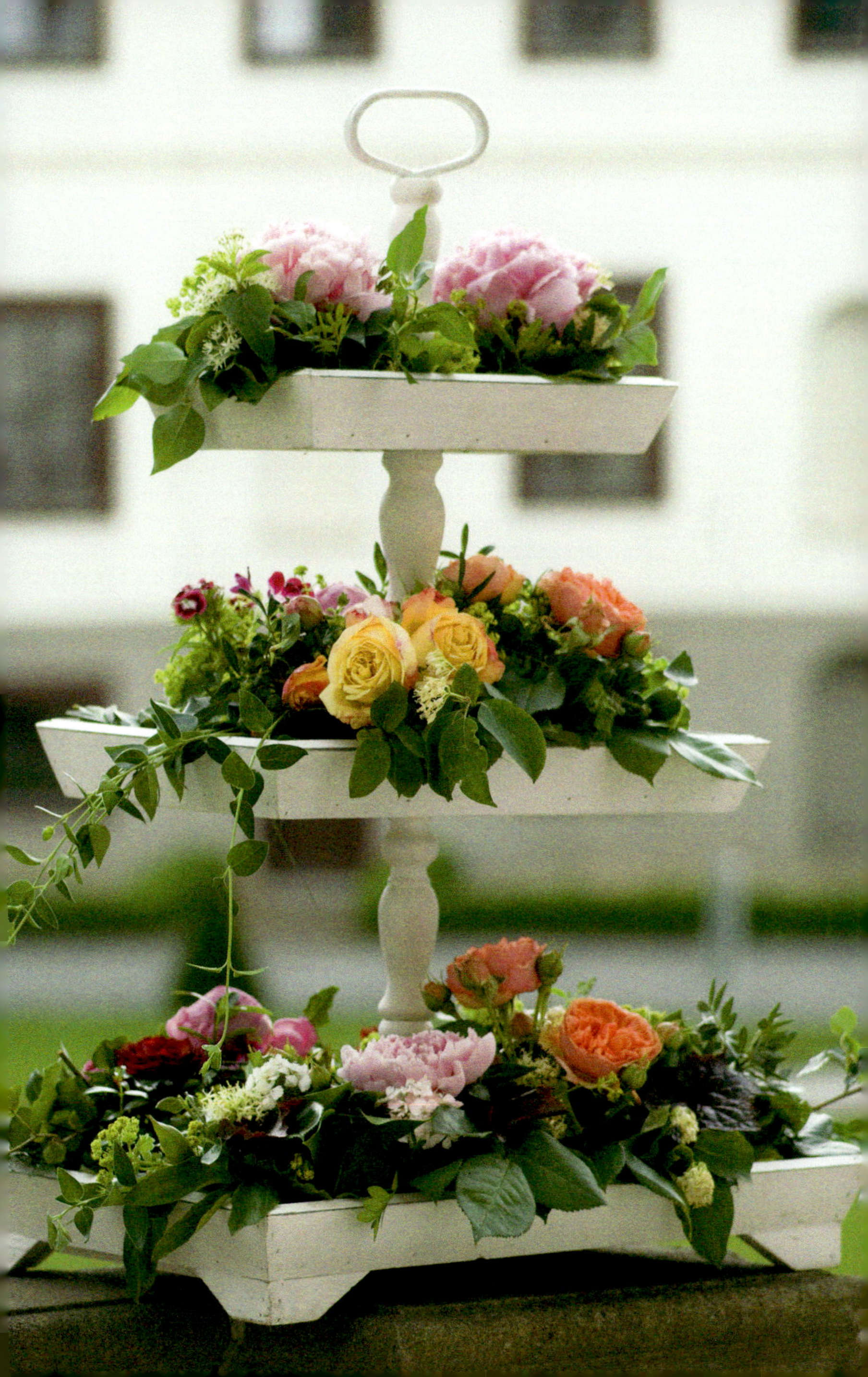

Kleine Geschenke

Florale Bänder

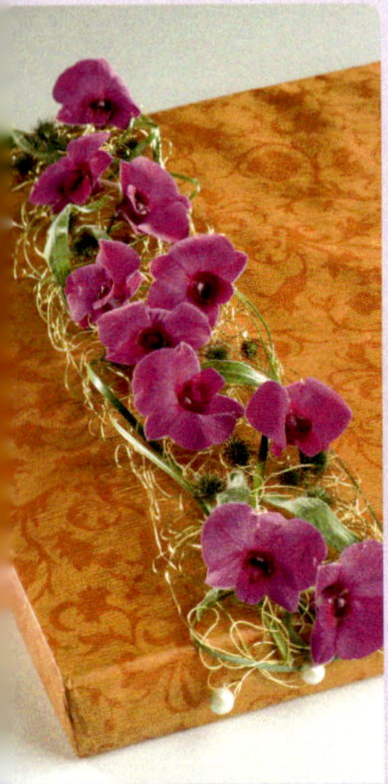

Mit einem Geschenk für einen besonders lieben Menschen gibt man sich gern ein bisschen mehr Mühe. Wie wäre es mit einem floral gestalteten Band anstelle normaler Schleifenbänder?

Floral gestaltete Bänder können für sich oder in Kombination mit anderen Formen verwendet werden.
Damit die Flächenwirkung eines Bandes zur vollen Geltung kommt, darf es nicht zu schmal sein.
Als Unterlage können breite Stoffbänder, mit Blättern beklebte Pappe oder auch Rinde dienen.
Die Bänder können Sie auch aus verschiedenen Werkstoffen selbst flechten, aus Draht häkeln und mit trockenen oder frischen Blüten, Ranken, aufgefädelten Rosenblütenblättern oder Silberblättern ausschmücken.

Taschen

Taschen mit blumiger Füllung eignen sich hervorragend als kleines Geschenk und als witziger Tisch- oder Türschmuck.
Taschen zum Ausgestalten mit Blumen kann man in vielen Formen, Größen und Farben aus Sisal, Moos oder Korbgeflecht kaufen. Sie können aber auch eine normale Tasche floristisch verändern oder eine individuell gestaltete Tasche aus flächigen Materialien (Stoff, Pappe, Heu, Draht) selbst herstellen und mit Blättern und Gras umwickeln oder bekleben.
Falls Sie Steckmasse im Innenbereich verwenden, sollten Sie diese mit Folie umwickeln.
Zur Wasserversorgung der Blumen dienen auch Wasserröhrchen oder einfache Kunststoffgefäße. Alternativ versiegeln Sie die Stielenden mit Wachs oder verwenden trockene Floralien.

Torten

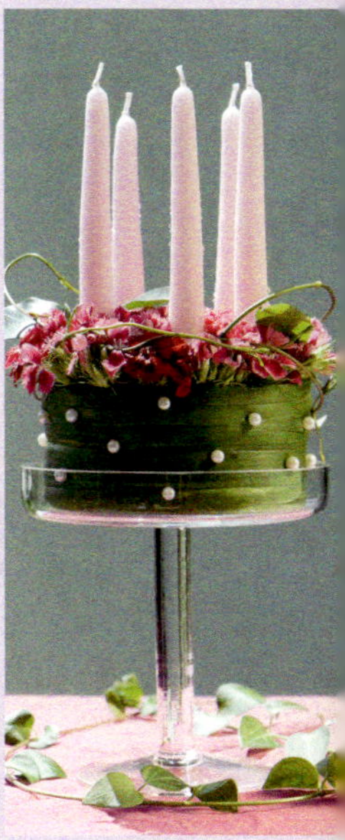

Dafür bieten sich frische und trockene Werkstoffe und Steckschaumkränze an. Floristisch gestaltete Torten können Sie einzeln, doppelt oder etagenartig übereinander stellen. Torten können umwunden, mit Blüten besteckt oder mit Blättern beklebt oder gehaftet werden. Besonders hübsch sehen sie mit Kerzen und auf einer Tortenplatte platziert aus.

Oben: Eine florale Torte ist appetitlich anzusehen und figurfreundlich.

Tüten

Einfache gedrehte Spitztüten sind in vielen Größen, Farben und Materialien im Handel erhältlich. Man kann sie aber aus Sisal, Moos, Heu, Pappkarton, Maschendraht, großen Blättern auch relativ zügig selbst herstellen und mit Blütenblättern, kleinen Blättern, Bändern und Draht umwickeln, bekleben oder mit Wachs überziehen.
Tüten können aufgehängt, gelegt, gestellt, mit einem Griff versehen oder an einen Stab gebunden werden. Nicht nur die Tüten selbst können ganz unterschiedlich aussehen. Die Bandbreite der denkbaren Füllungen reicht von der Einzelblüte im Wasserröhrchen über frische Arrangements aus Blüten, Blättern und Früchten in nasser Steckmasse bis zu trockenen Floralien oder mit Folie umwickelten Pflanztöpfchen.

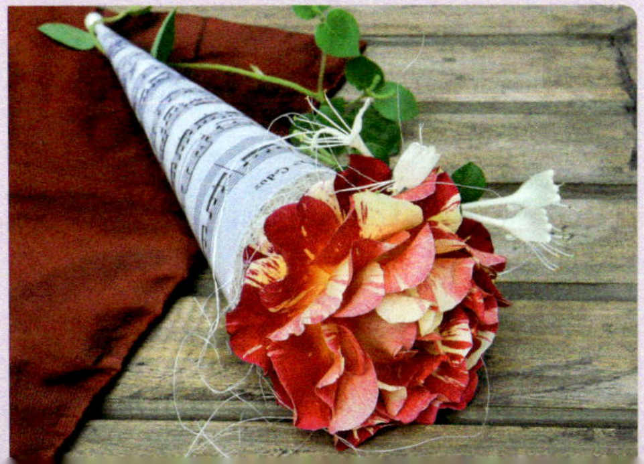

Links: Eine nette Geschenkidee ist diese gewachste Tüte aus Notenpapier. Die Rose steckt in einem Wasserröhrchen.

Konstruktionen

Beim Konstruieren mit pflanzlichen Werkstoffen ist nicht nur Ihr handwerkliches Geschick gefordert, sondern auch Ihr Gefühl für Statik und ein fundiertes Wissen um Stabilität, Tragfähigkeit, Flexibilität und Haltbarkeit der Werkstoffe.

Merkmale einer Konstruktion

Zu den bevorzugten **Werkstoffen** für den Aufbau von Konstruktionen gehören Clematis, Hartriegel und ähnliche Pflanzen. Das Mengenverhältnis von Konstruktion und Blumen sollte klar definiert werden. Konstruktionen können als **Tischschmuck**, für Sideboards oder als **Raumschmuck** verwendet werden. Sie müssen nicht statisch wirken, sondern können auch raumgreifend und dynamisch gestaltet werden.
Konstruktionen können **symmetrisch** oder **asymmetrisch** aufgebaut werden. Durch die Ausarbeitung der Konstruktion erhält das Werkstück einen konkreten Umriss und eine **starke Struktur**. Es gilt also, zunächst eine Form von markanter Ausprägung zu schaffen, die dann durch die Wirkung von Floralien unterstützt wird, auch wenn diese reduziert eingesetzt werden.

1 Schauen Sie sich nach einer Konstruktion um, die sich floristisch verwenden lässt.
2 Für die Wasserversorgung der Werkstoffe werden Reagenzgläser angebunden.
3 Zum Befüllen der Reagenzgläser eignet sich eine Spritzflasche mit Steigrohr.
4 Die Blumenzwiebeln werden angebunden und regelmäßig mit Wasser besprüht.
5 Blumen und Gräser werden eingefügt.

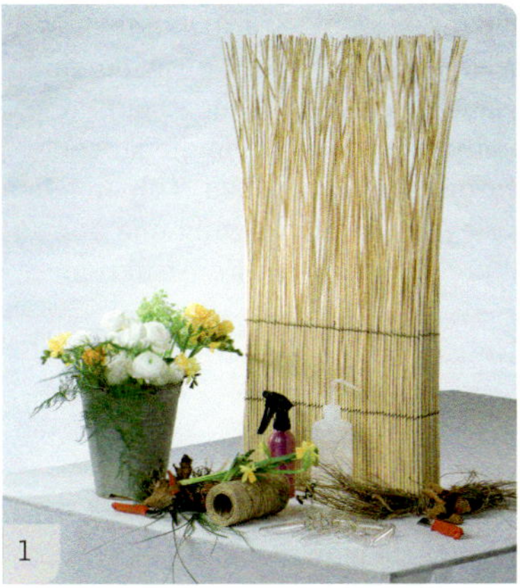

1

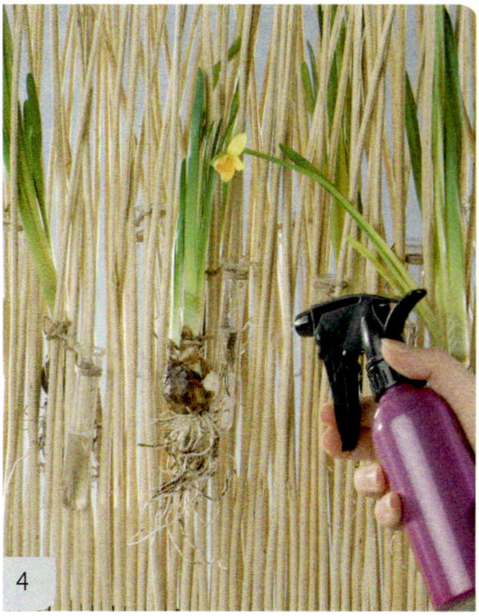

4

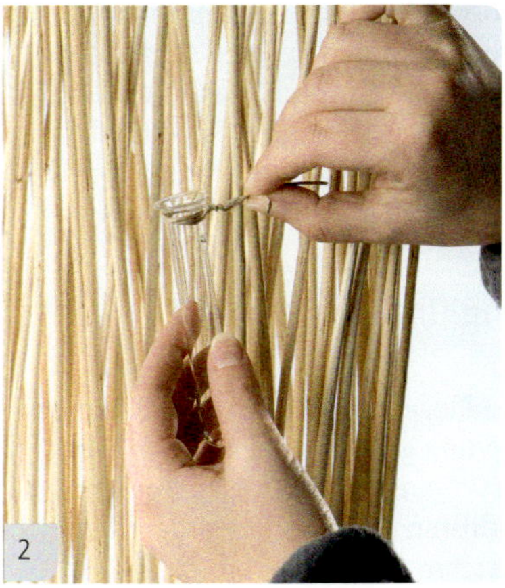

2

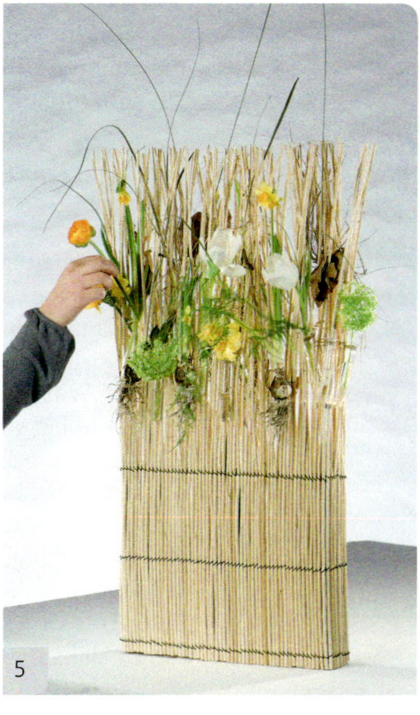

5

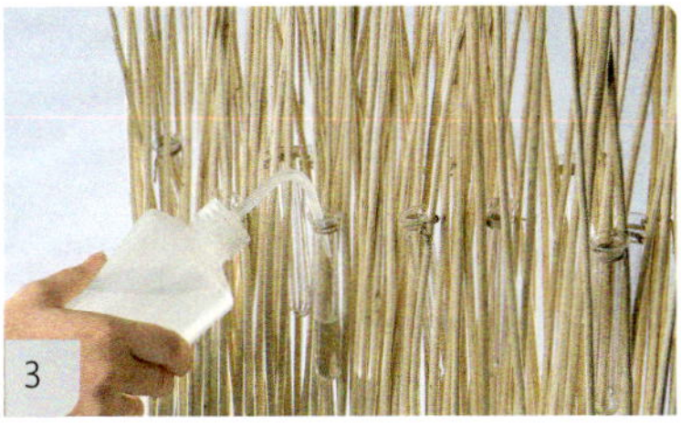

3

Die Werkstoffe können direkt in die Konstruktionen, aber auch vor, zwischen oder hinter das Konstrukt eingestellt, eingesteckt, eingeflochten, gebunden oder anderweitig eingearbeitet werden. Vor allem die langen, **linear wirkenden Blumenstiele** von Calla, Tulpen oder Amaryllis vermitteln Eleganz und Bewegung und können zugleich Verbindungen zur starren Konstruktion schaffen.

Arbeitstechniken

Im Gegensatz zu anderen floristischen Arbeiten werden bei der Konstruktion die Techniken nicht versteckt, sondern sind **Teil der Gesamtästhetik**. Konstruktionen stehen für überlegtes Vorgehen, aber auch für Spontaneität und Experimentierfreude. Zu den Techniken gehören das **Anbinden**, das **einfache Drahten**, das **T- und Kreuzdrahten** sowie das Befestigen mit Kabelbindern und anderen Hilfsmitteln, die nicht unbedingt ursprünglich der Floristik zugeordnet werden.

Wasserversorgung und Befestigung

Beim Einarbeiten von Floralien in Konstruktionen muss auf die Wasserversorgung geachtet werden. Die Werkstoffe können in Wasser eingestellt oder in **Steckmasse** und natürliche **Steckhilfen** eingesteckt werden. Möglich ist auch, **Wasserröhrchen** zu integrieren.
Das Einstellen von Stielen in Wasser kann ohne Befestigung, als Strauß oder gebundenes Werkstück erfolgen. Werden ganze Konstruktionen in Wasser eingestellt, kann es interessant aussehen Wasserpflanzen einzusetzen, die zur Sauberhaltung des Wassers beitragen. Verwenden Sie Steckschaum, decken Sie die Basis mit Sand, Ton, Moos oder Steinen ab.
Für die Befestigung von Blütenstielen an eine Konstruktion reicht **Rebdraht** aus. Er wird vorsichtig mit der

Hand festgedreht, um die Blütenstiele nicht zu zerdrücken. Um den Druck abzumildern empfiehlt es sich, den Draht achtförmig zu drehen (siehe Seite 40) oder Pflanzenfasern unterzulegen. Damit längere Werkstoffe nicht umfallen können, werden sie an zwei Punkten fixiert.

Formen

Die möglichen Formvarianten von Konstruktionen sind so vielfältig, dass hier nur einige Beispiele vorgestellt werden. Sie können Konstruktionen im Handel erwerben oder selbst herstellen. Manche lassen sich durch bloßes Umdrehen in eine neue Form verwandeln: so kann ein Kegel zum Trichter oder zur Tüte werden, eine Korbform zur Kuppel oder zum Schirm.

Bündel

Ein Bündel aus Astabschnitten, Stäben oder schmalen Zapfen stellt eine einfache und **stabile Konstruktion** dar und kann in ein flaches Gefäß eingestellt werden. Die Blüten werden flach auf dem Bündel oder hoch aufgerichtet in die Zwischenräume des Bündels gesteckt. Besonders gut eignen sich leichte Sommerblumen mit zarten Stängeln und Ranken. Wer mag, kann die Bündel auf Stäbe setzen und hochstellen.

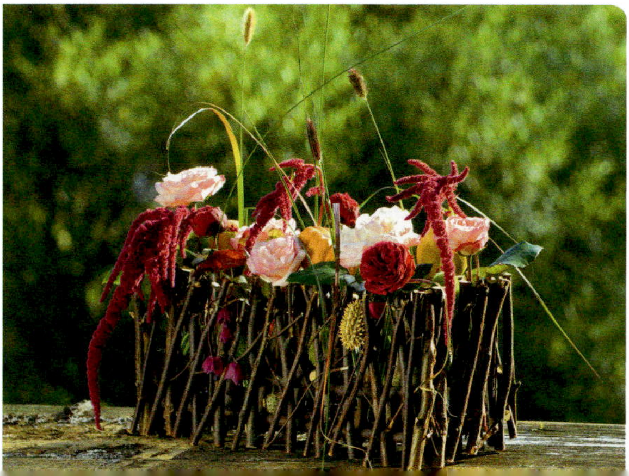

Solche Kastenformen sind aus verschiedenen Werkstoffen und in unterschiedlichen Größen erhältlich. Sie können mit Reagenzgläsern bestückt oder auch auf eigene Beine gestellt werden, um die Floralien bis in eine Wasserschale durchstecken zu können.

Freie Form

Der Natur abgeschaute **Wachstumssituationen** eignen sich hervorragend als Vorbild und Inspirationsquelle für freie Gestaltungen. Dabei geht es nicht um Nachahmung, sondern um **freie Assoziationen**. Oft sind einfach nur praktikable Lösungen gesucht, die ausschließlich in einer freien Form durchführbar sind.
Für die Herstellung einer individuellen Konstruktion nehmen Sie stabile Äste, Stäbe oder Ranken und versuchen diese mit Draht miteinander zu verbinden. Form und Größe können Sie völlig frei bestimmen, solange Sie auf eine gute Statik und feste Verbindungen achten.

Gitter

Gitter lassen sich aus **geraden Ästen und Stäben**, die kreuzweise aufgelegt und verbunden werden, einfach fertigen. Sie können auch Stücke von **Gitterdraht** mit Gräsern oder langen Nadeln bekleben oder durchflechten. Gitter lassen sich zu Bögen, L- oder U-Formen biegen. Die Fixierung der Gitter erfolgt direkt im oder am Gefäß, durch hochgestellte Stäbe oder durch Aufhängen.

Kegel

Die **Grundfigur** besteht aus mindestens zwei Ringen und drei senkrechten Stäben, die mit Rebdraht miteinander verbunden sind. Je mehr Ringe und Stäbe Sie verarbeiten, desto höher ist die Stabilität.
Die Grundform kann auf einen Ringfuß gestellt, mit Ranken zu einem Schweif ausgebaut oder umgedreht als **Trichter** genutzt werden. Trichter können Sie in Gefäße einstellen, um diese zu erweitern, oder um einen Übergang zwischen Gefäß und Floralien zu schaffen.

Korb

Zuerst wird für den oberen Korbrand ein **Ring** aus einem **elastischem Ast** (Weide, Clematis) geformt und fixiert. Drahten Sie dann einen zweiten biegsamen Ast am Ring fest und führen Sie ihn in einem Bogen zur gegenüberliegenden Seite des Ringes, wo er wieder verdrahtet

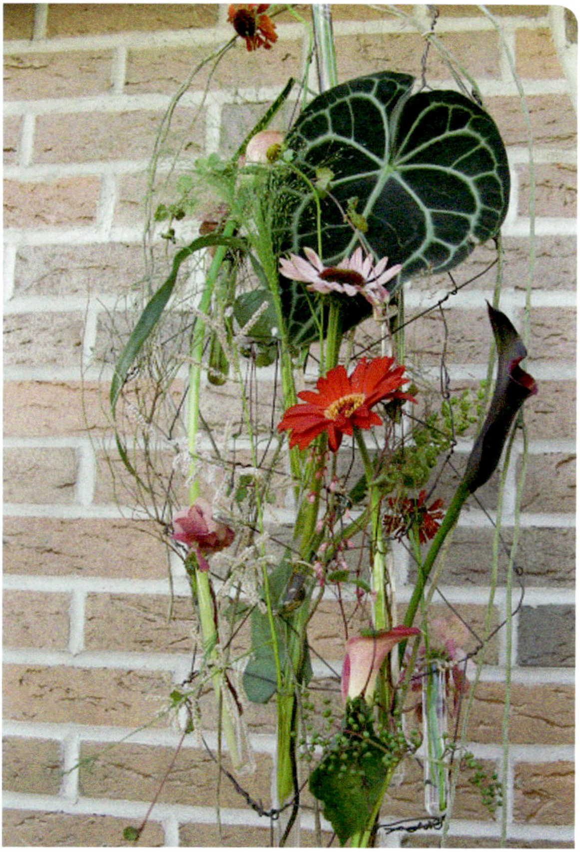

Hängende Konstruktion.

wird. Weitere Zweige, Stäbe oder Ranken werden auf die gleiche Weise angebracht, einige **Querverstrebungen** können eingefügt werden, um die Stabilität zu verbessern. Sie können den Korb transparent gestalten oder ihn mit Heu, Clematis oder Typha sehr dicht flechten. Vielleicht möchten Sie den oberen Korbrand auch mit Ranken, Blumen, Beeren oder faserigem Werkstoff zu einem Kranz ausformen. Der fertige Korb kann gelegt, aufgehängt oder auf Beine gestellt werden.

Pyramide mit Orchideen.

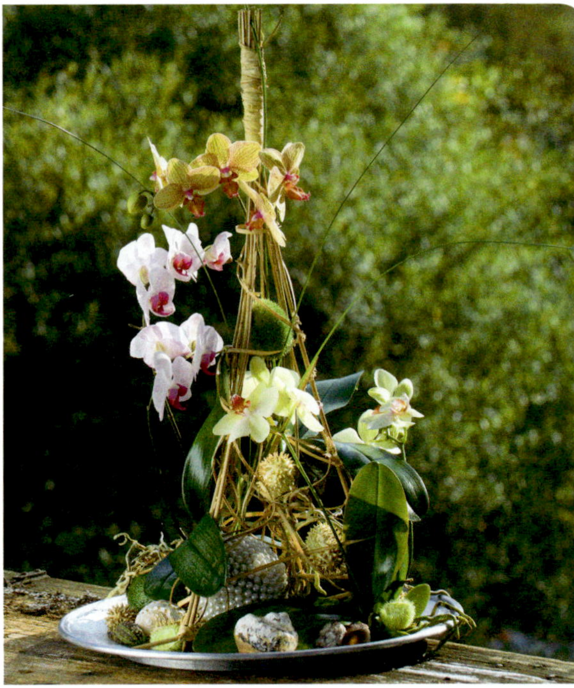

Kranz
Eine ganz einfache Variante der Konstruktion ist ein hochgestellter Kranz: Sie brauchen nur einen gekauften oder selbst hergestellten Kranz auf gerade Äste oder Stäbe zu stellen.

Pyramide
Pyramiden werden als Fertigprodukte im Handel in vielen Größen und Werkstoffen angeboten. Für Einsteiger sind Pyramiden bestens geeignet, da sie eine sehr gute Standfestigkeit besitzen und sich auch für größere Raumobjekte gut eignen.

Pflanzliche Werkstoffe für den Aufbau von Konstruktionen		
Pflanzenteile	**Deutscher Name**	**Botanische Bezeichnung**
Äste	Apfel Hartriegel Hasel, Korkenzieher- Kirsche Schlehe	*Malus Cultivars* *Cornus alba* *Corylus avellana* *Prunus* in Arten *Prunus spinosa*
Halme	Chinaschilf Flügelknöterich, Japanischer Rohrkolben, Breitblättriger Schachtelhalm, Winter-	*Miscanthus sinensis* *Fallopia japonica* *Typha latifolia* *Equisetum hyemale*
Ranken	Efeu Waldrebe, Gewöhnliche Wein, Wilder	*Hedera helix* *Clematis vitalba* *Partenocissus quinquefolia*
Rinde	Kiefer, Schwarz- Zimtbaum (Zimt)	*Pinus nigra* *Cinnamomum zeylanicumi*
Blätter	Buchs Kirschlorbeer Olive Pappel, Silber-	*Buxus sempervirens* *Prunus laurocerasus* *Olea europaea* *Populus alba*
Zapfen	Fichte, Gewöhnliche Kiefer, Wald- Pinie	*Picea abies* *Pinus sylvestris* *Pinus pinea*
Nadeln	Kiefer, Schwarz- Kiefer, Wald- Pinie	*Pinus nigra* *Pinus sylvestris* *Pinus pinea*
Sonstiges	Wolfsmilch, Dornige	*Euphorbia spinosa*

Kränze

Ein sehr traditionsreiches und vielseitiges Werkstück ist der Kranz. Ob gebunden, gesteckt, geklebt oder gepflanzt: Kränze sind für alle Anlässe und zu allen Jahreszeiten eine runde Sache.

Aufbau

Kränze bestehen aus **Kranzkörper** und **Kranzkörperöffnung**. Wird der Kranzkörper zu schmal gearbeitet und weist eine große Öffnung auf, dann scheint die Bewegung nach außen zu streben und der Kranz erscheint als Ring. Wird ein Kranzkörper zu breit gearbeitet, scheint die Bewegung nach innen zu laufen. Der Kranz verliert seine Form und wirkt als Fläche. Ausgewogen wirkt ein Kranz, wenn die Kranzöffnung 1,6-mal so breit erscheint wie der Kranzkörper. Kränze können durch einen **Kranzschmuck** aufgewertet werden.

Profilformen

Als Profil wird der Querschnitt des Kranzkörpers bezeichnet. Das **halbrunde Profil** bietet einen engen Kontakt zur Auflagefläche. Das **Dreiviertelkreis-Profil** eignet sich für Blatt- und Blütenkränze, die leicht gewölbt zu der unteren Auflagefläche gearbeitet werden.
Ein Kranzkörper mit einem kreisförmigen Querschnitt besitzt ein **vollrundes Profil**. Der Querschnitt einer **Deichform** steigt von außen langsam an und fällt im inneren Drittel steil ab. Der höchste Punkt liegt ein Drittel von der Innenkante des Kranzkörpers entfernt. Bei gepflanzten Kränzen wirkt diese Profilform sehr wuchshaft und aufgelockert.

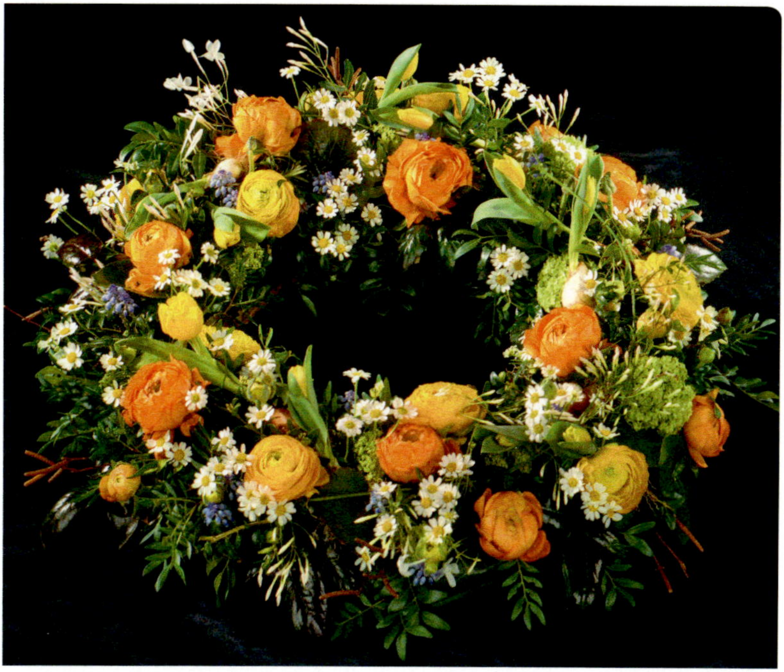

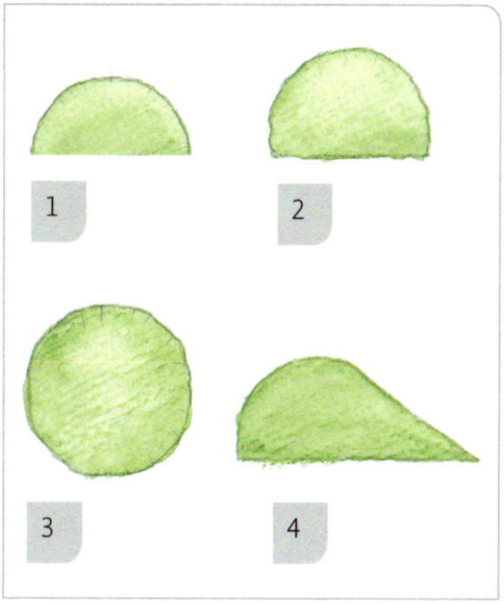

Profilformen:
1 Halbrund
2 Dreiviertelrund
3 Vollrund
4 Deichform.

Oben: Frühlingskranz.
Unten: Kranzaufbau.

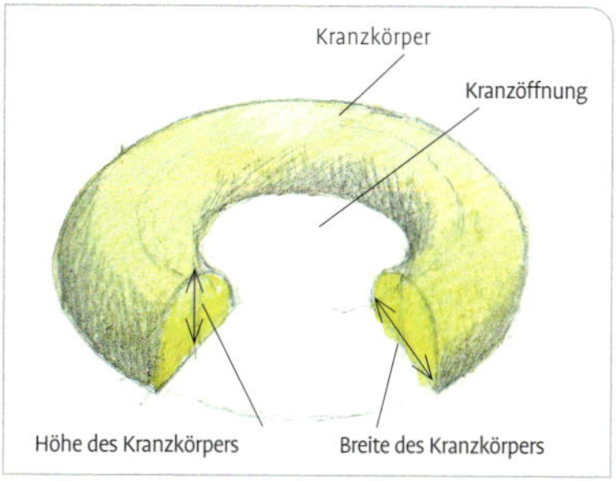

Kontrollblick
Zum Überprüfen der Proportionen empfiehlt es sich, den Kranz auf den Boden zu legen und ihn von oben zu betrachten.

Umrissformen

Auch bei den Kränzen gibt es geschlossene und aufgelockerte Umrissformen.
Die **geschlossene Kranzform** entsteht durch runde, lagernde Blütenformen, die dicht nebeneinander und in einer Höhe verarbeitet werden oder durch schuppenförmiges Anlegen von Blättern und kranzkörpernahe Verwendung von Gräsern.
Die **aufgelockerte Kranzform** entsteht durch Blüten, die unterschiedlich lang verarbeitet werden, Staffelungen und Gruppierung sowie verschiedene Bewegungsformen.
Ein Kranz mit geschlossener Form erscheint breiter als ein gleich großer Kranz mit aufgelockertem Umriss.

Proportionen

Die Kranzproportion ist abhängig von der Breite des Kranzkörpers, der Dichte der Anordnung, der Umrissgestaltung, der Profilform, der Helligkeit sowie den Eigenschaften der Werkstoffe in Bezug auf Form, Bewegung, Farbe, Textur und Bewegungsrichtung.

Links: Der Kranz aus aufgespießten Steckzwiebeln hat einen geschlossenen Umriss.
Rechts: Die abstehenden Enden geben dem Kranz aus geknotetem Gras einen aufgelockerten Umriss.

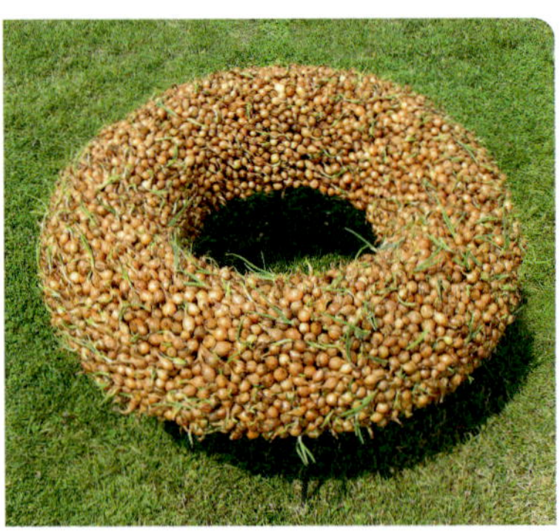

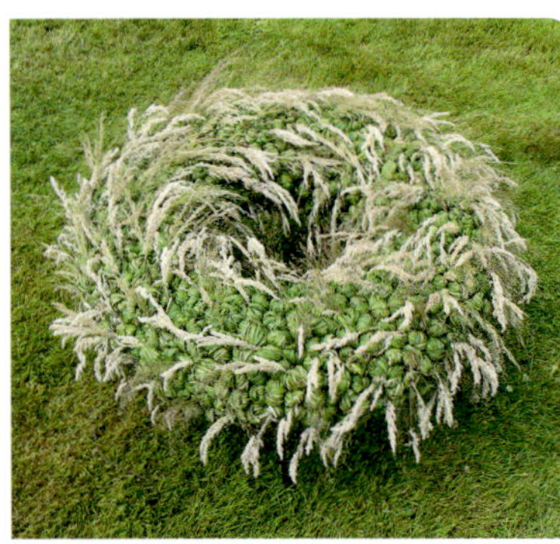

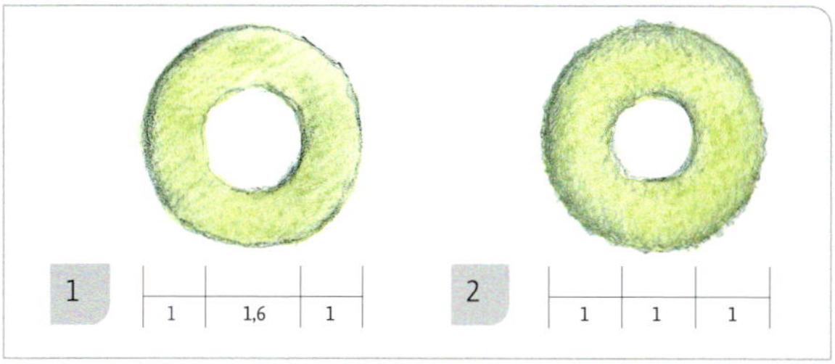

Kranzproportion:
1 Ein Kranz wirkt ausgewogen, wenn die Kranzöffnung 1,6 mal so breit wie der Körper ist.
2 Kränze mit aufgelockertem Umriss sollten breiter gestaltet werden.

Bewegungsrichtungen von Werkstoffen

Die Werkstoffe besitzen unterschiedliche Bewegungsformen. Durch ihre Ausrichtung beeinflussen sie die scheinbare **Drehbewegung** des Kranzes. In sich geschlossene, lagernde Blütenformen geben keine Bewegungsrichtung vor. Sobald jedoch die Spitzen von Blättern oder Nadeln in eine gemeinsame Richtung weisen, folgt das Auge dieser Bewegungsrichtung. Je deutlicher die Ausrichtung der Werkstoffe, desto klarer wird die Drehbewegung verstärkt. Traditionell wird bei der Kranzherstellung eine Drehung **im Uhrzeigersinn** bevorzugt.

Bewegungsrichtungen im Kranz:
1 Die ausgewogene Kranzproportion zeigt eine in sich geschlossene Bewegung.
2 Bei schmalen Kranzkörpern scheint die Bewegung nach außen zu streben.
3 Bei breiten Kranzkörpern richtet sich die Bewegung nach innen.

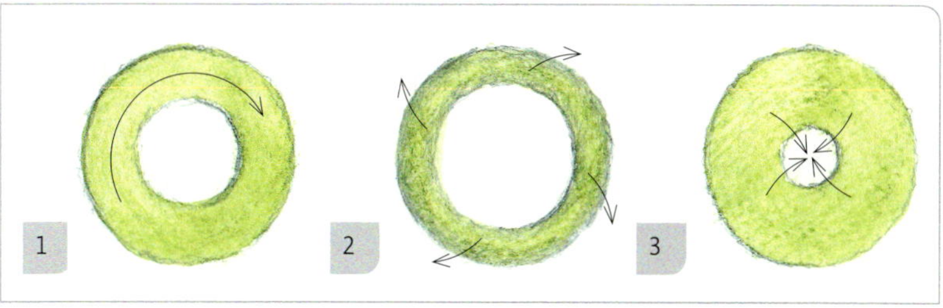

Kranztechniken

Kränze können gebunden (umgangssprachlich: gewickelt), gesteckt, gehaftet, gepflanzt, geklebt, gewunden oder in anderen Techniken gestaltet werden. Welche Technik sich am besten eignet, wird maßgeblich durch die Werkstoffauswahl bestimmt.

Der gebundene Kranz

Blumen, Blätter und Früchte lassen sich auf **Draht**, auf eine **Wulst** oder auf einen **Römer** binden. Meist dient ein mit grünem Kranzabwickelband umwickelter Strohrömer als Bindeunterlage.

Grün von Nadelgehölzen wird auf passende Länge geschnitten: Je **kürzer** der Werkstoff, desto **gleichmäßiger** fällt die Form aus. Je **länger** der Werkstoff verarbeitet wird, desto **unruhiger** fällt die Form aus.

Wickeln Sie den Wickeldraht zur Befestigung mehrmals um den Strohkranz oder stecken Sie eine Hafte in den Strohrömer.

Mit der rechten Hand legen Sie das Grün mit der Spitze **im Uhrzeigersinn** an und beginnen auf der Kranzinnenseite ganz unten an der Auflagenkante. Die Reihen entstehen, indem die Floralien fortlaufend von innen nach außen bis zur äußeren Auflagefläche angelegt werden. Der Draht wird mit der linken Hand über die Stielenden **von innen nach außen** und mit der rechten Hand unter dem Kranz wieder nach innen geführt. Zur Fixierung kann der Draht bis zu dreimal um den Kranzkörper ge-

Kleine auf Draht gewickelte Kränze lassen sich leicht in Herz- oder Eiformen biegen.

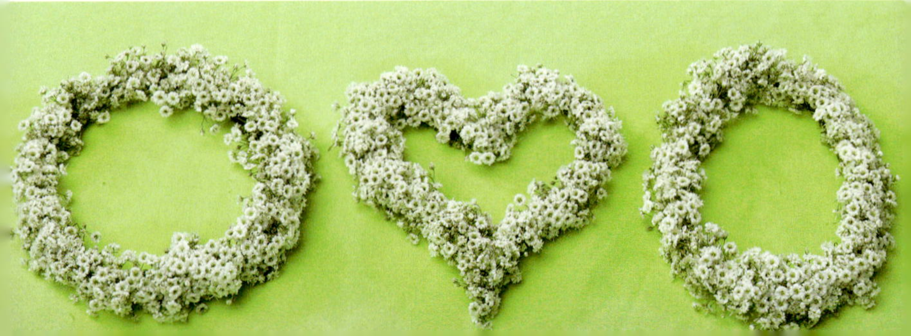

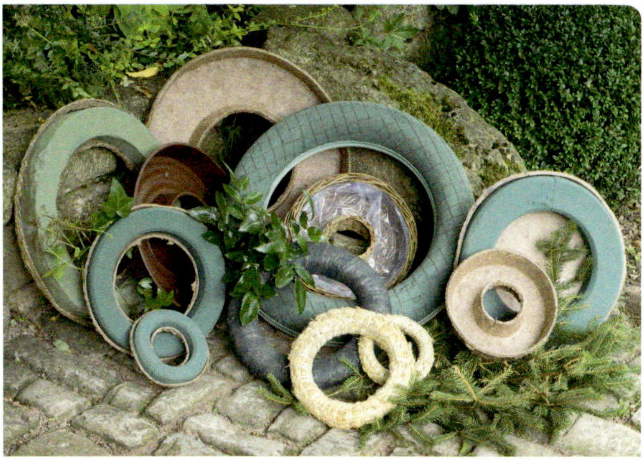

Industriell vorgefertigte Kranzunterlagen sind stets gleichmäßig geformt und in vielen Varianten erhältlich.

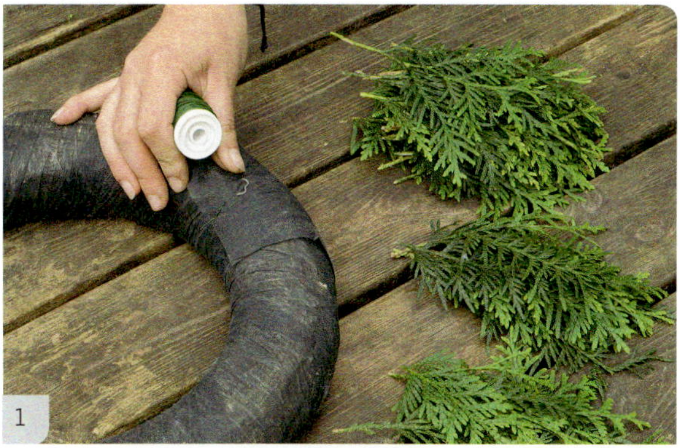

Binden auf einen Strohrömer:
1 Wickeldraht wird auf der Unterseite des Strohrömers fixiert.
2 Das Koniferengrün wird in gleichmäßigen Abständen aufgelegt und abgewickelt.
3 Kontrollieren Sie ob der Kranz gleichmäßig abgewickelt wurde.

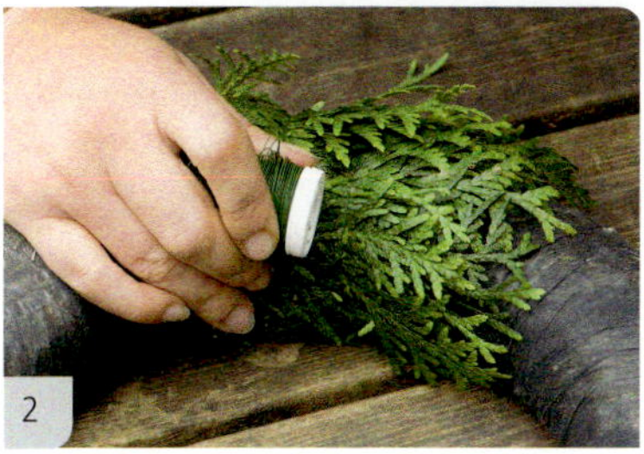

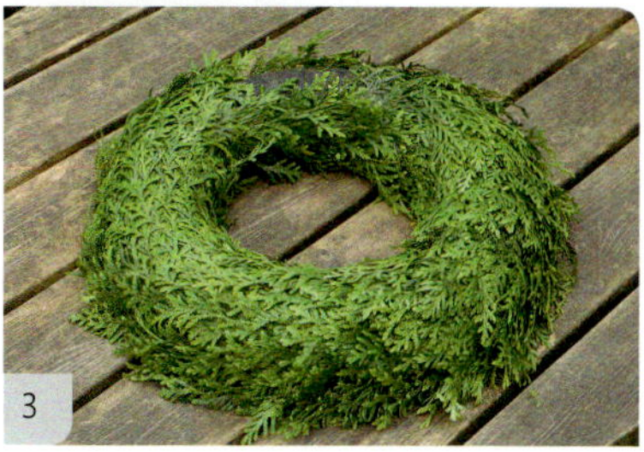

bunden werden. Sie arbeiten entgegen dem Uhrzeigersinn. Die Werkstoffspitzen der neuen Reihe verdecken immer die Stielenden und den Draht der vorherigen Reihe. Der innere Kranzdurchmesser ist immer kleiner als der äußere. **Sortieren** Sie deshalb die Werkstoffe nach Längen: kurze für innen, mittellange für die Mitte und lange für außen. Bei der letzten Reihe müssen die Stielenden unter die Spitzen des zuerst angelegten Werkstoffs gebracht werden. Zum Schluss kann der Draht zum Fixieren und **Abschluss der Wicklung** an einer Hafte verdreht und in den Kranz gesteckt werden.

Der gehaftete Kranz

Für diese Technik benötigt man einen mit Vlies umwickelten **Strohrömer** als Unterlage.
Die Werkstoffe werden meist mit **Patenthaften** auf dem Kranzkörper befestigt. Die Länge der Haften richtet sich

Blätter auf einen Strohrömer haften:
1 Blätter lassen sich gut auf Strohrömer oder Styroporunterlagen haften.
2 Sortieren Sie die Blätter nach Größen.
3 Haften Sie die Blätter gleichmäßig überlappend auf den Römer auf.

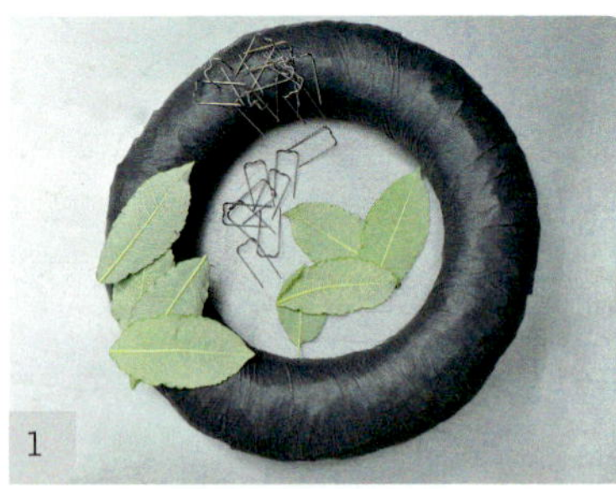
1

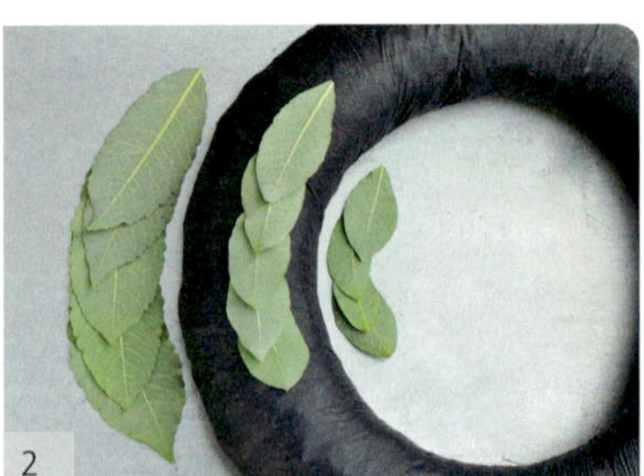
2

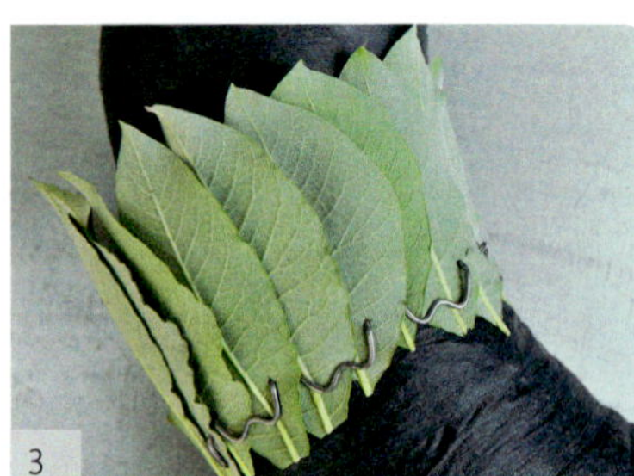
3

nach der Größe der Unterlage und den Werkstoffen. Für Blätter, die flach aufgebracht werden, reichen kurze Haften aus. Sie werden leicht schräg gegen die Arbeitsrichtung durch die Blätter in die Unterlage gesteckt. Drücken Sie die Haften nicht zu fest an, damit die Werkstoffe nicht gequetscht werden.
Die Blätter werden in drei Größen sortiert: kleinere Blätter für die Kranzmitte, mittlere für die Kranzoberseite, größere für die Außenseite.
Bringen Sie den Werkstoff **in Reihen** so auf, dass jede Folgereihe die Stielansätze und Haften der vorhergehenden Reihe verdeckt. Meistens werden die Blätter mittig und in gleichmäßigem Abstand auf die vorderen Blätter gelegt. Die Blätter sollten klare Längs- und Querreihen bilden, wobei die Blattadern der aufeinander folgenden Blätter sich jeweils genau fortsetzend einander anschließen. Sie können verschiedene Systeme von Blattanordnungen verwenden.
Die Auswahl der Blätter richtet sich nach Festigkeit, Blattoberseite und -unterseite, Textur, Blattrippen, Blattrand, Form sowie Farbe. Mit dem Haften kann sowohl am äuße-

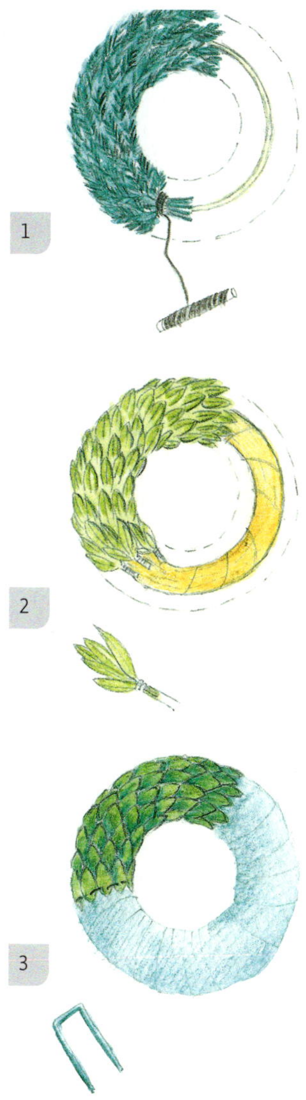

Die Unterlage, der Werkstoff und die Arbeitstechnik bedingen einander:
1 Gebundener Kranz
2 Gesteckter Kranz
3 Gehafteter Kranz.

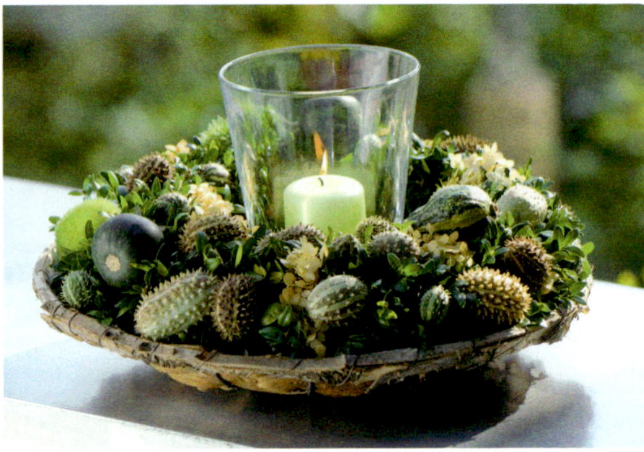

Herbstkranz mit Windlicht
Die Zierfrüchte wurden mit Zahnstochern auf eine Kranzunterlage aus Steckschaum eingesteckt.

ren wie am inneren Rand des Kranzkörpers begonnen werden. Möglich ist auch, die Blätter jeweils von innen und außen anzulegen, wobei das obere mittlere Blatt die Reihe abschließt.
Gehaftete Blattkränze können später mit Blumen ausgarniert werden. Statt mit Haften können Blätter auch mit **Nägeln** oder **Schmucknadeln** auf eine Unterlage gepinnt werden.

Der gesteckte Kranz

Werkstoffe können entweder angedrahtet auf einen Römer oder direkt in Steckschaum gesteckt werden. Für das Stecken in einen **Strohrömer** werden Blätter oder Koniferengrün einzeln oder in Büscheln (Tuffs) mit einem **angespitzten Steckdraht** angegabelt, wobei beide Drahtenden unten herausstehen. Die Drahtgabel wird leicht schräg in einem flachen Winkel nach vorn und ausreichend tief in die Unterlage gesteckt.
Die Arbeit mit **Steckschaum** hat gegenüber anderen Techniken den Vorteil, dass Blätter und Blüten gut mit Wasser versorgt werden und lange halten.
Kranzunterlagen aus Steckschaum sind in vielen Ausführungen im Fachhandel erhältlich. Sie können aber auch eine andere ringförmige Unterlage oder einen

Einstecken von Werkstoffen in einen Steckschaumkranz:

1 Sie benötigen außer verschiedenen Gartenkräutern nur eine Steckunterlage und ein Blumenmesser.

2 Alle Kräuter werden unten schräg angeschnitten und in den Steckschaum gesteckt, für weiche Stiele werden Löcher vorgestochen.

3 Der fertige Kranz eignet sich gut als Tischschmuck.

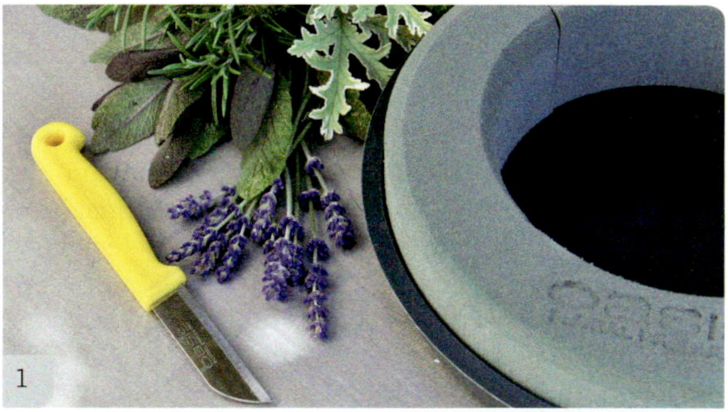

1

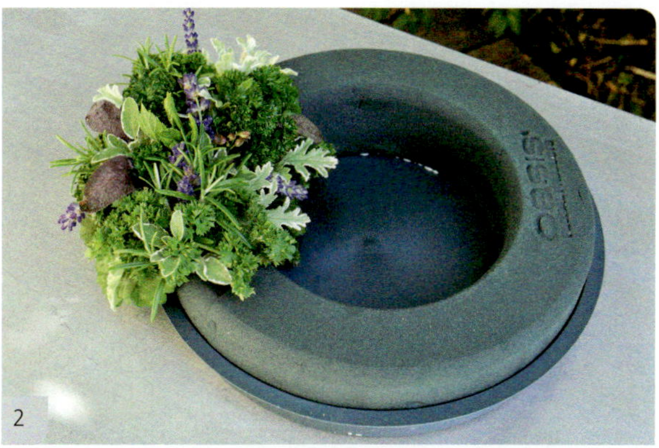

2

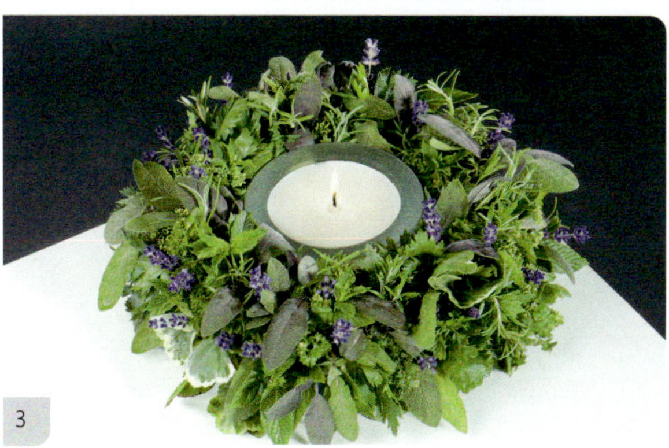

3

Strohrömer mit Steckmasse aufpolstern. Der Römer wird mit der geraden Profilseite nach oben gelegt, mit Vliesband umwickelt und mit bereits zugeschnittener Steckmasse bestückt. Die Steckschaumkanten sollten Sie etwas abrunden. In diese Rundungen wird außen und innen jeweils ein biegsamer Ast angelegt, so schneidet der Wickeldraht beim Umwickeln des Römers den aufgelegten Schaum nicht ein.
Das **Verarbeiten der Werkstoffe** erfolgt wie bei jedem anderen Gesteck. Die Stiele werden schräg angeschnitten und tief in den Schaum eingesteckt.

Der gepflanzte Kranz:
1 Benötigte Materialien.
2 Die Pflanzen werden vorsichtig in die Erde eingesetzt.
3 Steine unterstreichen die natürliche Wirkung des Kranzes.

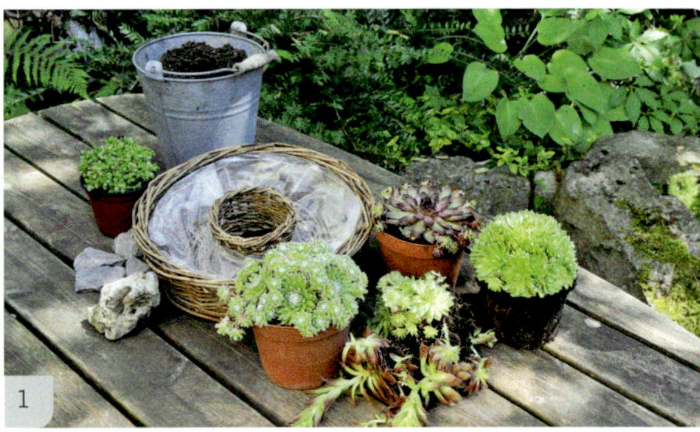

1

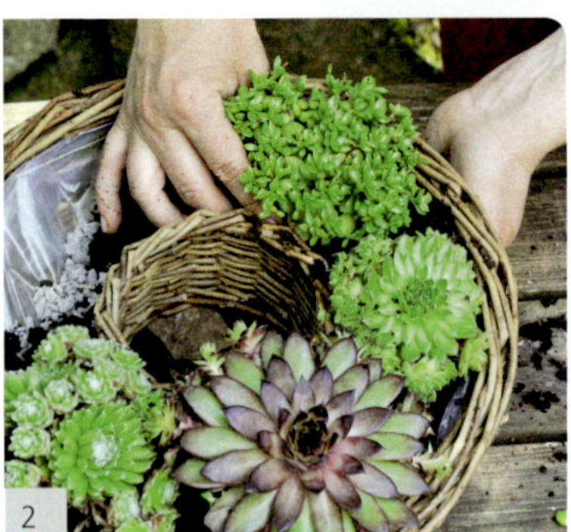

2

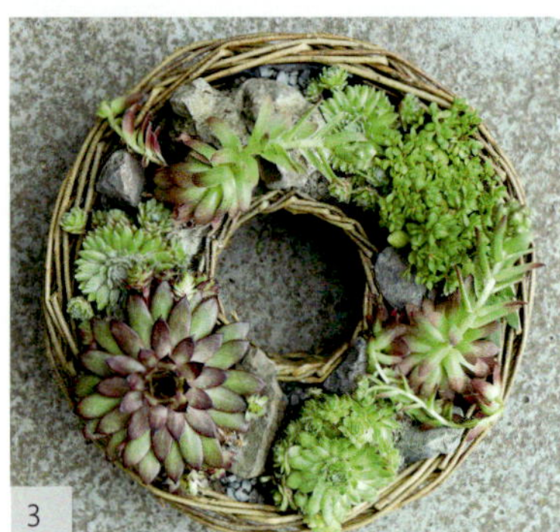

3

Der gepflanzte Kranz

Für gepflanzte Kränze werden im Handel Unterlagen aus **Weide, Moos, Mühlenbeckia** oder **Kunststoff** angeboten. Zur Abdichtung können Folie oder Kokosmatten verwendet werden.
Kränze werden oft saisonal mit Frühlingsblühern, Sommerflor oder Heidepflanzen bepflanzt.
Bei einem haltbarem Kranzunterbau und sorgfältiger Pflanzenauswahl, die sich nach Pflanzensoziologie und Pflegeansprüchen richten sollte, ist auch eine **Dauerbepflanzung** möglich.**Vegetativ** wirkende Kränze können mit Moos, Rinde, Ästen und Wurzeln ergänzt werden. Bei filigranen und **offenen Kranzunterlagen** werden Wurzelballen von Pflanzen oder Blumenzwiebeln mit Moos umwickelt und in den Kranzkörper eingesetzt.

Der gewundene Kranz

Als Werkstoffe werden lange, **biegsame Ranken** und **Äste** verwendet. Sie biegen eine Ranke oder einen langen Ast zu einem **Ring** und fixieren ihn mit Draht. Um den jeweiligen Ring werden die Werkstoffe fortlaufend im Uhrzeigersinn gewunden.
Je nach Länge und Stärke der Werkstoffe werden diese aneinander befestigt. Dabei sollten Sie immer nur zwei Ranken oder Äste miteinander verbinden.
Weist ein Kranz nur eine Drehbewegung auf, liegen die

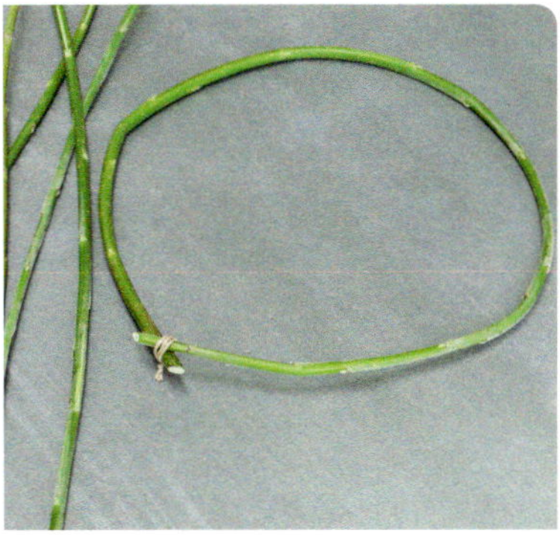

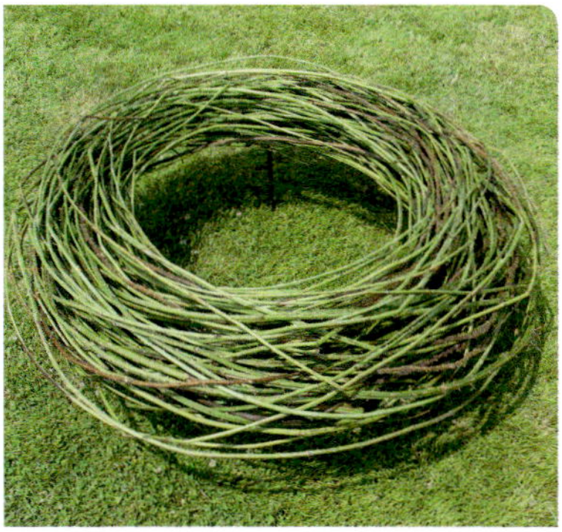

Links: Zuerst wird ein langer Ast zu einem Ring gebogen und fixiert.

Rechts: Ein gewundener Kranz aus Brombeerranken.

Gehölze für gewundene Kränze		
Deutscher Name	**Botanische Bezeichnung**	**Besonderheiten**
Baumwürger, Rundblättriger	*Celastrus orbiculatus*	
Brombeere, Acker-	*Rubus caesius*	
Brombeere, Echte	*Rubus fruticosus*	
Efeu	*Hedera helix*	
Flügelknöterich, Schling-	*Fallopia baldschuanica*	
Geißblatt, Wohlriechendes	*Lonicera caprifolium*	
Hartriegel	*Cornus alba, in Sorten*	Grüne, gelbe oder rote Rinde
Hopfen	*Humulus lupulus*	Sehr attraktiv mit weiblichen Schuppenkätzchen
Hortensie, Kletternde	*Hydrangea anomala*	
Kiwi	*Actinidia deliciosa*	Auch intensive Blattfärbung
Rose, Hunds-	*Rosa canina*	
Spindelstrauch, Flügel-	*Euonymus alatus*	Rinde mit Korkleisten
Waldrebe, Gewöhnliche	*Clematis vitalba*	Altersform sehr stabil
Weide, Goldene Trauer	*Salix × chrysocoma*	
Weide, Korkenzieher-	*Salix matsudana*	Äste spiralig verdreht

Ranken oder Äste in einigen Bereichen fast parallel zusammen. Natürlicher wirkt der Kranz, wenn die **Drehbewegung des Kranzprofils** berücksichtigt wird. Dazu werden die Werkstoffe immer wieder von unten nach oben, von innen nach außen und umgekehrt gewunden. Sie können auch stärkere Werkstoffe einarbeiten, sodass der Kranz eine höhere Stabilität erhält. Wichtig sind eine **gleichmäßige Dichte** sowie eine entsprechende **Kranzkörperdicke**. Die Kranzöffnung sollte nicht größer als das Eineinhalbfache des Kranzkörperquerschnitts sein. Das **vollrunde Profil** muss deutlich herausgearbeitet werden, auch wenn der Kranzumriss unregelmäßig und aufgelockert ist.
Auch die technischen Hilfsmittel zum **Fixieren** sollten den Werkstoffen und dem Charakter des Kranzes ange-

messen sein. Für dünne Ranken und Äste genügt Rebdraht oder Bast. Bei starken Weinreben kann ein Drahtrödler eingesetzt werden.

Der geklebte Kranz

Getrocknete Blüten, Blätter, Früchte, Rinde und Äste können mit **Heißkleber** schnell und haltbar auf Strohrömer aufgeklebt werden.
Frische Blüten und Blätter werden mit **Kaltkleber** auf Kranzunterlagen aufgeklebt. Bei der Verarbeitung mit Heißkleber können frische, empfindliche Blüten unschöne braune Flecken bekommen.
Mit **Sprühkleber** lassen sich vor allem leichte Werkstoffe und Materialien mühelos verbinden.
Experimentieren Sie ruhig einmal mit **Holzleim**, den Sie beispielsweise mit Getreidekörnern oder Kiefernnadeln mischen und dieses Gemisch lagenweise auf einen Strohrömer auftragen. Zwischendurch sollten Sie die Schichten trocknen lassen.

Empfindliche Blätter können mit doppelseitigem Klebeband schonend auf Unterlagen aufgebracht werden.

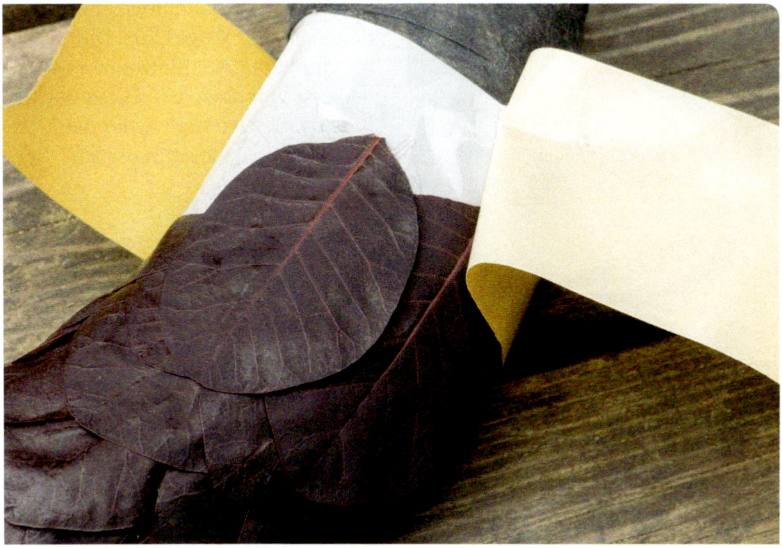

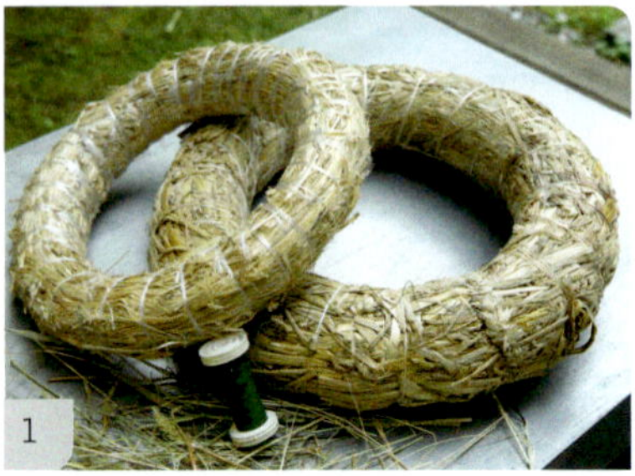

1

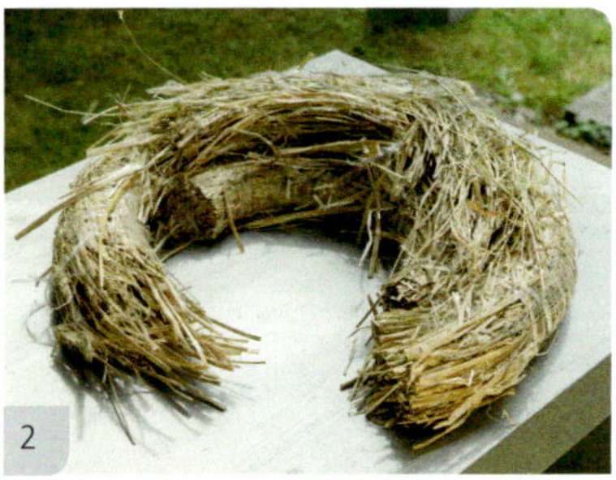

2

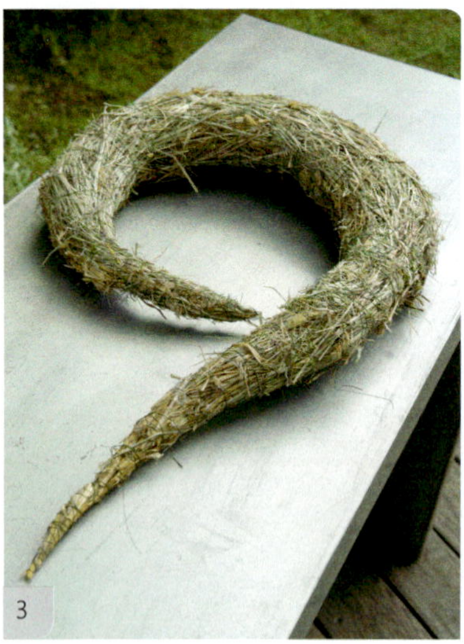

3

Doppelseitiges Klebeband eignet sich vor allem für Blattkränze aus weichen und empfindlichen Blättern (Ginkgo, Wollziest). Der Werkstoff wird schonend behandelt und hält gut auf der Kranzunterlage fest. Teppichklebeband ist zu breit und verfügt über eine zu starke Klebkraft. Im Handel sind jedoch schmalere, transparente Klebebänder erhältlich, die ein besseres Arbeiten ermöglichen. Als **Basis** dient ein mit Vlies abgewickelter Strohrömer. Zuerst wird eine Wicklung des doppelseitigen Klebebands auf dem Römer fixiert. Die Schutzfolie wird im oberen Bereich des Kranzes entfernt. Die erste Blattreihe wird mit dem unteren Drittel auf die Klebschicht aufgelegt. Ähnlich wie beim Binden wird das Klebeband noch einmal um den Kranzkörper geführt. Das Band hält nun die erste Blattreihe etwas versetzt von oben fest. Diese Wicklung ist gleichzeitig wieder die Klebseite für die nächste Blattreihe.

Offener Kranz:
1 Aus Strohrömern lassen sich auch offene Kränze und verschiedene Bogenformen herstellen.
2 Die Strohrömer werden aufgeschnitten, über- oder aneinander gelegt, mit Stroh oder Heu in die entsprechende Form gebracht und mit Draht abgewickelt.
3 Die entstandene Form kann mit Vlies abgewickelt und mit einer Technik Ihrer Wahl weiter ausgestaltet werden.

Offene Kränze

Offene Kränze gleichen einem **Bogen** und können symmetrisch oder asymmetrisch gestaltet werden. Schneiden Sie zwei unterschiedlich große **Strohrömer** an einer Stelle auf und biegen sie mit den Händen in eine Bogenform. An den Enden nehmen Sie etwas Stroh ab, damit Sie sich verjüngen. Für mehr Stabilität kann an jedem Ende ein starker Draht eingearbeitet werden.
Das entnommene Stroh legen Sie auf die Rundung, um die Form aufzupolstern. Falls nötig, nehmen Sie noch weiteres Stroh oder Heu hinzu. Ist eine gleichmäßige Bogenform entstanden, wickeln Sie diese zuerst mit **Wickeldraht** und danach mit **Vliesband** ab, um die Strohunterlage zu kaschieren.
Die weitere Ausgestaltung des Bogens richtet sich nach den Werkstoffen und der Technik.

Kranzschmuck

Ein Kranzkörper besitzt allein durch seine Form einen hohen Symbolgehalt. Zusätzlicher Schmuck kann einen schlichten Kranz jedoch aufwerten, muss sich aber der Kreisform anpassen und unterordnen.

Gestaltung

Die **Proportionen** zwischen Kranzkörper und Schmuck sollten sich an den Regeln des **Goldenen Schnitts** orientieren. Der Schmuck sollte nicht mehr als ein Drittel des Kranzkörpers einnehmen. Wichtig ist, dass sich der Schmuck der Form und Drehbewegung des Kranzkörpers anpasst.
Alle Ausdehnungen des Schmucks (Blattspitzen, Ranken), die vom Kranzkörper weggerichtet sind, dürfen nicht zu groß gewählt werden. Runde, kugelförmige Werkstoffe werden nahe am Kranzkörper eingearbeitet. Leichte Blüten und Gräser können den Kranzschmuck überspielen.
Die **höchste Stelle** des Kranzschmucks liegt in doppelter

bis dreifacher Kranzkörperstärke über dem Boden. Die vom Kranz nach hinten ausgerichteten Werkstoffe dürfen nur wenig über die Kranzwulst herausragen.
Die **Hauptbewegungsachse** des Kranzschmucks muss nicht unbedingt mit der Mittellinie der Kranzbewegung übereinstimmen.
Grundsätzlich sollte sich der Schmuck der Gestaltung des Kranzkörpers unterordnen und die Öffnung eines Kranzes nicht überdecken.

Formen

Die Kranzschmuckformen können sehr vielfältig sein. Der **symmetrisch gearbeitete Schmuck** zeichnet sich durch spiegelbildliche Seiten aus.Er wirkt repräsentativ und ist besonders beliebt.
Die Drehbewegung, die durch den Werkstoff des Kranzkörpers vorgegeben ist, wird vom **asymmetrischen**

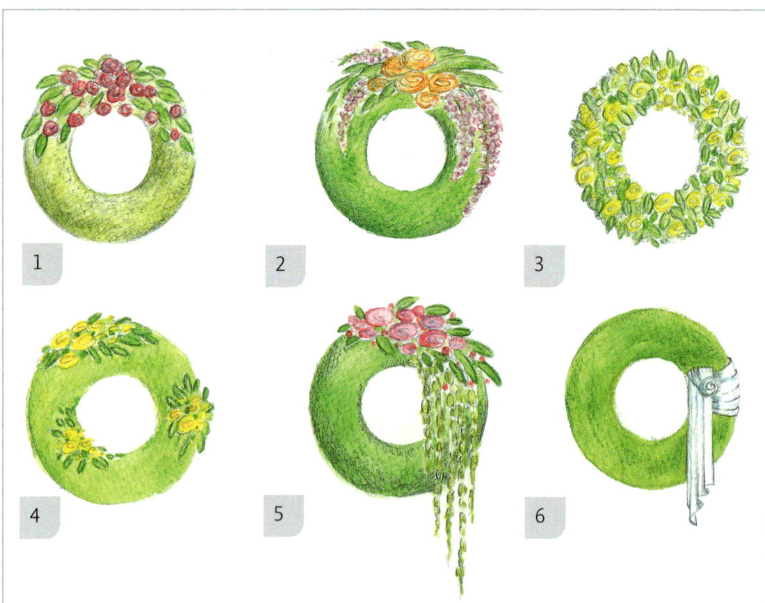

Kranzschmuckformen:
1 Symmetrisch
2 Asymmetrisch
3 Gestreut
4 Gruppiert
5 Abfließend
6 Bandschmuck.

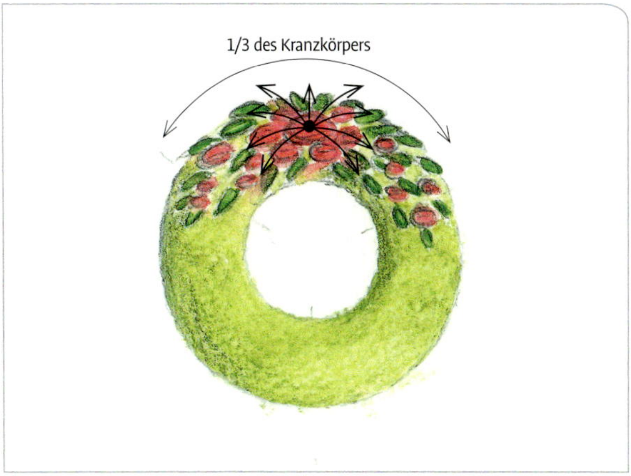

Die Bewegungsachse sollte nicht genau der Kreislinie des Kranzschmucks folgen, sondern leicht gebogen verlaufen. Um die Kranzform zu erhalten, darf der Schmuck etwa ein Drittel des Körpers verdecken. Ranken können durchaus darüber spielen.

Kranzschmuck aufgegriffen. Ausgehend von einem Schwerpunkt hat der Schmuck eine längere Seite und eine kürzere Seite.
Beim **gestreut überspielenden Schmuck** bleibt der Kranzkörperwerkstoff durchgängig erkennbar. Der Schmuck kann über den ganzen Kranzkörper oder über einen Teilbereich gearbeitet werden.
Gruppierungen auf dem Kranzkörper umfassen die Gesamtform des Kranzes deutlicher als ein einzelner Schmuck.
Bänder können mit Hilfe von Draht am Kranz befestigt werden.

Kranzschmuck auf Steckschaum

Die Werkstoffmenge bestimmt, wie viel Steckschaum für den Schmuck benötigt wird.
Der Steckschaum darf nicht zu klein, aber auch nicht zu groß sein, damit die Basis nicht zu schwer wirkt.
Für eine gute Haltbarkeit der Werkstoffe wird die gewässerte und abgerundete Steckmasse mit etwas **Maschendraht** umlegt. Positionieren Sie den vorbereiteten Schaum auf dem Kranz und befestigen Sie ihn mit starken **Steckdrähten**, in deren stumpfes Ende Sie einen

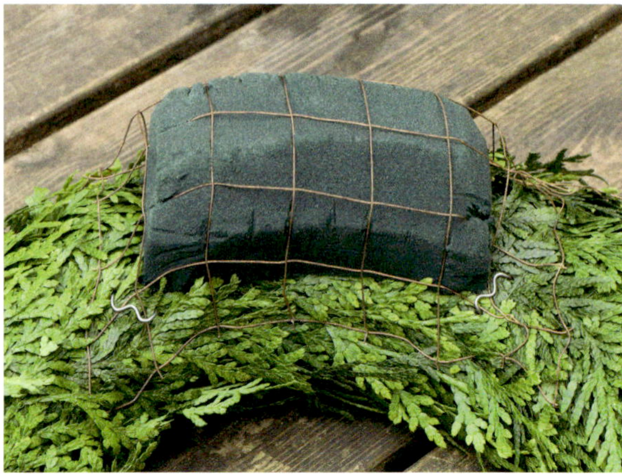

Um die Wasserversorgung für den Kranzschmuck zu gewährleisten, wird Steckmasse auf dem Kranzkörper befestigt.

kurzen Haken biegen. Stecken Sie den Draht so fest durch Steckmasse und Römer, dass der Haken von oben über einen Steg des Drahtgeflechts greift und mit dem spitzen Ende unten herausschaut. Dann biegen Sie das vorstehende Drahtende um und stecken es von unten zurück in die Kranzunterlage. Für einen normalen Ziegel reichen 4 bis 6 Drähte aus. Jetzt kann die Steckmasse mit Grün verdeckt und anschließend mit Blumen ausgeschmückt werden.

Angedrahteter Kranzschmuck

Blätter, Blüten, Früchte und Ranken werden angedrahtet oder gegabelt und direkt auf den Kranz gesteckt. Falls eine Wasserversorgung notwendig ist, kann an der Schnittstelle etwas Moos angelegt und mit angedrahtet werden. Alternativ umwickeln Sie Wasserröhrchen aus Kunststoff mit Blättern und drahten sie an. Die Drähte stecken Sie tief und fest in die Kranzunterlage ein.

Harmonischer Kranzschmuck
Um eine harmonische Beziehung zwischen Kranzkörper und Schmuck zu schaffen, stehen verschiedene Möglichkeiten zur Verfügung:

- Wiederholung von Werkstoffen
- Verwendung von Werkstoffen aus einem gemeinsamen Lebensraum
- Schaffung von Farbharmonien oder -kontrasten
- Einarbeitung ähnlicher oder gegensätzlicher Texturen

Verwendungsmöglichkeiten von Kränzen

Schmuckkränze für den Wohnbereich
Früher dienten Türkränze nicht nur dem Schmuck, sondern auch als Schutz vor bösen Geistern.
Dekorative Türkränze – zeitlos oder auf die Jahreszeit bezogen – drücken ein herzliches Willkommen aus und sind nach wie vor beliebt. Türkränze aus **frischen Werkstoffen** eignen sich nur als kurzzeitige Dekoration, es sei denn Sie verwenden Floralien wie Buchs, Kirschlorbeer, Kräuter, Hortensien oder Früchte, die gut eintrocknen und ihre Ausstrahlung bewahren.
Für Kränze als Tür- oder Wandschmuck im Innenbereich ist die Werkstoffauswahl größer, denn auch viele **trockene Werkstoffe** oder **Seidenblumen** können eingesetzt werden. Zu Ostern und in der Adventszeit lassen sich Kränze auch leicht mit passenden Accessoires und Bändern dekorieren.
Vielseitig sind ebenfalls **Kränze im Miniformat** zu verwenden. Sie eignen sich für Serviettenringe, als Kerzendekoration oder zur Ausgestaltung von Geschenkverpackungen.

Freude an Türkränzen
- Befestigen Sie die Werkstoffe sicher auf dem Kranz, damit sie bei Wind nicht abfallen.
- Hängen Sie Kränze an rostfreien, runden Haken auf.
- Abfließende Werkstoffe und Accessoires dürfen nicht an der Tür scheuern oder an die Tür schlagen.
- Verwenden Sie nur wasserfeste, witterungsbeständige Werkstoffe, Materialien und Bänder.

Kopfkränze

Kopfkränze oder Diademe werden meist von jungen Mädchen oder einer Braut getragen. Kleine Blüten, Blätter oder Ranken werden mit dünnem Schmuckdraht auf **Draht-** oder **Haarreifen** aufgebunden, geklebt oder umwickelt. Dabei sollten Sie die Unterlage zuerst mit einem Tapeband umwickeln.
Damit der Schmuck weder drückt, verrutschen oder herunterfallen kann, sollten Sie vor der Herstellung den Kopfumfang der Trägerin messen. Zur Sicherheit können Sie den Schmuck zusätzlich noch mit Haarnadeln fixieren.

Kränze für Hochzeiten

Brautkränze und -ringe stehen als Form ohne Anfang und Ende für die **Unendlichkeit der Liebe**. Sie werden in der Hand gehalten und sollten in Größe, Art und Werkstoffauswahl zur Braut und ihrem Kleid passen.
Als Werkstoffe eignen sich lange Ranken von Asparagus, Efeu, Jasmin oder Wicken. Da keine direkte Wasserversorgung möglich ist, sollten diese weitgehend entblättert werden.
Kleinblütige Orchideen und Calla können gewachst oder in kleine Röhrchen gesteckt werden. Möglich ist auch das Wickeln oder Kleben auf Draht.
Da die Kränze sehr **leicht und zart** wirken sollen, wird die mittige Kranzöffnung etwas größer und der Kranz etwas dünner gearbeitet.

Als Dekoration bieten sich lange, weich abfließende Bänder und Kordeln an.
Besonders beliebt sind Kränze auch als Schmuck an Kirchenbänken, am Auto oder an der Hochzeitskutsche.

Immer eine runde Sache
Kränze eignen sich für viele Anlässe und können verwendet werden als:

- Brautschmuck
- Kopfschmuck
- Kirchenschmuck
- Tisch- und Stuhlschmuck
- Türschmuck
- Adventsschmuck
- Brauchtumsschmuck.

Sie können gelegt, an eine Wand oder eine Tür gehängt, frei hängend oder als Körperschmuck gearbeitet werden.

Advent, Advent ...

Was wäre die Adventszeit ohne einen gebundenen Kranz aus immergrünem Blattwerk oder duftenden Zweigen von Nadelgehölzen?

Kerzen, Kugeln, Tannengrün

Der **traditionelle Adventskranz** wird mit vier Kerzen versehen und mit Kugeln, Zapfen, Früchten, Bändern und weihnachtlichen Accessoires geschmückt. **Moderne Adventskränze** können aber auch mit nur einer oder beliebig vielen Kerzen gearbeitet werden. Wichtig ist der sorgfältige Umgang mit den Kerzen, siehe Seite 12.
In Bezug auf die **Werkstoffe** und **Dekorationsmaterialien** sind Ihnen keine Grenzen gesetzt. Verwenden Sie auch Zweige von gelb- oder blaugrünen **Nadelgehölzen** und unterschiedliche **Laubgehölze** mit immergrünen Blättern. Frische Blätter, Ranken und Blüten können Sie

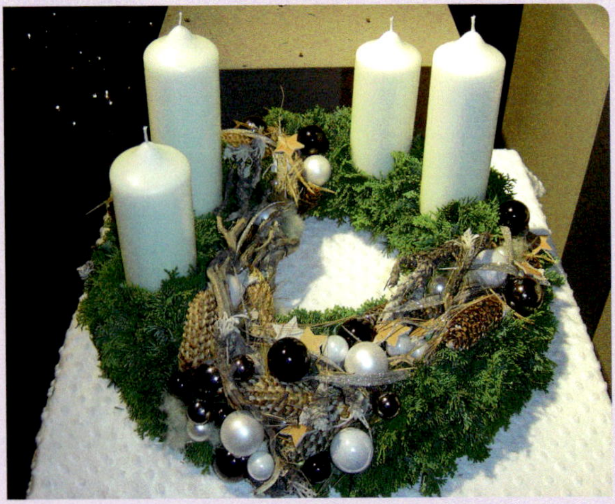

Traditionelle Werkstoffauswahl in der Adventszeit: grüne Nadelgehölze und Zapfen.

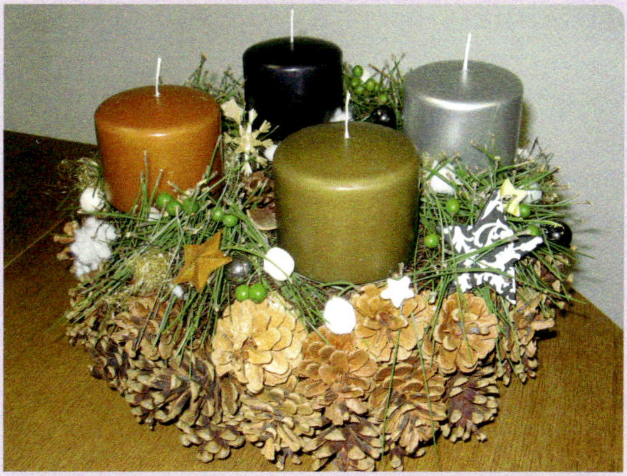

Adventskranz aus Kiefernzapfen.

in eine Kranzunterlage mit Frischblumensteckschaum stecken. **Ast- und Zapfenkränze** lassen sich mit einzelnen Kiefernnadeln „vergrünen". Regelmäßiges Besprühen der Kränze mit Wasser lässt Blätter und Grün länger frisch aussehen. Zapfen, Beerenbüschel, Bänder und Kugeln werden angedrahtet oder gegabelt und sicher verankert. **Früchte** können Sie auf Holzspieße stecken und Accessoires auch mit Heißkleber anbringen.

Schmuck für jeden Raum

Adventskränze werden meist als **Tischschmuck** gearbeitet. Einladend wirken sie auch als **Türschmuck** oder als frei hängende **Adventskrone**.
Tisch- oder Türkränze werden mit einem **Halbkreis-** oder **Dreiviertelprofil** gearbeitet. Hängende Kränze verlangen nach einem **vollrunden Profi**l. Dafür wird das Grün auf Drahtreifen oder Strohrömer, aufgebunden, gesteckt oder gehaftet. Zum Aufhängen einer Adventskrone verwenden Sie Drähte, die stabil und sicher verankert sein müssen und die mit langen dekorativen Bändern und Schleifen kaschiert werden können.

Girlanden

Girlanden werden vor allem für festliche Anlässe gebunden. Sie schmücken Festtafeln, Spiegel, Wände, Kamine und Treppengeländer.

Girlandenformen

Flache Girlanden sind einseitig gebunden, schmal und zierlich mit einer Breite von wenigen Zentimetern. Sie dienen zur Umrahmung von Bildern oder als Tisch- und Stuhlschmuck.

Die **halbrunde Girlandenform** zeichnet sich durch eine flache Unterseite und ein halbrund gewölbtes Profil aus, wobei die Schnur durch Zweige auf der Rückseite abgedeckt wird. Bei einer Breite von 10 bis 15 cm kann die Länge einige Meter betragen.

Diese Form wird als Türschmuck, zum Umwickeln von Säulen sowie Mai- und Kirmesbäumen eingesetzt. Sie dient in Eingangsbereichen als Willkommensgruß sowie als Schmuck für Kutschen und Autos.

Girlanden mit einem **vollrunden Profil** weisen eine nach allen Seiten gleichmäßige Wölbung auf. Sie haben einen Durchmesser von 15 bis 20 cm und werden oft mehrere Meter lang gearbeitet. Als Unterlage sollten starke Drahtseile genutzt werden.

Vollrunde Girlanden werden frei hängend als Schmuck in großen Räumlichkeiten oder zum Überspannen von Straßen und Torbögen verwendet.

Girlanden aus **immergrünen Werkstoffen** wirken sehr **klassisch**. Zur Auflockerung eignen sich Blüten, Früchte und Ranken, die mit dem Bindegrün verarbeitet werden. Girlanden können auch nur aus Ranken und biegsamen Zweigen geflochten werden.

Girlande als klassische Dekoration in einem großen Saal.

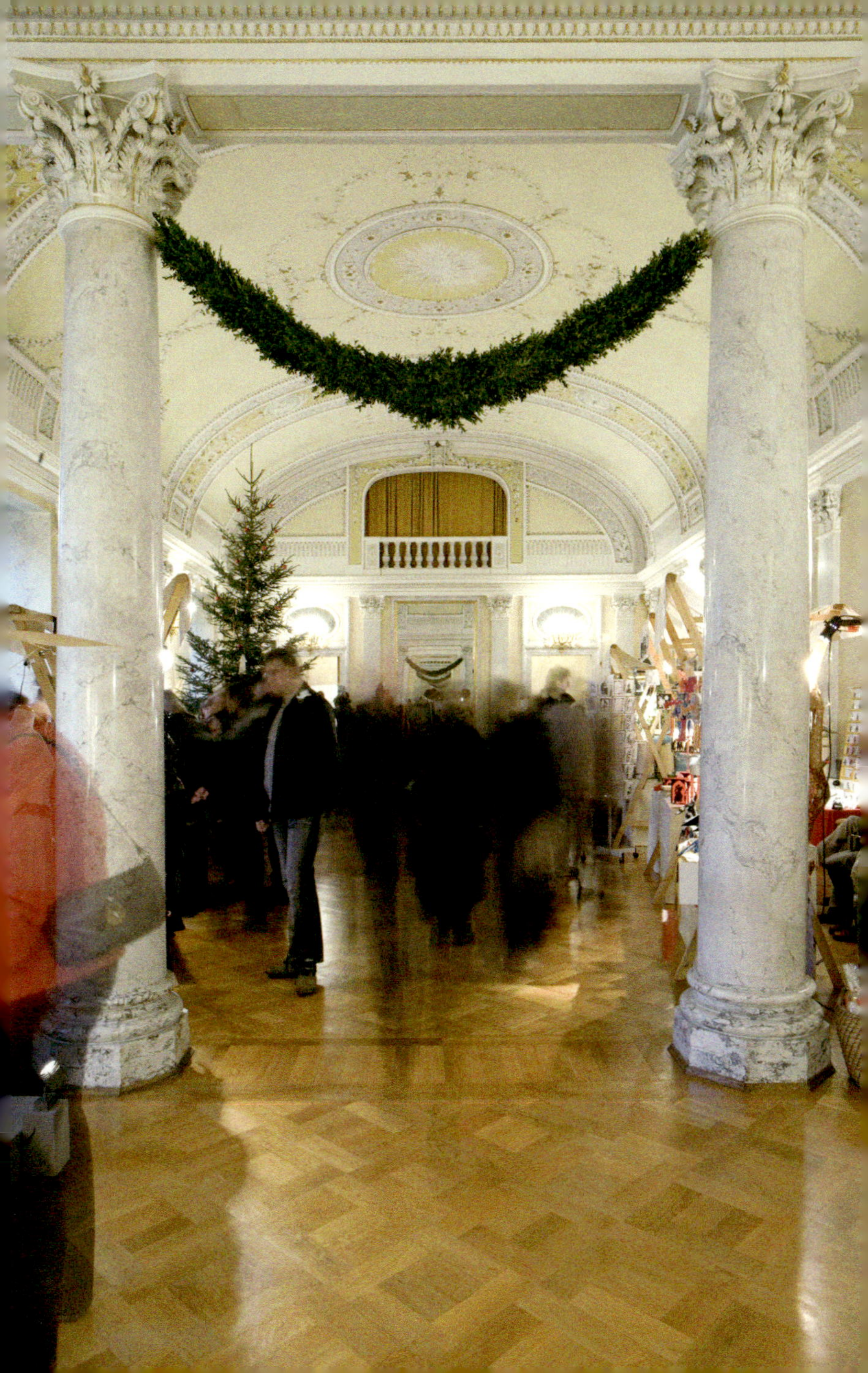

Anfertigung

Die Arbeitstechnik zur Anfertigung von Girlanden entspricht dem Binden von Kränzen.

1 Sie benötigen Buchs oder ein anderes Grün, Schnur oder Kordel, Heu zum Aufwickeln, Wickeldraht und Werkzeug. Die Schnur sollte etwa 10 % länger als die Girlande sein. In jedes Kordelende wird eine Schlaufe geknotet. Befestigen Sie eine der Schlaufen in Arbeitshöhe an einem Wandhaken. Der Buchs wird zurechtgeschnitten und bei Bedarf angedrahtet.

2 Für breite Girlanden sollten Sie die Kordel vor dem Binden mit Stroh oder Heu aufpolstern, denn je länger die Girlande gebunden werden soll, um so breiter wird sie gearbeitet.

3 Fixieren Sie den Anfang des Wickeldrahts nahe der Schlaufe, an der Sie beginnen. Die Zweige werden um die Kordel gelegt und aufgewickelt. Die linke Hand hält die Schnur mit den Zweigenden fest. Mit der rechten wird der Draht jeweils von rechts außen nach links über das angelegte Bindegrün gewickelt und unterhalb der Girlande wieder nach rechts zurückgeführt. Zwischendurch können Sie die Zweige

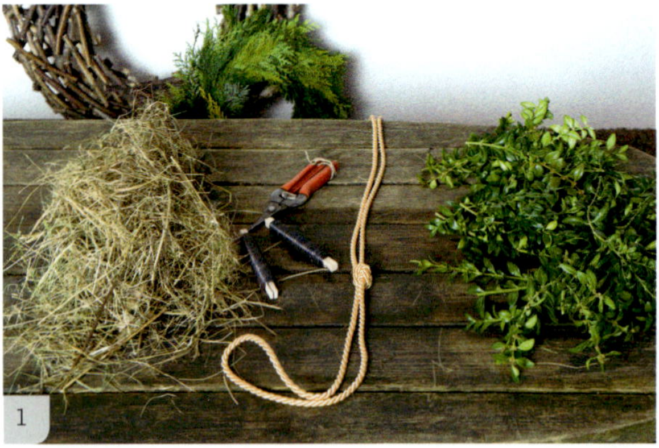

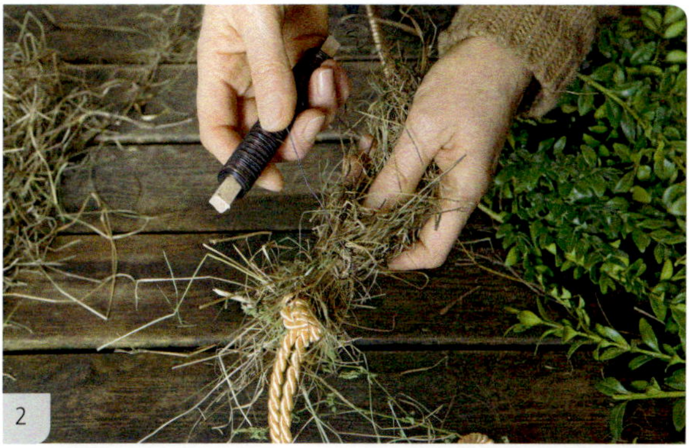

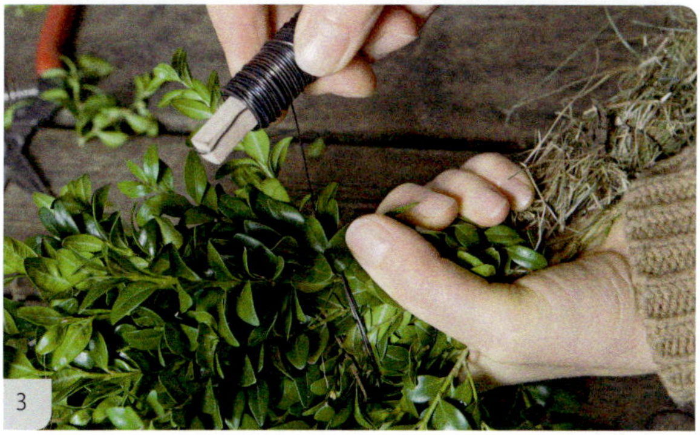

Binden einer Buchsgirlande:
1 Sie benötigen Buchs, Kordel, Heu, Wickeldraht und Werkzeug.
2 Für stärkere Girlanden wird die Kordel mit Heu aufgepolstert.
3 Die Buchszweige werden um die aufgepolsterte Kordel gelegt und aufgewickelt.

bis zu dreimal abwickeln, damit sie nicht verrutschen. Ziehen Sie den Draht dabei fest an. Das Grün wird gleichmäßig breit und fortlaufend in regelmäßigen Abständen angelegt.

Abschließend arbeiten Sie einige Zweigspitzen in entgegengesetzter Richtung. Girlanden können nur von einer Seite oder von beiden Seiten gebunden werden. Soll der Abschluss in der Mitte liegen, markieren Sie diese gleich zu Anfang mit einem Knoten in der Schnur.

Frische Blütenstiele umlegen Sie mit feuchtem Moos oder Sie verwenden spezielle Formen mit integrierter Steckmasse.

Symbolformen

Sag's mit Blumen: Werkstücke die aufgrund ihrer Form eine symbolhafte Aussage beinhalten, werden als Symbolformen bezeichnet.

Arbeitstechniken

Symbolformen verlangen nach Arbeitstechniken, die ihre **Formensprache** klar zum Ausdruck bringen wie Stecken, Haften, Binden, Winden, Kleben und Pflanzen. Im Handel erhalten Sie **vorgefertigte Symbolformen** aus Steckschaum, Mühlenbeckia, Moos oder Ästen. Sie können sie aber auch selbst herstellen.

Füllhorn

Das Füllhorn ist ein **Symbol des Überflusses**. Es erinnert an Opulenz und wird mit Früchten und Herbst assoziiert. Füllhörner können in vielen Varianten gestaltet

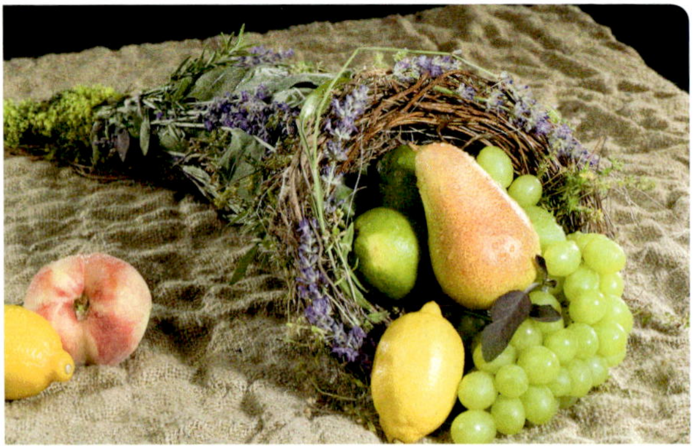

Mit Kräutern umwickeltes Füllhorn mit Früchten.

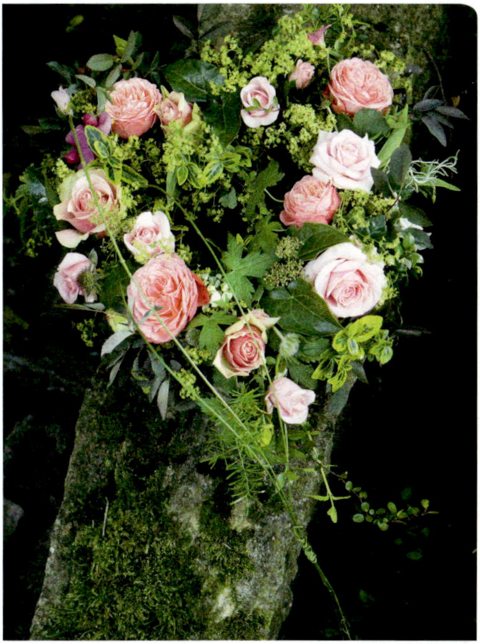

Die Herzformen gibt es in vielen Größen und Stilen, in geschlossenen und offenen Varianten.

werden: gerade oder gebogen, mit kompakter oder nach außen fließender Füllung, gedrungen oder überstreckt. Im breiteren Teil des Füllhorns kann Steckmasse positioniert werden, in der die herausfließenden Werkstoffe verankert werden.

Herz

Das Herz als **Symbol für die Liebe** wird oft mit ebenso symbolträchtigen Rosen gestaltet. Es eignet sich als Liebeserklärung, Brautschmuck, zum Valentinstag, Muttertag, zum Geburtstag und als Dankeschön. Als Trauerschmuck und Grabschmuck für die Gedenktage drückt das Herz eine tiefe Verbundenheit aus. Herzen gibt es in verschiedenen Formen: symmetrisch oder asymmetrisch,

Herzförmige Manschette
Pappmanschetten in Herzform werden mit Blättern beklebt oder mit Gras, Bändern oder Ranken bewickelt und mit drei Drähten angedrahtet.

Herz aus Wickeldraht
Spulen Sie Wickeldraht von der Rolle und formen Sie ihn mit den Händen zu einem Herzen. Soll es als Reversschmuck dienen, bringen Sie gleich einen Anstecker an. Für ein Straußgerüst werden auf der Rückseite drei Drähte zum Halten befestigt. Vorher sollten Sie für die Blüten in der Mitte des Herzens ein Loch einarbeiten.

Islandmoos-Kissen
Kissen aus hellen Rentierflechten (sogenanntes Islandmoos) werden zu Allerheiligen und Totensonntag im Handel angeboten. Wer die Flechte selbst verarbeiten möchte, sollte sie vorher in warmem Salzwasser einweichen. Dadurch wird sie heller und lässt sich besser auf eine Unterlage aufhaften.

offen oder geschlossen, flach oder gewölbt, ineinander verschlungen, rundlich oder gestreckt. Bei einer symmetrischen Herzform sind beide Seiten gleich ausgeprägt. Der Einschnitt zwischen den oberen Herzbögen befindet sich senkrecht über der unteren Herzspitze. Die Werkstoffverteilung kann symmetrisch oder asymmetrisch erfolgen. In jedem Fall müssen Sie aber die beiden oberen Wölbungen harmonisch ausarbeiten und die Herzspitze deutlich herausstellen.

Kissen

Kissen lassen sich variantenreich gestalten: flach oder gewölbt, rechteckig, rund oder herzförmig, konkav oder quadratisch. Floral gestaltete Kissen eignen sich für viele Gelegenheiten, beispielsweise als Ringkissen.
In der Trauerfloristik drücken Kissen den Wunsch aus, dass der Verstorbene **Ruhe** finden möge. Die vier Ecken symbolisieren **Vollkommenheit und Vollendung**.
Damit Kissen aus Flechten und Moosen bei Feuchtigkeit nicht auseinanderfallen, können Sie diese mit Sprühkleber überziehen. Mit Blättern beklebte Kissen können gewachst werden. Kissen, die mit Zapfen oder Früchten besteckt oder beklebt werden, sollten mit Moos unterlegt werden. So wird die Unterlage nicht sichtbar, wenn Zapfen die Schuppen schließen oder Früchte schrumpfen.

Kugeln

Die Kugel als **Symbol für Vollkommenheit** lässt aber viele kreative Gestaltungen zu. Auch in Bezug auf die Arbeitstechniken, Texturen und Verwendungen ist der Spielraum groß. Damit die Form zum Ausdruck kommt, sollten die Werkstoffe gleichmäßig verteilt werden. Ausgehöhlte Steckschaum-Kugeln oder Styropor-Halbkugeln nehmen Gestecke auf oder dienen zur Gestaltung von Konstruktionen. Transparente Kugeln können aus Draht oder Sisal gefertigt werden.

Kreuz

Das Kreuz gilt als christliches **Symbol für die Überwindung des Todes**, die Auferstehung und das ewige Leben. Kreuzformen können selbst hergestellt oder fertig

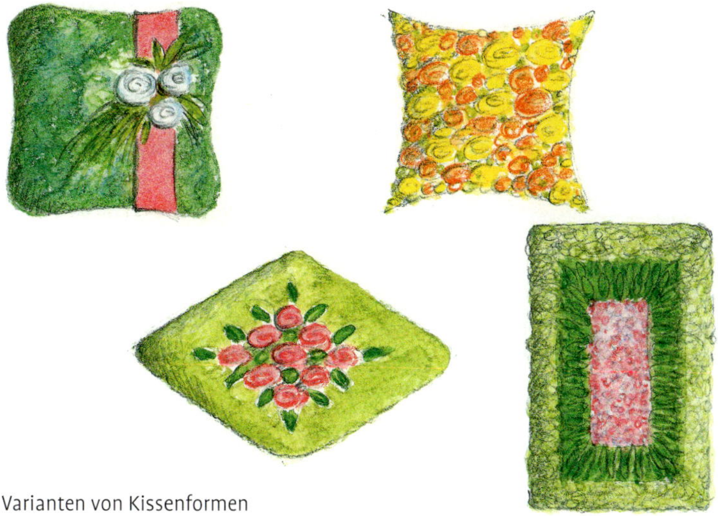

Varianten von Kissenformen

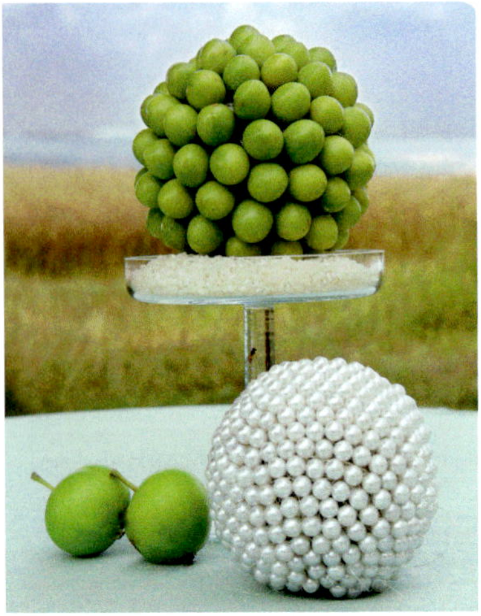

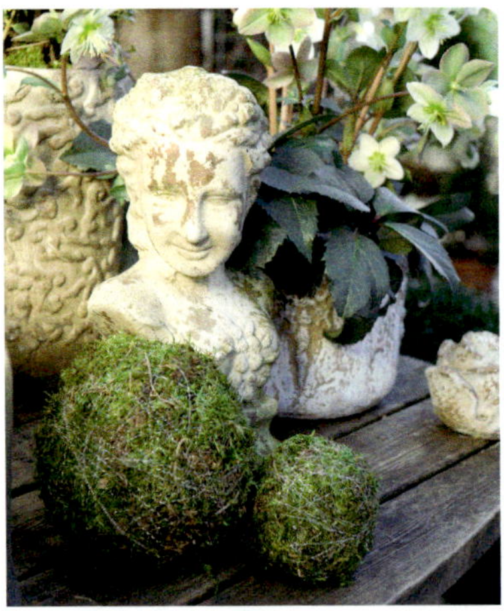

Oben: Für diese Kugeln brauchen Sie etwas Geduld. Die Früchte wurden mit Zahnstochern auf eine Steckschaumkugel gearbeitet.
Unten: Schneller geht das Umwickeln von Mooskugeln.

gekauft werden. Wichtig ist das richtige Größenverhältnis von 1:1,6 zwischen dem Quer- und dem Längsbalken, wobei die Formen verschieden sein können. Wer möchte, kann das Kreuz am Kreuzungspunkt, in Längs- oder Querrichtung oder auch über die ganze Form verteilt ausschmücken oder mit Ranken oder Stäben überspielen.

Spindeln

Die Spindel besitzt eine typische Form: In der Mitte ist sie bauchig, zu den Enden läuft sie schmal aus.
Sie könnten sie als **Raumschmuck** oder als **Serviettenschmuck** arbeiten. Um einen Ast oder mit Band umwickelten Stab werden dünne Ranken, Sisalfäden und feiner Schmuckdraht locker aufgewickelt. Die Spindelform kann durch fein strukturierten Aufbau von rankenden Werkstoffen deutlich herausgearbeitet werden.
Bei geschlossenen Spindelformen aus Heu oder Moos könnten Sie mit Hilfe zarter Ranken, feinem Schmuckdraht, Perlen oder Bändern den Fadenverlauf andeuten. Aufgefädelte kleine Früchte, Blütenblätter, weichfaserige Fruchtstände oder Sisalfäden lassen sich in eine Spindelform einarbeiten und mit Sprühkleber fixieren.
Zur weiteren Dekoration eignen sich lange Bänder, Kordeln oder Perlen.

Verschiedene Kreuzformen

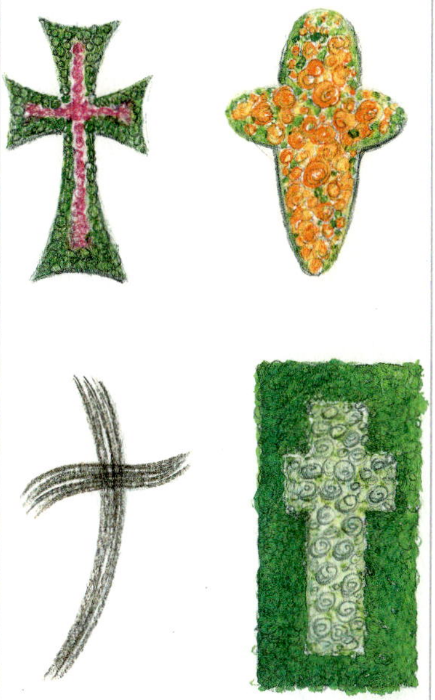

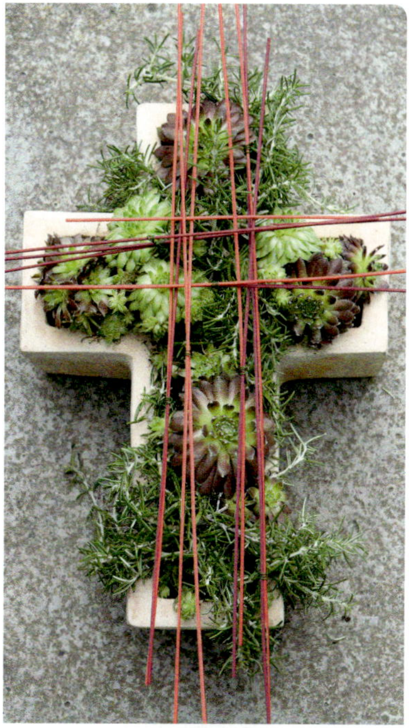

Farbige Stäbe nehmen die Form des Kreuzes noch einmal auf.

Zepter

Damit sich ein Zepter gut tragen lässt, müssen Stab und Kopf in einem ausgewogenen Verhältnis stehen. Der Haltepunkt wird meist nach dem Goldenen Schnitt festgelegt, aber auch eine Überstreckung des Stabs kann interessant sein. Die Stablänge kann bis zu 6-mal größer sein als der Kopfdurchmesser. Der **Kopf** kann als kugelförmiger Gerüststrauß oder kompakte Kugel gestaltet sein. Viele Straußformen lassen sich zu einem Zepter ausgestalten, indem man ihren Griff verlängert.
Der **Stab** kann aus dicht zusammengefassten Stielen eines Straußes, aus einem Rohr oder geraden Ästen bestehen. Sie können ihn mit Blättern bekleben oder mit Bändern, Kordeln, Drähten oder Ranken bewickeln.

Hochzeitsfloristik

Nur die schönsten Blumen für den schönsten Tag im Leben: die Hochzeitsfloristik stellt hohe Ansprüche an Floristen und Hobbyfloristen.

Der Brautstrauß

Brautsträuße stellen die größte Herausforderung in der Straußbinderei dar. Die Auswahl der Blumen und des passenden Straußtyps zu Kleid und Trägerin ist von höchster Wichtigkeit. Eine **fachkundige Beratung und Anfertigung** durch einen Floristen ist zu empfehlen.

Rosen fügen sich ideal in runde Sträuße ein.

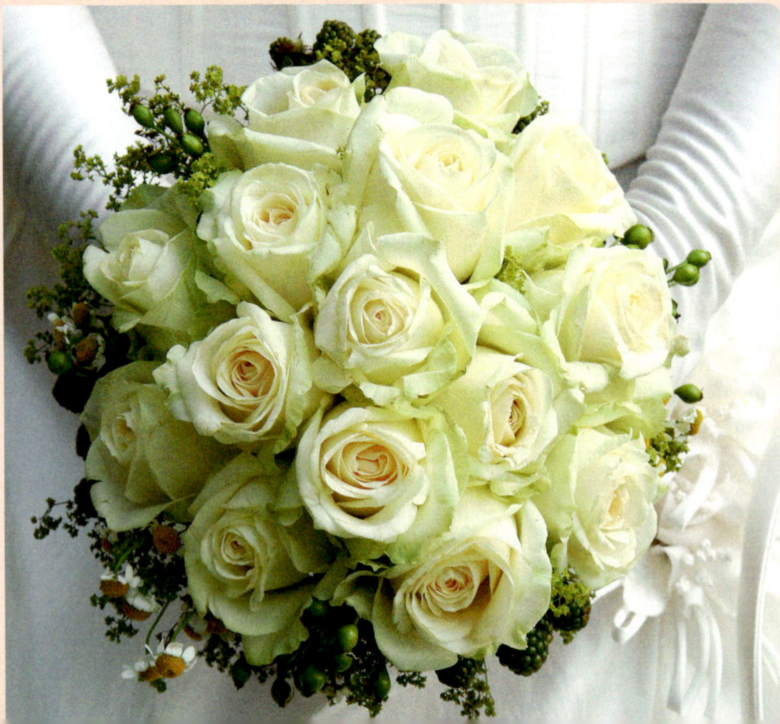

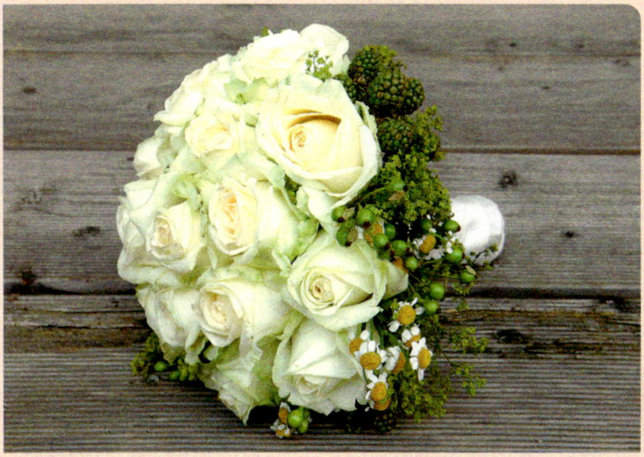

Die Stiele werden mit einem Band abgewickelt, das zu Blumen und Kleid passt.

Wollen Sie es wagen und den Strauß selbst binden, ist es hilfreich einen **Probestrauß** anzufertigen. Die Vorbereitung der Blumen sollte ein oder zwei Tage vor der Hochzeit erfolgen, damit sie ihre volle Saftspannung erreichen. Dies ist wichtig, da sie am Hochzeitstag keine oder nur geringe Wasserversorgung erhalten.
Am Tag der Hochzeit oder einen Tag zuvor werden alle Blumen gebunden. Der Griff des Straußes wird abgewickelt, damit er sich angenehm anfühlt, Stiele und Drähte verdeckt sind und die Garderobe vor Verschmutzung geschützt wird. Drähte werden mit Watte gepolstert und mit Kautschukband abgewickelt. Wickeln Sie den Griff mit doppelseitigem Klebeband ab, um Bänder oder einen Stoffrest des Kleides zu befestigen. Bandanfang und -ende werden mit Steck- oder Perlennadeln fixiert.

Nicht nur für Bräute

Auch wenn in diesem Extra von Brautsträußen gesprochen wird, können solche Sträuße natürlich auch zu anderen festlichen Anlässen getragen werden, zum Beispiel Abschluss- und Opernbälle, Silberne und Goldene Hochzeiten oder besondere Jubiläen.

Aufstellung Hochzeitsschmuck

Hochzeitsschmuck	**Gestaltungsmöglichkeiten**
Schmuck zum Polterabend	Eingangsbereich Büffetschmuck Tischschmuck
Brautschmuck	Brautstrauß für Standesamt Brautstrauß für die Kirche Strauß zum Werfen Körperschmuck Kopfschmuck Hutschmuck
Schmuck für den Bräutigam	Reversschmuck
Schmuck für Brauteltern und Schwiegereltern	Sträuße Reversschmuck
Blumenschmuck für Brautführer/ -innen und Blumenkinder	Sträuße Kopfkränzchen Armschmuck Körbchen mit Streublumen Anstecker
Autoschmuck	Schmuck für die Motorhaube oder sonstiger Schmuck Schmuck für die Fenster (Kränzchen)
Schmuck für die Kutsche	Girlanden
Schmuck für das Standesamt	Ringkissen Gesteck für Tisch im Standesamt
Kirchenschmuck	Eingangsportal der Kirche Altarschmuck Schmuck für die Bankreihen Schmuck für die Stühle des Brautpaars
Tisch- und Tafelschmuck	Schmuck für den Eingangsbereich Tischschmuck Büffetschmuck Serviettenschmuck Florale Namensschilder Schmuck für die Stühle

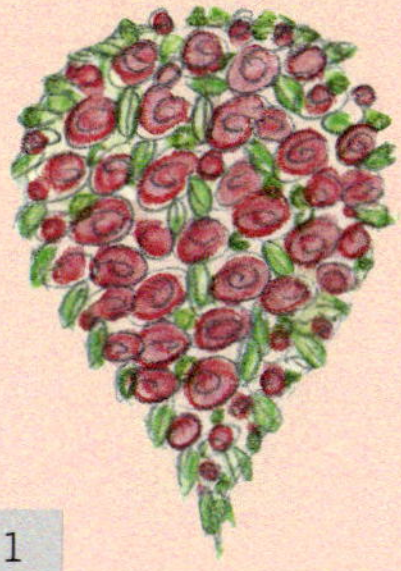

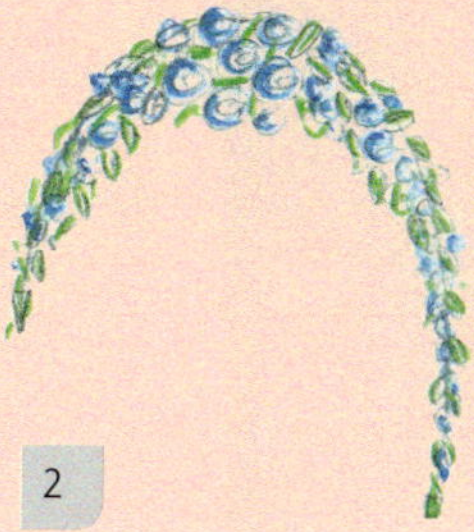

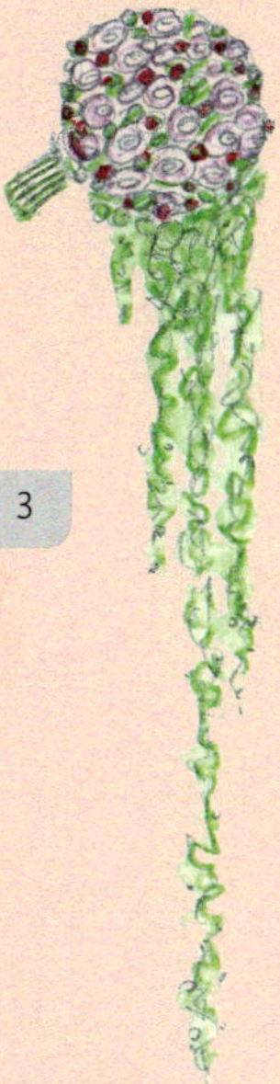

Brautstraußvarianten und -proportionen:
1 Bei dem symmetrisch gestalteten Tropfen sind beide Seiten gleich groß.
2 Die beiden Bögen des bogenförmigen Straußes stehen entsprechend des Goldenen Schnitts zueinander.
3 Überstreckte Proportionen können sehr reizvoll aussehen wie dieser sehr lang abfließende Brautstrauß.

Anstecker

Traditionell werden Anstecker als Reversschmuck für den Bräutigam angefertigt – meist aus einer Blüte, die auch im Brautstrauß verwendet wurde. Auch in der Form sollte der Anstecker mit dem Brautstrauß korrespondieren.
Sogenannte Gala-Clips, Magnete oder auch Sicherheitsnadeln werden mit weichem Papier, Band oder Stoff abgewickelt oder mit Blättern und Blüten beklebt. Für das Bekleben eignet sich Kaltkleber am besten. Wenn Sie nur eine Blüte am Clip befestigen, kann es genügen, das Ende mit Tape oder Schleifenband zu umwickeln.

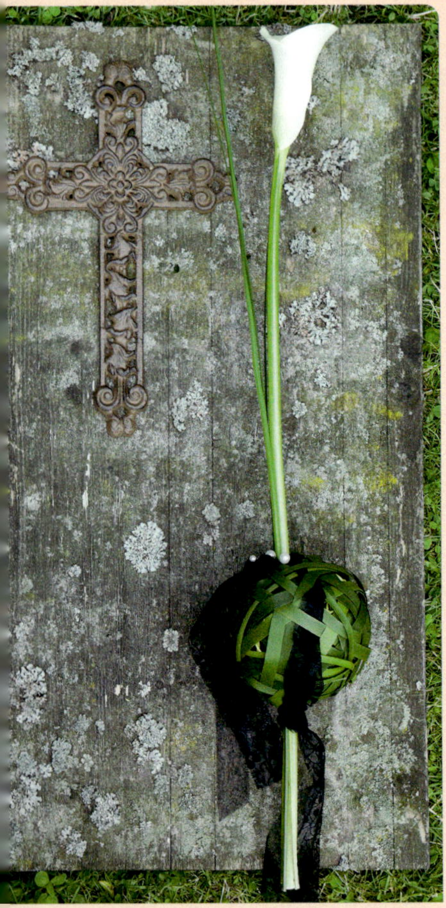

Die Calla ist so ausdrucksstark, dass für den Handstrauß eine einzige Blüte ausreicht.

Trauerfloristik

In der Trauerfloristik hängt die Wahl der Gestaltungsart sowie der Farben, Blumen und Symbole eng mit der persönlichen Beziehung zum Verstorbenen zusammen.

Trauersträuße

Kondolenzsträuße werden meist aus weißen und hellen Blumen gebunden und durch einen Trauerflor ergänzt. Sie werden oft mit einer Beileidskarte als Ausdruck des Mitgefühls ins Trauerhaus gebracht.
Handsträuße sind kleine Sträuße oder Einzelblüten, die mit Schleifen und trauersymbolischen Accessoires ausgeschmückt und als letzter Gruß in das noch offene Grab geworfen werden.
Trauersträuße werden in der Trauerhalle, der Kirche oder auf dem Grab niedergelegt. Als Legesträuße werden sie auf der Oberseite mit Staffelungen gebunden, die Rückseite ist flach. Als Auflage dienen Zweige von Nadelgehölzen, Äste oder große Blätter.
Auch **Grabsträuße**, die in Vasen eingestellt werden, sollten optimal zur Geltung kommen. Leider ist das in den üblichen grünen Friedhofsvasen oft nicht der Fall. Die Öffnungen

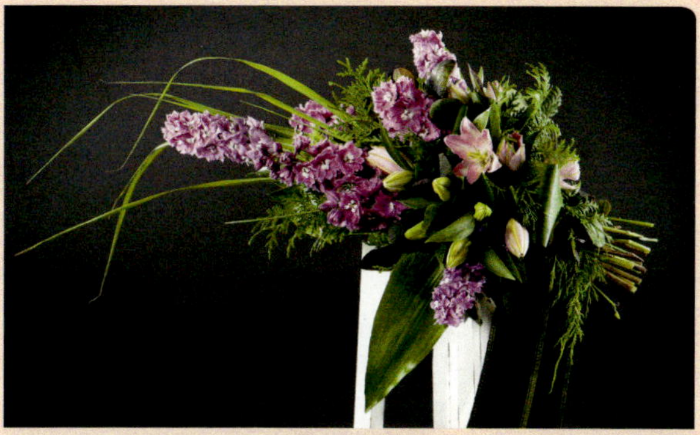

Rittersporn und Lilien wurden für diesen Legestrauß gestaffelt angeordnet.

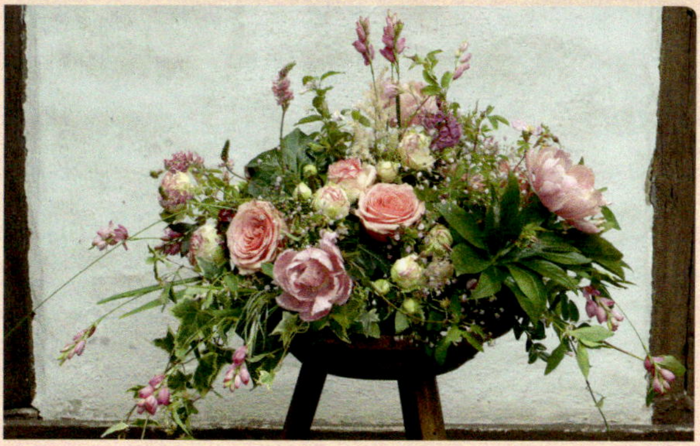

Klassisches Trauergesteck.

sind so eng, dass man die spiralförmig gebundenen Stiele in die Vase zwängen muss. Im Handel werden mittlerweile auch dekorative, bauchige Gefäße mit Fuß oder Steckvorrichtung angeboten.

Trauergestecke

Trauergestecke können in vielen **Umrissformen** gestaltet werden. Dazu gehören Kränze, Kissen, Kugeln und Herzen. Mit Hilfe von Zweigen, Ranken und Geflechten lassen sich aus Steckunterlagen mit integriertem Steckschaum auch individuelle Gesteckformen wie Dreiecke und Rauten herstellen.

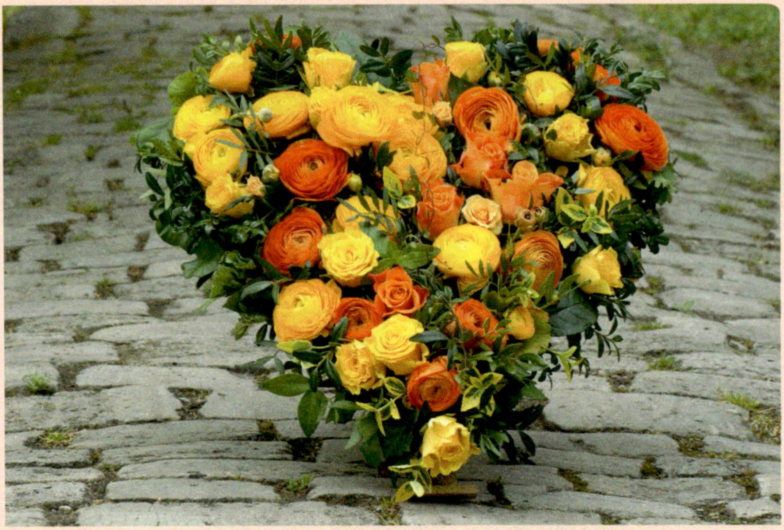

Das Herz als Ausdruck tiefer Verbundenheit.

Das **klassische Trauergesteck** soll meist groß und repräsentativ wirken. Oft wird das Gesteck nur nach oben, nach den Seiten und nach vorn ausgerichtet. Schöner wirken Gestecke, die nach allen Seiten ausgerichtet sind und Bewegungen nach unten zeigen. Sie sollten etwas erhöht präsentiert werden, damit sie voll zur Geltung kommen.

Die grundsätzliche Arbeitsweise für Grab- und Trauergestecke unterscheidet sich nicht von der Vorgehensweise bei anderen Gesteckarten. Grabgestecke liegen meist direkt auf dem Boden auf, um eine **Einheit zum Grab** zu schaffen sowie eine gute Standfestigkeit zu sichern. Um sie auch gut zu transportieren, verwenden Sie **feste Steckunterlagen** und ummanteln Sie diese bei Bedarf zusätzlich mit Maschendraht. Um eine Steckunterlage selbst anzufertigen, befestigen Sie Steckmasse mit Wickeldraht auf einem Brett. Äste, die an den oberen Längskanten angebracht werden, verhindern das Einschneiden des Drahtes in die Steckmasse. Jede Unterlage muss sorgfältig abgedeckt werden. Dazu eignen

sich große Blätter oder stabile Zweige von Nadelgehölzen. **Frische Schnittblumen** halten im Spätherbst und Winter nur kurze Zeit, denn Frost, Feuchtigkeit und Sonne setzen den Blüten zu. Meist werden sie daher nur direkt an den Gedenk- oder Feiertagen verwendet. Gestützt werden die Blüten, falls nötig, mit verrottbarem Draht. In den kalten Monaten verwenden Sie für Grabgestecke am besten **trockene Werkstoffe** wie Blüten, Samenstände, Früchte, Herbstblätter und Exoten.
Für Gestecke eignen sich auch einfache **Friedhofsvasen** sehr gut, zumal sie auf dem Grab wenig Platz beanspruchen und durch die erhöhte Stellung präsent sind. Um sie dekorativ zu verkleiden, brauchen Sie doppelseitiges Klebeband, das Sie als erstes auf die Vase aufbringen. Danach bekleben Sie die Vase mit kurz geschnittenen, flachem Koniferengrün, Blättern von Kirschlorbeer oder Wollziest. Das Grün können Sie zusätzlich mit Myrtendraht umwickeln. In die Vasenöffnung setzen Sie gewässerte Steckmasse ein und fixieren sie mit Maschendraht. Nun können Sie die Vase nach ihren Vorstellungen mit frischen oder trockenen Werkstoffen ausgestalten.

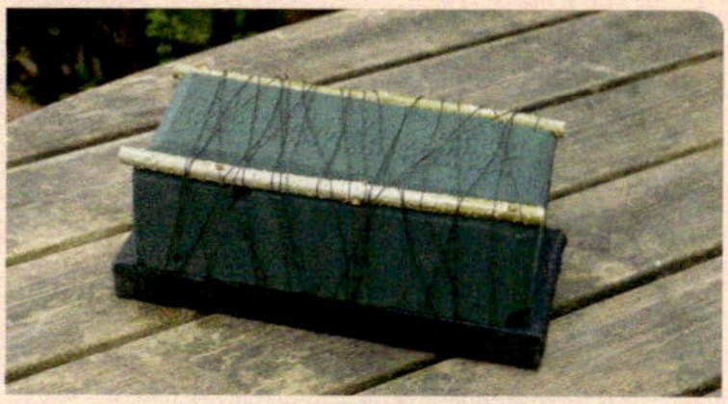

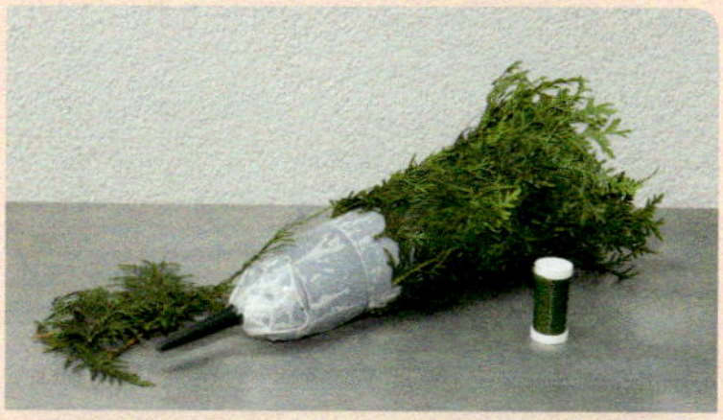

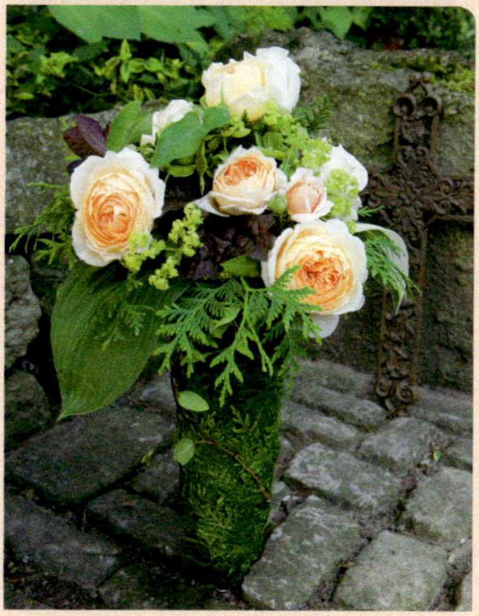

Oben: Anfertigen einer Steckunterlage mit Wickeldraht.

Mitte und unten: Mit Koniferengrün beklebte Friedhofsvasen eignen sich gut als Gefäß für Gestecke.

Service

Bezugsquellen

Alle im Buch aufgeführten Werkzeuge, Hilfsmittel, Schnittblumen, Pflanzen und andere Werkstoffe erhalten Sie in kompetenten Floristikfachgeschäften und vorrangig bei Anbietern von Gestaltungskursen. Fragen Sie einfach nach.

Anbieter von Gestaltungskursen

Blumenwerkstatt „Florales“
Beate Walther
Kloster 13
98530 Rohr
Tel.: 036844/40176
kontakt@beate-walther.de
www.beate-walther.de
www.alles-ueber-blumen-deko.de

Naturwerkstatt
Agnes Goldapp
Paderweg 5
33649 Bielefeld
Tel.: 05241/ 961108
agnes@naturwerkstatt-goldapp.de
www.naturwerkstatt-goldapp.de

Das Gartenhaus
Hoffmann, Stephanie
Rundsmühlhof 1
71729 Rundsmühlhof
Tel.: 07144 / 849011

Flora Blum Blumenwerkstätte
Beisswenger, Bettina
Quellenweg 7
73230 Kirchheim
Tel.: 0172 / 6318614
flora-blum@web.de

Florale Werkstatt
Stephani, Bettina
Erkmannsdorferstraße 1
01324 Dresden
Tel.: 0351 / 26330320
florale-werkstatt@gmx.de

Gärtnerei am Friedhof
Martin Kretschel
Neckarstraße 52
65462 Ginsheim
info@gaertnerei-am-Friedhof.de
www.gaertnerei-am-Friedhof.de

Inspirationswerkstatt und Atelier für Ausdruckskunst, Natur und Energiearbeit
Andrea Schwab, Gießen
Tel.: 0170/900 55 62
Terra-cor@email.de
www.terra-cor.eu

Kutsch, Manfred und Margret
Wenzelbach 22
54595 Prüm
Tel.: 06551 / 980080
mmkutsch@t-online.de

Meine Welt
Körner, Heike
Straße des Friedens 13
04769 Sornzig-Ablaß
OT Kemmlitz
Tel.: 034362 / 35875
info@meine-welt-kemmlitz.de
www.meine-welt-kemmlitz.de

Pfingstrosengärtnerei
Schulze, Ulrike
Wallwitzer Straße 48
06193 Nauendorf
Tel./Fax.: 034603 / 210 70
ulrike@pfingstrosengärtnerei.de
www.pfingstrosengärtnerei.de

Stielwerk
Schüßler, Simone
Am Tennenbach 2
91054 Erlangen-Buckenhof
Tel.: 09131 / 123 555
info@stielwerk-erlangen.de
www.stielwerk-erlangen.de

Wildwuchs
Bär, Antje
Mühlenstrasse 114
27367 Ahausen
Tel.: 04269 / 6393

Zierrat
Meckler, Marianne
Hauptstraße 21
74858 Aglasterhausen
06262 2184
zierrat@gmx.de
www.zierrat-aglasterhausen.de

Zeitschriften

BLOOM'S, BLOOM'S, Ratingen
Fleurop, Fleurop AG, Berlin (erhältlich in Floristikfachgeschäften)
Floristik lernen, Wohnverlag, Kleve
Floristik kreativ, Wohnverlag, Kleve
Fleur kreativ, Rekad Verlag, Herentals/Belgien
Kreativ mit Blumen, Wohnverlag, Kleve

Fernsehsendungen

ARD
ARD-Buffet
www.ard-buffet.de
ARD Ratgeber Heim und Garten
www.ard.heim&garten.de

Bayerisches Fernsehen
Querbeet durchs Gartenjahr
www.querbeet@br.online.de

Mitteldeutscher Rundfunk
MDR Garten
www.mdr-garten.de

SWR
Grünzeug
www.swr.Grünzeug.de
Kaffee oder Tee
www.kaffee-oder-tee.de

WDR-Fernsehen
Servicezeit Wohnen und Garten
www.wdr.servicezeit.de

Stichwortregister

Bildquellen

Floristenbedarfsgroßhandel Kritzner, Zeil a. M.: S. 168
Manfred Hotter, Frankenhardt-Honhardt: S. 148, 157 r.
Kirsten Höttermann, Hermschwende: S. 71
Beate Walther, Rohr: S. 21, 24, 25, 42 o., 57, 65 o., 73, 95, 110

Alle anderen Fotos stammen von der Firma foto-ed, Meiningen.
Die Zeichnungen stammen von Claudia Leyh, Meiningen.

Titelfoto: Firma foto-ed, Meiningen.

Bibliografische Information der Deutschen Nationalbibliothek
Die Deutsche Nationalbibliothek verzeichnet diese Publikation in der Deutschen Nationalbibliografie; detaillierte bibliografische Daten sind im Internet über http://dnb.d-nb.de abrufbar.

Wollgrasweg 41, 70599 Stuttgart (Hohenheim)
E-Mail: info@ulmer.de
Internet: www.ulmer.de
Lektorat: Helen Haas, Kristina Maier
Herstellung: Gabriele Wieczorek
Umschlagentwurf: red-sign, Anette Vogt, Stuttgart
Satz: r&p digitale medien, Leinfelden-Echterdingen
Druck und Bindung: Firmengruppe APPL, aprinta druck, Wemding
Printed in Germany

ISBN 978-3-8001-5994-9